中华现代学术名著丛书

文化与人生

贺麟 著

2015年·北京

图书在版编目(CIP)数据

文化与人生/贺麟著. —北京:商务印书馆,2015
(中华现代学术名著丛书)
ISBN 978-7-100-09599-0

Ⅰ.①文… Ⅱ.①贺… Ⅲ.①哲学—中国—现代—文集 Ⅳ.①B261-53

中国版本图书馆 CIP 数据核字(2014)第 121987 号

所有权利保留。
未经许可,不得以任何方式使用。

本书据商务印书馆 2005 年第 1 版排印

中华现代学术名著丛书
文 化 与 人 生
贺麟 著

商 务 印 书 馆 出 版
(北京王府井大街36号 邮政编码 100710)
商 务 印 书 馆 发 行
北 京 冠 中 印 刷 厂 印 刷
ISBN 978-7-100-09599-0

| 2015 年 10 月第 1 版 | 开本 880×1240 1/32 |
| 2015 年 10 月北京第 1 次印刷 | 印张 12⅞ 插页 1 |

定价:38.00 元

贺 麟

(1902—1992)

学。后该校一度因诗学教授缺而欲返聘他。但他未能担任诗学教授，故未果。直到四十七岁时方升正式教授。八十岁无疾而终。死于正午晴空无云。仅中天有一块黑云，一农民谓其灵魂升天。后叔本华且曾为此写诗记之。其生活远为规律化，其程度胜过其对面教堂之钟声。早上五时起床。咖啡早点后即读书，上午工作。午饭必与二三友人（或以外国来访问的教士等）共进。饭后午睡。四时出外散步。晴天则单独一人。下雨则有其仆为之持伞。农人见之出，即知为时四点了。一生只有两次例外。一次为某英国贵族邀费希特来引申辩（一时）开辩且处其家，致破坏戴甫"后悔该再也"。一次读卢梭（Rousseau）曾忘给儿，直至天亮未睡。他每晚十时归寝之习惯，为之打破。自由建立在规律上，破坏规律，反而不自由。从规律中来自由。他是知识的普第一主义（有了高尚知识，可以"）醒眼一个世。以为人而无知，即将不可救药。失知识之重视可知。但自读卢梭之著作后，思想曾有改变。认为无知识的愚夫愚妇，亦有天真淳朴可爱之处。但一方面认为人性恶。对Swift之讽刺揭露人的弱点，挖苦等入骨著作，而大感兴趣。而佩服之。《人性根蒂的恶》("radical badness of human nature")一文，指出人性之虚伪自私残忍好战好虚荣，言不厌行善满足，（道德上的邪恶）以为必待神力方可拯救；但又以为虽然如此，我们不可随俗浮沉，合流同污

出版说明

百年前,张之洞尝劝学曰:"世运之明晦,人才之盛衰,其表在政,其里在学。"是时,国势颓危,列强环伺,传统频遭质疑,西学新知亟亟而入。一时间,中西学并立,文史哲分家,经济、政治、社会等新学科勃兴,令国人乱花迷眼。然而,淆乱之中,自有元气淋漓之象。中华现代学术之转型正是完成于这一混沌时期,于切磋琢磨、交锋碰撞中不断前行,涌现了一大批学术名家与经典之作。而学术与思想之新变,亦带动了社会各领域的全面转型,为中华复兴奠定了坚实基础。

时至今日,中华现代学术已走过百余年,其间百家林立、论辩蜂起,沉浮消长瞬息万变,情势之复杂自不待言。温故而知新,述往事而思来者。"中华现代学术名著丛书"之编纂,其意正在于此,冀辨章学术,考镜源流,收纳各学科学派名家名作,以展现中华传统文化之新变,探求中华现代学术之根基。

"中华现代学术名著丛书"收录上自晚清下至20世纪80年代末中国大陆及港澳台地区、海外华人学者的原创学术名著(包括外文著作),以人文社会科学为主体兼及其他,涵盖文学、历史、哲学、政治、经济、法律和社会学等众多学科。

出版说明

出版"中华现代学术名著丛书",为本馆一大夙愿。自1897年始创起,本馆以"昌明教育,开启民智"为己任,有幸首刊了中华现代学术史上诸多开山之著、扛鼎之作;于中华现代学术之建立与变迁而言,既为参与者,也是见证者。作为对前人出版成绩与文化理念的承续,本馆倾力谋划,经学界通人擘画,并得国家出版基金支持,终以此丛书呈现于读者面前。唯望无论多少年,皆能傲立于书架,并希冀其能与"汉译世界学术名著丛书"共相辉映。如此宏愿,难免汲深绠短之忧,诚盼专家学者和广大读者共襄助之。

商务印书馆编辑部
2010年12月

凡 例

一、"中华现代学术名著丛书"收录晚清以迄20世纪80年代末,为中华学人所著,成就斐然、泽被学林之学术著作。入选著作以名著为主,酌量选录名篇合集。

二、入选著作内容、编次一仍其旧,唯各书卷首冠以作者照片、手迹等。卷末附作者学术年表和题解文章,诚邀专家学者撰写而成,意在介绍作者学术成就,著作成书背景、学术价值及版本流变等情况。

三、入选著作率以原刊或作者修订、校阅本为底本,参校他本,正其讹误。前人引书,时有省略更改,倘不失原意,则不以原书文字改动引文;如确需校改,则出脚注说明版本依据,以"编者注"或"校者注"形式说明。

四、作者自有其文字风格,各时代均有其语言习惯,故不按现行用法、写法及表现手法改动原文;原书专名(人名、地名、术语)及译名与今不统一者,亦不作改动。如确系作者笔误、排印舛误、数据计算与外文拼写错误等,则予径改。

五、原书为直(横)排繁体者,除个别特殊情况,均改作横排简体。其中原书无标点或仅有简单断句者,一律改为新式标点,专名号从略。

六、除特殊情况外,原书篇后注移作脚注,双行夹注改为单行夹注。文献著录则从其原貌,稍加统一。

七、原书因年代久远而字迹模糊或纸页残缺者,据所缺字数用"□"表示;字数难以确定者,则用"(下缺)"表示。

目 录

序言 ·· 1
儒家思想的新开展 ·· 4
抗战建国与学术建国 ·· 19
经济与道德 ·· 25
物质建设与培养工商业人才 ··· 33
物质建设与思想道德现代化 ··· 39
法治的类型 ·· 47
五伦观念的新检讨 ·· 54
论假私济公 ·· 67
论英雄崇拜 ·· 75
论人的使命 ·· 85
信仰与生活 ·· 92
理想与现实 ··· 106
乐观与悲观 ··· 114
自然与人生 ··· 123
观念与行动 ··· 133
基督教与政治 ·· 138
论研究宗教是反对外来宗教传播的正当方法 ················· 156
基督教和中国的民族主义运动 ····································· 160
纳粹毁灭与德国文化 ·· 175

诸葛亮与道家 ⋯⋯⋯⋯⋯⋯⋯⋯⋯⋯⋯⋯⋯⋯⋯⋯ 179
读书方法与思想方法 ⋯⋯⋯⋯⋯⋯⋯⋯⋯⋯⋯⋯ 185
从看外国电影谈到文化异同 ⋯⋯⋯⋯⋯⋯⋯⋯ 196
战争与道德 ⋯⋯⋯⋯⋯⋯⋯⋯⋯⋯⋯⋯⋯⋯⋯⋯ 201
宋儒的新评价 ⋯⋯⋯⋯⋯⋯⋯⋯⋯⋯⋯⋯⋯⋯⋯ 206
杨墨的新评价 ⋯⋯⋯⋯⋯⋯⋯⋯⋯⋯⋯⋯⋯⋯⋯ 213
功利主义的新评价 ⋯⋯⋯⋯⋯⋯⋯⋯⋯⋯⋯⋯⋯ 221
宣传与教育 ⋯⋯⋯⋯⋯⋯⋯⋯⋯⋯⋯⋯⋯⋯⋯⋯ 231
漫谈教学生活 ⋯⋯⋯⋯⋯⋯⋯⋯⋯⋯⋯⋯⋯⋯⋯ 243
陆象山与王安石 ⋯⋯⋯⋯⋯⋯⋯⋯⋯⋯⋯⋯⋯⋯ 246
人心与风俗 ⋯⋯⋯⋯⋯⋯⋯⋯⋯⋯⋯⋯⋯⋯⋯⋯ 251
树木与树人 ⋯⋯⋯⋯⋯⋯⋯⋯⋯⋯⋯⋯⋯⋯⋯⋯ 255
学术与政治 ⋯⋯⋯⋯⋯⋯⋯⋯⋯⋯⋯⋯⋯⋯⋯⋯ 264
政治与修养 ⋯⋯⋯⋯⋯⋯⋯⋯⋯⋯⋯⋯⋯⋯⋯⋯ 272
王船山的历史哲学 ⋯⋯⋯⋯⋯⋯⋯⋯⋯⋯⋯⋯⋯ 277
论哲学纷无定论 ⋯⋯⋯⋯⋯⋯⋯⋯⋯⋯⋯⋯⋯⋯ 294
文化、武化与工商化 ⋯⋯⋯⋯⋯⋯⋯⋯⋯⋯⋯⋯ 298
王安石的哲学思想 ⋯⋯⋯⋯⋯⋯⋯⋯⋯⋯⋯⋯⋯ 305
认识西洋文化的新努力 ⋯⋯⋯⋯⋯⋯⋯⋯⋯⋯⋯ 325
西洋近代人生哲学的趋势 ⋯⋯⋯⋯⋯⋯⋯⋯⋯⋯ 333
反动之分析 ⋯⋯⋯⋯⋯⋯⋯⋯⋯⋯⋯⋯⋯⋯⋯⋯ 343
革命先烈纪念日感言 ⋯⋯⋯⋯⋯⋯⋯⋯⋯⋯⋯⋯ 350
向青年学习 ⋯⋯⋯⋯⋯⋯⋯⋯⋯⋯⋯⋯⋯⋯⋯⋯ 353

贺麟先生学术年表 ⋯⋯⋯⋯⋯⋯⋯⋯⋯⋯ 彭华 358
理想主义信念中的儒家复兴和抗战建国
　——贺麟先生的《文化与人生》简评 ⋯⋯⋯⋯ 张祥龙 394

序　　言

　　这是我抗战八年来在昆明西南联大任教期间所写的关于文化问题及人生问题的一些文字。这些文字曾经先后分散在国内各地不同的刊物上发表过。我于离开昆明回返北平之前，很费了一些工夫才把它们搜集整理起来，成为一册较完整的论文集。我虽无法把它们分章分节地作为系统的形式排列起来，但它们确是代表一个一致的态度，一个中心的思想，一个基本的立场或观点。它们之间实有内在的联系。自信十余年来，我的思想没有根本的转变，没有今日之我与昨日之我作战或自相矛盾的地方，只是循着同一个方向进行发展。即是从各方面，从不同的问题去发挥出我所体察到的新人生观和新文化应取的途径。在发挥我的文化见解和人生见解时，我觉得我又在尽量同情理解并发扬中国固有文化的优点，并介绍西洋文化的意义，西洋人的近代精神和新人生观。

　　书中每一篇文字都是为中国当前迫切的文化问题、伦理问题和人生问题所引起，而根据个人读书思想体验所得去加以适当的解答。这些解答所取的途径，如从学派的分野来看，似乎比较接近中国的儒家思想，和西洋康德、费希特、黑格尔所代表的理想主义。篇中大都系亲切地自道所思所感和所体察到的新意思，以与青年朋友们谈心论学。我并不企图讨论专门系统的哲学问题，然而我个人的哲学见解均已在浅近的方式下散见于各篇中，因此希望对于会心的读者能多少引起他哲学的兴趣并启发他自己的哲学思想。

这书似乎多少可以表现出三个特点：一，有我。书中绝少人云亦云地抄袭现成公式口号的地方。每一篇都是自己的思想见解和体验的自述，或自己读书有得有感的报告。也可说每一篇都有自己性格的烙印。有我的时代，我的问题，我的精神需要。这些文字都是解答在我的时代中困扰着我的问题，并满足我所感到的精神需要。二，有渊源。虽说有我，但并非狂妄自大，前无古人。我的思想都有其深远的来源，这就是中国传统的文化和儒家思想。篇中不惟对孔孟程朱陆王有同情的解释，即对老庄杨墨亦有同情的新评价，以期发展其优点，吸取其教训。三，吸收西洋思想。有渊源，发扬传统文化，却并不顽固守旧。对于西洋人的文化思想和哲学，由于著者多年来的寝馈其中，虚心以理会之，切己以体察之，期望将其根本精神，用自己的言语，解释给国人，使中国人感到并不陌生。在本书中你也许看不见科学、民主、工业化等口号之重见迭出，然而如何使科学精神、民主精神弥漫浸透于人人生活中，如何使工业化有坚实深厚的精神的基础，本书或有指出进一步的努力，并提出深一层的看法的地方。

八年的抗战期间不容否认地是中华民族历史上独特的一个伟大神圣的时代。在这期间内，不但高度发扬了民族的优点，而且也孕育了建国和复兴的种子。不单是革旧，而且也徙新。不单是抵抗外侮，也复启发了内蕴的潜力。每个人无论生活上感受到多少艰苦困顿或灾难，然而他精神上总感到提高和兴奋。因此在抗战期间内每个人生活中的一鳞一爪，工作上的一痕一迹，意识上的一思一感，都觉得特别具有较深远的意义，格外值得回味与珍视。抗战期间，尤其抗战初期，所表现出来的健康的理想的乐观的思想，不幸容易为抗战胜利后所发生的种种令人悲观失望的现实情况（这些不良情况也可说是抗战期间潜伏着的病菌的暴发）所排除。然而我们应该尽量从各方面，特别从思想文化方面，去保持抗战胜利的成果。本书中各篇文字，虽很少直接涉及抗战及时局，然而确是在必胜必成的根本信念下写成的。希望篇中所贡献的许多意思，多少可以补救一些消极悲观烦闷的心理，鼓舞我们对人生、对文化、对时局有比较积极乐观的精神和符合理性或理想的看法。

1946年9月2日于昆明

儒家思想的新开展

在思想和文化的范围里，现代决不可与古代脱节。任何一个现代的新思想，如果与过去的文化完全没有关系，便有如无源之水、无本之木，绝不能源远流长、根深蒂固。文化或历史虽然不免经外族的入侵和内部的分崩瓦解，但也总必有或应有其连续性。

儒家思想，就其为中国过去的传统思想而言，乃是自尧舜禹汤文武成康周公孔子以来最古最旧的思想；就其在现代及今后的新发展而言，就其在变迁中、发展中、改造中以适应新的精神需要与文化环境的有机体而言，也可以说是最新的新思想。在儒家思想的新开展里，我们可以得到现代与古代的交融，最新与最旧的统一。

根据对于中国现代的文化动向和思想趋势的观察，我敢断言，广义的新儒家思想的发展或儒家思想的新开展，就是中国现代思潮的主潮。我确切看到，无论政治、社会、学术、文化各方面的努力，大家都在那里争取建设新儒家思想，争取发挥新儒家思想。在生活方面，为人处世的态度，立身行己的准则，大家也莫不在那里争取完成一个新儒者的人格。大多数的人，具有儒家思想而不自知，不能自觉地发挥出来。有许多人，表面上好像在反对儒家思想，而骨子正代表了儒家思想，实际上反促进了儒家思想。自觉地、正式地发挥新儒家思想，蔚成新儒学运动，只是时间早迟、学力充分不充分的问题。

中国当前的时代,是一个民族复兴的时代。民族复兴不仅是争抗战的胜利,不仅是争中华民族在国际政治中的自由、独立和平等,民族复兴本质上应该是民族文化的复兴。民族文化的复兴,其主要的潮流、根本的成分就是儒家思想的复兴,儒家文化的复兴。假如儒家思想没有新的前途、新的开展,则中华民族以及民族文化也就不会有新的前途、新的开展。换言之,儒家思想的命运,是与民族的前途命运、盛衰消长同一而不可分的。

中国近百年来的危机,根本上是一个文化的危机。文化上有失调整,就不能应付新的文化局势。中国近代政治军事上的国耻,也许可以说是起于鸦片战争,中国学术文化上的国耻,却早在鸦片战争之前。儒家思想之正式被中国青年们猛烈地反对,虽说是起于新文化运动,但儒家思想的消沉、僵化、无生气,失掉孔孟的真精神和应付新文化需要的无能,却早腐蚀在五四运动以前。儒家思想在中国文化生活上失掉了自主权,丧失了新生命,才是中华民族的最大危机。

五四时代的新文化运动,可以说是促进儒家思想新发展的一个大转机。表面上,新文化运动是一个打倒孔家店、推翻儒家思想的一个大运动。但实际上,其促进儒家思想新发展的功绩与重要性,乃远远超过前一时期曾国藩、张之洞等人对儒家思想的提倡。曾国藩等人对儒学的倡导与实行,只是旧儒家思想的回光返照,是其最后的表现与挣扎,对于新儒家思想的开展,却殊少直接的贡献,反而是五四运动所要批判打倒的对象。

新文化运动的最大贡献在于破坏和扫除儒家的僵化部分的躯壳的形式末节,及束缚个性的传统腐化部分。它并没有打倒孔孟的真精神、真意思、真学术,反而因其洗刷扫除的工夫,使得孔孟程朱的真面目更是显露出来。新文化运动的领袖人物,以打倒孔家店相号召的胡适先生,他打倒孔家店的战略,据他英文本《先秦名学史》的宣言,约有两要点:第一,解除传统道德的束缚;第二,提倡一切非儒家的思想,亦即提倡诸子之学。但推翻传统的旧道德,实为建设新儒家的新道德做预备工夫。提倡诸子哲学,正是改造儒家哲学的先驱。用诸子来发挥孔孟,发挥孔孟以吸取诸子的长处,因而形成新的儒家思想。假如儒家思想经不起诸子百家的攻击、竞争、比赛,那也就不成其为儒家思想了。愈反对儒家思想,儒家思想愈是大放光明。

西洋文化学术大规模的无选择的输入,又是使儒家思想得到新发展的一大动力。表面上,西洋文化的输入,好像是代替儒家,推翻儒家,使之趋于没落消沉的运动。但一如印度文化的输入,在历史上曾展开了一个新儒家运动一样,西洋文化的输入,无疑亦将大大地促进儒家思想的新开展。西洋文化的输入,给了儒家思想一个考验,一个生死存亡的大考验、大关头。假如儒家思想能够把握、吸收、融会、转化西洋文化,以充实自身、发展自身,儒家思想则生存、复活而有新的发展。如不能经过此考验,度过此关头,它就会消亡、沉沦而永不能翻身。

所以儒家思想是否能够有新开展的问题,就成为儒家思想是否能够翻身、能够复兴的问题,也就是中国文化能否翻身、能否复兴的问题。儒家思想是否复兴的问题,亦即儒化西洋文化是否可能,以儒家思想为体、以西洋文化为用是否可能的问题。中国文化能否复兴的问题,亦即华化、中国化西洋文化是否可能,以民族精神为体、以西洋文化为用是否可能的问题。

就个人言,如一个人能自由自主,有理性、有精神,他便能以自己的人格为主体，以中外古今的文化为用具，以发挥其本性，扩展其人格。就民族言，如中华民族是自由自主、有理性有精神的民族，是能够继承先人遗产，应付文化危机的民族，则儒化西洋文化，华化西洋文化也是可能的。如果中华民族不能以儒家思想或民族精神为主体去儒化或华化西洋文化，则中国将失掉文化上的自主权，而陷于文化上的殖民地。让五花八门的思想，不同国别、不同民族的文化，漫无标准地输入到中国，各自寻找其倾销场，各自施展其征服力，而我们却不归本于儒家思想而对各种外来思想加以陶熔统贯，我们又如何能对治这些纷歧庞杂的思想，而达到殊途同归、共同合作以担负建设新国家新文化的责任呢？

这个问题的关键，在于中国人是否能够真正彻底、原原本本地了解并把握西洋文化。因为认识就是超越，理解就是征服。真正认识了西洋文化便能超越西洋文化。能够理解西洋文化，自能吸收、转化、利用、陶熔西洋文化以形成新的儒家思想、新的民族文化。儒家思想的新开展，不是建立在排斥西洋文化上面，而是建立在彻底把握西洋文化上面。儒家思想的新开展，是在西洋文化大规模的输入后，要求一自主的文化，文化的自主，也就是要求收复文化上的失地，争取文化上的独立与自主。

根据上面所说，道德传统的解放，非儒家思想的提倡，西洋文化的输入与把握，皆足以促进儒家思想的新开展。兹请进而研讨儒家思想新开展所须取的途径。

不用说，欲求儒家思想的新开展，在于融会吸收西洋文化的精华与长处。西洋文化的特殊贡献是科学，但我们既不必求儒化的科学，也无须科学化儒家思想。因科学以研究自然界的法则为目的，有其独立的领域。没有基督教的科学，更不会有佛化或儒化的科学。一个科学家在精神生活方面，也许信仰基督教，也许皈依佛法，也许尊崇孔孟，但他所发明的科学，乃属于独立的公共的科学范围，无所谓基督教化的科学，或儒化、佛化的科学。反之，儒家思想也有其指导人生、提高精神生活、发扬道德价值的特殊效准和独立领域，亦无须求其科学化。换言之，即无须附会科学原则以发挥儒家思想。一个崇奉孔孟的人，尽可精通自然科学，他所了解的孔孟精神与科学精神，尽可毫不冲突，但他用不着附会科学原则以曲解孔孟的学说，把孔孟解释成一个自然科学家。譬如，有人根据优生学的道理，认为儒家所主张的早婚是合乎科学的。或又根据心理学的事实，以证明纳妾制度也有心理学根据。甚或根据经济学以辩护大家庭制符合经济学原理。亦复有应用物理学、化学的概念，以解释《易经》的太极阴阳之说的。诸如此类假借自然科学以为儒家辩护的办法，结果会陷于非科学、非儒学。这都是与新儒家思想的真正发展无关的。我们要能看出儒家思想与科学的息息相关处，但又要能看到两者的分界处。我们要能从哲学、宗教、艺术各方面以发挥儒家思想，使儒家精神中包含有科学精神，使儒家思想足以培植、孕育科学思想，而不致与科学思想混淆不清。

简言之，我们不必采取时髦的办法去科学化儒家思想。欲充实并发挥儒家思想，似须另辟途径。因儒家思想本来包含有三方面：有理学以格物穷理，寻求智慧。有礼教以磨炼意志，规范行为。有诗教以陶养性灵，美化生活。故求儒家思想的新开展，第一，必须以西洋的哲学发挥儒家的理学。儒家的理学为中国的正宗哲学，亦应以西洋的正宗哲学发挥中国的正宗哲学。因东圣西圣，心同理同。苏格拉底、柏拉图、亚里士多德、康德、黑格尔的哲学与中国孔孟、老庄、程朱、陆王的哲学会合融贯，而能产生发扬民族精神的新哲学,解除民族文化的新危机,是即新儒家思想发展所必循的途径。使儒家的哲学内容更为丰富,体系更为严谨,条理更为清楚,不仅可作道德可能的理论基础,且可奠定科学可能的理论基础。

第二,须吸收基督教的精华以充实儒家的礼教。儒家的礼教本富于宗教的仪式与精神,而究竟以人伦道德为中心。宗教则为道德之注以热情、鼓以勇气者。宗教有精诚信仰、坚贞不二的精神;宗教有博爱慈悲、服务人类的精神;宗教有襟怀广大、超脱尘世的精神。基督教文明实为西方文明的骨干。其支配西洋人的精神生活,实深刻而周至,但每为浅见者所忽视。若非宗教的知"天"与科学的知"物"合力并进,若非宗教精神为体,物质文明为用,绝不会产生如此伟大灿烂的近代西洋文化。我敢断言,如中国人不能接受基督教的精华而去其糟粕,则决不会有强有力的新儒家思想产生出来。

第三,须领略西洋的艺术以发扬儒家的诗教。诗歌与音乐为艺术的最高者。儒家特别注重诗教、乐教,确具深识远见。惟凡各种艺术者皆所以表示本体界的义蕴,皆精神生活洋溢的具体表现,不过微有等差而已。建筑、雕刻、绘画、小说、戏剧,皆所以发扬无尽藏的美的价值,与诗歌、音乐亦皆系同一民族精神及时代精神的表现,似无须轩轾于其间。过去儒家因乐经佚失,乐教中衰,诗教亦式微。对其他艺术,亦殊少注重与发扬,几为道家所独占。故今后新儒家的兴起,与新诗教、新乐教、新艺术的兴起,应该是联合并进而不分离的。

儒学是合诗教、礼教、理学三者为一体的学养,也即艺术、宗教、哲学三者的谐合体。因此,新儒家思想的开展,大约将循艺术化、宗教化、哲学化的途径迈进。有许多人,拾起"文人无行"、"玩物丧志"等语,误认为儒家轻蔑艺术。或只从表面去解释孔子"敬鬼神而远之","未知生,焉知死","未能事人,焉能事鬼"等语的意义,而否认孔子有宗教思想和宗教精神。或误解"性与天道不可得而闻"一语,而谓孔子不探究哲学。凡此种种说法,皆所以企图将儒家褊狭化、浅薄化、孤隘化,不惟有失儒家的真精神,使儒家内容贫乏狭隘,且将使儒家思想无法吸收西洋的艺术、宗教、哲学以充实其自身,因而亦将不能应付现代的新文化局势。

譬如,仁乃儒家思想的中心概念。固不仅是"相人偶为仁"的文字学名词,如从诗教或艺术方面看来,仁即温柔敦厚的诗教,仁亦诗三百篇之宗旨,所谓"思无邪"是也。"思无邪"或"无邪思",即纯爱真情,乃诗教的泉源,亦即是仁。仁即天真纯朴之情,自然流露之情,一往情深、人我合一之情。矫揉虚伪之情,邪僻淫亵之思,均非诗之旨,亦非仁之德也(复性书院之主讲马一浮先生近著《四书大义》,即以仁言诗教,可参考)。纯爱真情,天真无邪之思,如受桎梏不得自由发抒,则诗教扫地,而艺术亦丧失其精髓。从宗教观点来看,则仁即是救世济物、民胞物与的宗教热诚。《约翰福音》有"上帝即是爱"之语,质言之,上帝即是仁。"求仁"不仅是待人接物的道德修养,抑亦知天事天的宗教工夫。儒家以仁为"天德",耶教以至仁或无上的爱为上帝的本性。足见仁之富于宗教意义,是可以从宗教方面大加发挥的。从哲学看来,仁乃仁体。仁为天地之心,仁为天地生生不已之生机,仁为自然万物的本性。仁为万物一体、生意一般的有机关系和神契境界。简言之,哲学上可以说是有仁的宇宙观,仁的本体论。离仁而言本体,离仁而言宇宙,非陷于死气沉沉的机械论,即流于漆黑一团的虚无论。

以上仅简略提示儒家所谓仁,可以从艺术化、宗教化、哲学化三方面加以发挥，而得新的开展。今试再以"诚"字为例。儒家所谓仁，道德意味比较多，而所谓诚，则哲学意味比较多。《论语》多言仁，而《中庸》则多言诚。所谓诚，亦不仅是诚恳、诚实、诚信的道德意义。在儒家思想中，诚的主要意思是指真实无妄之理或道而言。所谓诚，即是指实理、实体、实在或本体而言。中庸所谓"不诚无物"，孟子所谓"万物皆备于我矣，反身而诚"，皆寓有极深的哲学意蕴。诚不仅是说话不欺，复包含有真实无妄、行健不息之意。"逝者如斯夫，不舍昼夜"，就是孔子借川流之不息以指出宇宙之行健不息的诚，也就是指出道体的流行。其次，诚亦是儒家思想中最富于宗教意味的字眼。诚即是宗教上的信仰。所谓至诚可以动天地泣鬼神。精诚所至，金石亦开。至诚可以通神，至诚可以前知。诚不仅可以感动人，而且可以感动物，可以祀神，乃是贯通天人物的宗教精神。就艺术方面言，思无邪或无邪思的诗教即是诚。诚亦即是诚挚纯真的感情。艺术天才无他长，即能保持其诚、发挥其诚而已。艺术家之忠于艺术而不外骛亦是诚。总之，诚亦是儒家诗教、礼教、理学中的基本概念，亦可从艺术、宗教、哲学三方面加以发挥之。今后儒家思想的新开展，大抵必向此方向努力，可以断言也。儒家思想循艺术化、宗教化、哲学化的方向开展，则狭义的人伦道德方面的思想，均可扩充提高而深刻化。从艺术的陶养中去求具体美化的道德，所谓兴于诗，游于艺，成于乐是也。从宗教的精诚信仰中去充实道德实践的勇气与力量，由知人进而知天，由希贤、希圣进而希天，亦即是由道德进而为宗教，由宗教以充实道德。在哲学的探讨中，以为道德行为奠定理论基础，即所谓由学问思辨而笃行，由格物致知而诚正、修齐是也。而且经过艺术化、宗教化、哲学化的新儒家思想不惟可以减少狭义道德意义的束缚，且反可以提高科学兴趣，而奠定新科学思想的精神基础。

以上是就文化学术方面，指出新儒家思想所须取的途径。就生活修养而言，则新儒家思想目的在于使每个中国人都具有典型的中国人气味，都能代表一点纯粹的中国文化，也就是希望每个人都有一点儒者气象，不仅军人皆有"儒将"的风度，医生皆有"儒医"的风度，亦不仅须有儒者的政治家（昔时叫做"儒臣"），亦须有儒者的农人（昔时所谓耕读传家之"儒农"）。在此趋向于工业化的社会中，所最需要者尤为具有儒者气象的"儒工"、"儒商"和有儒者风度的技术人员。若无多数重忠孝仁爱信义和平的道德修养的儒商、儒工出，以树立工商的新人格模范，商者凭借其经济地位以剥削人，工者凭借其优越技能以欺凌人、傲慢人，则社会秩序将无法安定，而中国亦殊难走上健康的工业化的途径。

何谓"儒者"？何谓"儒者气象"？须识者自己去体会，殊难确切下一定义，其实也不必呆板说定。最概括简单地说，凡有学问技能而又具有道德修养的人，即是儒者。儒者就是品学兼优的人。我们说，在工业化的社会中，须有多数的儒商、儒工以作柱石，就是希望今后新社会中的工人、商人，皆成为品学兼优之士。亦希望品学兼优之士，参加工商业的建设，使商人和工人的道德水准和知识水平皆大加提高，庶可进而造成现代化、工业化的新文明社会。儒者固需品学兼优，但因限于资质，无才能知识而卓有品德的人亦可谓为儒者，所谓"虽曰未学，我必谓之学矣"。唯有有学无品，有才无品，只有知识技能而无道德，甚或假借其知识技能以作恶者，方不得称为儒者，且为儒家所深恶痛绝之人。

又就意味或气象来讲，则凡具有诗礼风度者，皆可谓之有儒者气象。凡趣味低下，志在名利肉欲，不知美的欣赏，即是缺乏诗意。

凡粗暴鲁莽,扰乱秩序,内无和悦的心情,外无整齐的品节,即是缺乏礼意。无诗意是丑俗,无礼意是暴乱。三四十年前,辜鸿铭站在儒家立场,以攻击西洋近代文明,其所持标准,即是诗礼二字。彼认为西洋近代文明的各种现象,如工商业的发展,君主的推翻,民主政治的建立,均是日趋于丑俗暴乱,无诗之美,无礼之和。故彼指斥不遗余力,颇引起西方学者的注意。又印度诗人泰戈尔,来游中国时,一到上海,即痛斥上海为"丑俗之大魔"。因上海为工商业化的东方大都市,充斥了流氓、市侩、买办以及一切殖民地城市的罪恶,不惟无东方静穆纯朴之诗味,亦绝无儒家诗教礼教之遗风。泰戈尔痛斥上海,实不为无因。但辜鸿铭指斥西洋近代工商业文明的民主政治,却陷于偏见与成见。彼只知道中古贵族式的诗礼,而不知道近代民主化的诗礼。试观近代英美民主政治的实施,竞争选举,国会辩论,政治家的出入进退,举莫不有礼。数百万居民聚处于大都市中,交通集会亦莫不有序。其工人、商人大都有音乐、戏剧可观赏,有公园可资休息,有展览会、博物馆可游览。每逢星期,或入礼拜堂听讲,或游山林以接近自然。工余之暇,唱歌跳舞,自得其乐。其生活亦未尝不可谓为相当美化而富于诗意。总之,以诗礼表达儒者气象是甚为切当的。如谓工商化、民主化的近代社会缺乏诗礼意味,无有儒者气象,则未免把儒家的诗教礼教看得太呆板、太狭隘了。

就作事的态度言,每作一事,皆须求其合理性、合时代、合人情,即可谓为儒家的态度。合人情即求其"反诸吾心而安",合理性即所谓"揆诸天理而顺",合时代就是审时度势、因应得宜。孔子为圣之时,礼以时为大。合时代不是漫无主宰,随波逐流。只求合时代而不合理性,是为时髦。合时代包含有"时中"之意,有"权变"

之意,亦有合理之意。只重抽象的理性而不近人情,合时代即陷于"以理杀人",以主义杀人,或近人所谓以自由平等的口号杀人。只求合人性而不合理性及时代,即流为"妇人之仁"、"感情用事"或主观的直觉。合人情不仅求己心之独安,亦所以设身处地,求人心之共安。凡事皆能精研详究,以求合理、合时、合情,便可谓为"曲践乎仁义","从容乎中道",足以代表儒家的态度了。

儒家思想的新开展,基于学者对于每一时代问题,无论政治、社会、文化、学术等各方面的问题,皆能本典型的中国人的态度,站在儒家的立场,予以合理、合情、合时的新解答,而得其中道。哲学上的问题,无论宇宙观、人生观、历史观与夫本体论、认识论等,皆须于研究中外各家学说之后,而求得一契合中国人精神与态度的新解答。哲学问题本文暂置勿论,试就现在正烦扰着国人的政治问题为例,而指出如何从儒家的立场给予解答的途径。

譬如,就中国现在须厉行法治而言,便须知有所谓法家的法治,亦有所谓儒家的法治。前者即申韩式的法治,主张由政府或统治者颁布苛虐的法令,厉行严刑峻法,以满足霸王武力征服的野心。它是刻薄寡恩、急功好利、无情无义的。现代法西斯主义的独裁,即是基于申韩式的法治。这只能满足霸王一时的武力征服,绝不足以谋国家的长治久安和人民的真正幸福。而儒家的法治,亦即我所谓诸葛亮式的法治(参看下面《法治的类型》一文),则与之不同。它是法治与礼治、法律与道德、法律与人情相辅而行、兼顾共包的。法律是实现道德的工具,是人的自由本性的发挥,绝不是违反道德、桎梏自由的。西洋古代如柏拉图,近代如黑格尔所提倡的法治,以及现代民主政治中的法治,都可以说是与儒家精神相近,而与申韩式法家精神相远的。以为儒家反法治,以为提倡法治即须反对儒家,皆是不知儒家的真精神、真意义的说法。故今后欲整饬纪纲,走上新法治国家的大道,不在于片面地提倡申韩之术,而在于得到西洋正宗哲学家法治思想的真意,而发挥出儒家思想的法治。

试再就民主主义为例,亦有所谓儒家的民主主义与非儒家的民主主义。如有所谓放任政治,政府对人民取不干涉态度,认为政府管事愈少愈好,政府权力愈小愈好。一切事业,政府让人民自由竞争,听其自然淘汰,强者吞并弱者,几乎有无政府的趋势。这是欧洲十七至十八世纪盛行的消极的民主政治,在某种意义上,颇有中国道家的自然主义色彩。这种民主政治的起源,是基于启蒙运动之反对君主专制,争人民的自由平等和天赋人权。其末流便是个人主义的抬头和资本主义的兴起。这当然不是契合儒家精神的民主主义。假如只认儒家思想是为专制帝王作辩护谋利益的工具,则是根本违反民主主义的。这不但失掉了儒家"天视民视、天听民听"和"民贵君轻"等说的真精神,而且也忽略了西洋另有一派足以代表儒家精神的民主思想。这一派注重比较有积极性、建设性的民主,其代表人物为理性主义的政治思想家。他们认国家为一有机体,人民在此有机体中各有其特殊的位分与职责。国家不是建筑在武力上或任何物质条件上,而是建筑在人民公意或道德意志上。人民忠爱国家,正所以实现其真我,发挥其道德意志,确认主权在民的原则。尊重民意,实现民意(但民意不一定指林林总总的群众投票举手所表现的偶然意见,或许是出于大政治家的真知灼见,对于国家需要、人们真意之深识远见),满足人民的真正需要,为人民兴利除弊,甚或根据全体的福利,以干涉违反全体人福利的少数人的活动。政府有积极地教育人民、训练人民、组织人民、亦可谓为"强迫人民自由"的职责,以达到一种道德理想。这种政治思想就多少代表我所谓儒家式的民主主义。例如美国罗斯福总统的许多言论,就代表我所谓儒家式的民主政治。试看他逐渐教育民众,改变舆论,感化孤立派,容纳异党,集中权力等种种措施,均与普通的民主政治,特别与十七、十八世纪的消极民主政治不同。然而他的措施的确仍是一种民主政治,他反对因利图便、玩弄权术的现实政治,而提高人类共同生活的道德理想。但他的政策,并不是不切实际。他站在人民之前,领导人民,集中权力,但并不是独裁。所以我们可以称罗斯福为有儒者气象的大政治家(外国人可以有儒者气象,一如中国人可以有耶稣式的品格。其实美国的大政治家中如华盛顿、富兰克林、林肯皆有儒者气象,美国政治特别注重道德理想,比较最契合儒家所谓王道)。

至于在中国,孙中山先生则无疑是有儒者气象而又具耶稣式品格的先行者。今后新儒家思想的发挥,自必尊仰之为理想人格,一如孔子之推崇周公。他的民权主义,即可以说是最能代表儒家精神的民主政治思想。三民主义中的民生主义最根本,于将来最关重要。以民族主义于抗战建国,推翻异族,打倒帝国主义,影响最大。以民权主义体系最完整,思想最精颖,表现其生平学问经验与见解最多。他对于权与能的分别,对于自由平等的真意义的注释,皆一扫西洋消极的民主主义和道家的自由放任的自然主义的弊病,而建立了符合儒家精神,足以为开国建国大法的民权主义。而且,他在创立主义、实行革命原则中,亦以合理性、合人情、合时代为标准,处处皆代表典型中国人的精神,符合儒家的规范。在《孙文学说》"有志竟成"一章,他说:"夫事有顺乎天理,应乎人情,适乎世界之潮流,合乎人群之需要,而先知先觉者所决志行之,则断无不成者也。此古今之革命维新、兴邦建国之事业是也"。"顺乎天理"即是合理性,"应乎人情"即是合人情,"适乎世界潮流,合乎人群需要"即是合时代。足见他革命建国的事业,是符合儒家合理、合情、合时的态度的,而他所创立的主义亦是能站在儒家的立场而作出的能应付民族需要和世界局势的新解答。

以上就政治上的法治与民主问题,而指出以能符合儒家精神的解答为最适当。兹试再就男女问题为例而讨论之。男女问题可以说是中国现代许多解放运动的发端。许多反家庭、反礼教、反儒家思想的运动均肇端于男女关系。许多新思想家皆以不能解决新时代的男女问题为儒家思想发展的一大礁石。但我们认为,男女问题不求得一合理、合情、合时、符合真正儒家精神的答案,是决不能得到圆满解决的。须知"父母之命、媒妁之言"的旧式婚姻,男女授受不亲的社交隔阂,三从四德的旧箴言,纳妾出妻的旧制度,已是残遗的旧躯壳,不能代表真正儒家合情、合理、合时的新态度。反之,酒食征逐、肉欲放纵,追求个人享乐的婚姻,发疯、自杀、决斗的热情恋爱乃是青年男女的堕落,社会、国家的病态,更是识者所引为痛心的。假如男女问题能循有诗意、合礼仪、负社会国家的道德责任的途径以求解答,便可算得契合儒家的规范了。所谓有诗意,即男女关系基于爱慕与相思,而无淫猥亵渎之邪思,如关关雎鸠式的爱慕,辗转反侧式的相思,便有诗意了。所谓合礼仪,即男女交际,有内心之裁制,有社交之礼仪。其结合亦须得家庭、社会、法律之承认。所谓须负社会、国家的道德责任,即男女结合非纯为个人享受,亦非仅解决个人性欲问题,乃有极深的道德意义,于家庭、社会、民族皆有其责任。男女之正当结合,于社会、国家皆有裨益,且亦是社会、国家所赞许嘉勉的。男女关系须受新诗教、新礼教的陶冶，且须对社会、国家负道德责任，这就是儒家思想新开展中所指示的途径。现在中国许多美满的新家庭生活已于无意间遵循着、实现着、代表着此种新儒家的理想了。

所以，在我们看来，只要能对儒家思想加以善意同情的理解，得其真精神与真意义所在，许多现代生活上、政治上、文化上的重要问题，均不难得到合理、合情、合时的解答。此所谓"言孔孟所未言，而默契孔孟所欲言之意；行孔孟所未行，而吻合孔孟必为之事"（明吕新吾《呻吟语》）。须将儒家思想认作不断生长发展的有机体，而非呆板机械的死信条。如是我们可以相信，中国许多问题，必达到契合儒家精神的解决，方算得达到至中至正、最合理而无流弊的解决。如果无论政治、社会、文化、学术上各项问题的解决，都能契合儒家精神，都能代表中国人的真意思、真态度，同时又能善于吸收西洋文化的精华，从哲学、科学、宗教、道德、艺术、技术各方面加以发扬和改进，我们相信，儒家思想的前途是光明的，中国文化的前途也是光明的。

（1941年8月刊登于《思想与时代》第1期）

抗战建国与学术建国

中国多年来内政外交的病根,就在缺乏一个可以集中力量,统一人心,指定趋向,可以实施有效,使全国国民皆可热烈参加工作的国策。而中国国民党临时全国代表大会,却正式公布了这样伟大的中心国策。这国策就是"抗战建国"。抗战建国就是中华民国当今集中力量,统一人心,指定趋向的中心国策或国是。这国策不是空言,不是理想。它是已经在实施着,而且已经实施得有效可验。在这伟大的国策指导之下,全国国民已经热烈奋发地参与着,或正在准备参与着。这个国策从远看可以说是积民国成立以来二、三十年的经验与教训,从近看可以说是积卢沟桥事变以来几个月艰苦支持,死中求活,败中求胜的经验与教训而逐渐形成的至当无疑的国策。

中国过去许多年皆执迷于"武力建国"的政策之下,历届政府当局皆欲以武力来执行建国大业。但武力建国实即"内战建国"。内战建国实无异于内战亡国。自淞沪抗战以及喜峰口、南口抗战之后,我们徘徊于"一面交涉,一面抵抗"的政策之下。但交涉无要领,抵抗无决心,无全盘计划。在这焦灼烦闷的期间,举国上下渐有了新觉悟。几年来,确立了自力更生的国防建设,经济建设,统一团结的和平建国的政策。有了自力更生、和平建国的准备,有了长期抗战的决心,有了举国一致的爱国热情,有了长期与敌军周旋的阵地战、游击战、运动战的经验,我们才迈步踏上了抗战建国的大路。亦即一面抗战,一面建国,或一面建国,一面抗战,"抗战胜利之日,即建国大业完成之日,亦即中国自由平等之日"(临时全代会宣言)的大路。

我说抗战建国是条大路,因为世界历史昭示我们,对外抗战,实为任何一个内部分裂的国家要建立成为自由、独立、统一的近代国家,任何被压迫的民族,要打倒异族的侵凌、发皇光大、复兴起来,所必经的途径。在古代纪元前五世纪时,希腊民族的奋起,战胜了破坏人类文化的侵略者波斯帝国,建立了文物学艺光明灿烂的新希腊。在近代,十九世纪初年,散漫的普鲁士各邦,被拿破仑军队侵占,即在几年之后的解放战争里,终于摧毁了拿破仑的霸图,奠定了统一的近代德意志的基础。至于十八世纪末,华盛顿领导的美国独立战争,十九世纪中,意大利三杰之反抗法国的压迫,统一地理名词的意大利的建国运动,无一不是因为对外抗战的胜利而建立起独立自由的近代国家。而当十八世纪初年,俄国在彼得大帝领导之下,在二十一年的长期北欧大战里,一面对当时的霸国瑞典抗战,一面实行内部经济、军事、政治、教育各方面的改革与建设,终于永远推翻岛国瑞典在大陆上的霸权,而建立起俄罗斯帝国,尤足以资我们抗战建国推翻岛国日本称霸东亚大陆的借鉴。这些抗战建国的先例,足以证明我国之不得不走上抗战建国的大道,乃是历史的必然的命运。是的,抗战建国是我们当前的国策,是历史的命运,也是民族复兴的契机。

在这伟大的,中国全部历史上开新纪元的抗战建国运动中,我更愿进一解,贡献一点学术建国的意见。

真正讲来,以军备薄弱的中国,对军力雄厚、世界第一等强国的日本抗战，若果中国能获最后胜利的话，那必因除以军事的抗战，经济的抗战，有以制胜外，又能于精神的抗战，道德的抗战，文化学术的抗战各方面，我们都有以胜过日本的地方。或必须我们主持军事，运用经济，有了深厚伟大的精神力量，足以胜过日本的地方。就道德抗战言，日本已是整个失败，已成了正义人道的公敌，国际公法的罪犯。就精神抗战言，日本的军心、士气、民意均不振奋。武士道的精神已不复存。日俄战争时的内外一致，同仇敌忾，更不可见。就文化学术言，除了崇奉武力及与武力有关的科学技术外，我们看不出日本文化的创进与发扬。日本学术界对人民生活、国家政策并不居领导地位。日本侵略行为只是暴露出日本人模仿西洋文明的流弊与不消化。以文化学术在世界上列于第三等国的日本，政治军事一跃而居一等强国之列，这种先天不足，本末倒置，实为日本的根本危机。学术文化的一等国，政治军事虽偶遭挫折，终必复兴。譬如德国在欧战后，政治军力，虽一落千丈，但学术文化仍居一等国地位，故终将复兴为第一等强国。因为学术文化是培植精神自由的基础。一个精神自由的民族，军事政治方面必不会久居人下，而学术文化居二、三等国地位，政治军备却为一等强国的国家，有如无源之水，无本之木。若不急从文化学术方面作固本浚源工夫，以期对于人类文化和世界和平有所贡献，终将自取覆亡，此乃势理之必然。历史上以武力横行一时而学术文化缺乏根基的民族，终至一蹶不复振的例证甚多。

老实说，中国百年来之受异族侵凌，国势不振，根本原因还是由于学术文化不如人。而中国之所以复兴建国的展望，亦因中华民族是有文化敏感、学术陶养的民族，以数千年深厚的文化基础，与外来文化接触，反可引起新生机，逐渐繁荣滋长。近数十年来，虚心努力，学习西洋新学术，接受西洋近代化的结果，我们整个民族已再生了，觉悟了，有精神自由的要求了，已决非任何机械的武力、外来的统治所能屈服了。所以我们现在的抗战建国运动，乃是有深厚的精神背景和普遍的学术文化基础的抗战建国运动，不是义和团式不学无术的抗战，不是袁世凯式的不学无术的建国。由此看来，我们抗战的真正最后胜利，必是文化学术的胜利。我们真正完成的建国，必是建筑在对于新文化、新学术各方面各部门的研究、把握、创造、发展、应用上。换言之，必应是学术的建国。必定要在世界文化学术上取得一等国的地位，我们在政治上建立一自由平等独立的一等国的企图，才算是有坚实永久的基础。

我愿意提出"学治"或"学术治国"的观念以代替迷信武力、军权高于一切的"力治"主义。盖"知识就是力量"乃英国哲学家培根的名言，故出于学术上的真理与知识的"学治"，即是最真实有效的力治。但须知我们此次抗战建国，并不是武力建国。我们虽提倡军事第一，胜利第一，军令统一，及一切建设以抗战为中心，但我们并不崇拜武力，而正是要摧毁那迷信武力的日阀的迷梦。我们是为正义、人道而战，为自由、平等而战，为生存、独立而战。我们的武力是建筑在全体同胞的精神力、义愤力和积年来培养的文化学术之上的。我们反抗的对象，是日阀的私欲冲动力、机械技术力和数十万被驱作战的日军的神符与千人针的迷信力。中国对日抗战的最后胜利，将是"学治"战胜"力治"的有力保证。

我愿意提出"学治"来代替申韩式的急功好利、富国强兵的法治。申韩式的法治实即厉行严刑峻法，剥削人民的苛政。乃是贯彻力治或武力征服的工具。日阀的总动员法案，以及其他强迫人民税捐，驱逐人民上前线送死的苛虐法令，就是此种残民以逞的旧式法治。真正的法治必系基于学术。希腊的法典多出于大哲之手。《罗马法》最称完善,因受当时盛行崇奉理性的斯多噶派哲学的影响。近代民主国家的法令,大都建筑在"人民自己立法、自己遵守"的根本原则上,以为人民谋幸福,保权利。换言之,近代国家法令之所以有效,乃因出于人民理智所赞许,感情所爱护,意志所愿服从,而非出于独裁者个人意志的强制。故中国对日抗战之能否成功,就看我们是否能建立一学术基础,民主本位的新法治国家,以抵抗那残民以逞,以法律作武力的工具的旧法治国家。

我愿提出"学治"以补充德治主义。德治是中国几千年来的基本政治观念。司马光全部《资治通鉴》所指示的历史哲学,或普遍的足以资政治上借鉴的教训,可以用"有德者兴,失德者亡"八字括之。最近孙中山先生所提出来以与帝国主义的霸道对立的王道,也就是近代化的德治主义。但须知苏格拉底所昭示的"道德即知识"之说,乃是在西洋思想史上使道德与学术携手并进的指针。孙中山先生知难行易之说,其实亦包含有学术上的知识较困难,道德上的实行较容易的意思。故道德基于学术,真道德基于真学术。道德必赖学术去培养,行为必须以真理为指导。所以德治必须以学治为基础。德治与学治的相辅关系,有似孙中山先生所分别的权与能的相辅关系。德治者有权,学治者有能。德治如刘玄德之宽仁大度,学治如诸葛孔明之足智多谋。离开学治而讲德治,纵不闹宋襄公战败于泓的笑话,也难免霍子孟不学无术的刚愎。日本军阀也在谈德治谈王道,在伪满境内他们也提倡读经尊孔,侵略我国土、蹂躏我人民的兽军,他们也自称为推行仁政维持东亚和平的皇军。我们要以真理与学术作基础的真德治,来打倒日阀的诡辩无耻的冒牌的假德治。永远使他们不敢亵渎我国孔孟相传下来的德治、王道、仁政等名词的尊严。

  学术是建国的钢筋水泥,任何开明的政治必是基于学术的政治。一个民族的复兴,即是那一民族学术文化的复兴。一个国家的建国,本质上必是一个创进的学术文化的建国。抗战不忘学术,庶不仅是五分钟热血的抗战,而是理智支持情感,学术锻炼意志的长期抗战。学术不忘抗战,庶不致是死气沉沉的学术,而是担负民族使命,建立自由国家,洋溢着精神力量的学术。"要以战斗的精神求学,要以求学的兴会作战"。我们民族生活的各方面,国家建设的各部门,都要厉行学术化(此处所谓学术,即德文的 Wissenschaft,本义为知识的创造,亦即理智的活动,精神的努力,文化的陶养之意。通常将此字译为"科学",但此字一方面实较一般所谓科学含义稍广,一方面又较一般所谓科学含义更深)。说具体一点,要力求逻辑的条理化,数学的严密化,实验科学、工程学的操作化。任何一件事业,即使开一小工艺,作一小营生,办一小学校,也要力求有逻辑思考的活动,数学方法的计算,工程实验的建设以促成之、发挥之、提高之。使全国各界男女生活,一方面都带有几分书生气味,亦即崇尚真理、尊重学术的爱智气味;另一方面又都具有斗士精神,为民族的独立自由而斗争的精神。这可以说是抗战建国,也可以说是学术建国。

(1938 年 5 月刊登于《云南日报》)

经济与道德

凡是注重国计民生——经济,同时又关心世道人心——道德的人,总难免不为"经济与道德的关系究竟怎样"一问题所萦绕。再加以一方面我们时常听见经济繁荣的中心即是罪恶的渊薮,或经济生活愈进步则道德生活愈退步的论调;另一方面我们又时常听得有经济决定一切,只要经济问题解决,则政治问题、道德问题、文化问题皆可不成问题随之解决的说法。换言之:一方面有人持"经济万恶"说,一方面又有人持"经济万能"说。这种常有的矛盾的似是而非的说法,更逼迫着那肯于实际生活上用心思,不为片面的道德名词或片面的新式口号所蒙蔽的人,不能不细心去考察经济与道德的关系。

其实经济与道德的问题乃是一个老问题,中国几千年前的圣贤对于这问题即曾有过精透圆通的见解。现在且让我们先温习一下人人所熟知的管子、孔子、孟子对于这问题的名言。

关于注重经济的话:

管子:衣食足而后礼义兴。

孔子:足食足兵,民信之矣。

孟子:苟无恒产,将无恒心。

关于注重道德的话:

管子:礼义廉耻,国之四维,四维不张,国乃灭亡。

孔子：去兵……去食，自古皆有死，民无信不立。

孟子：无恒产而有恒心者，惟士为能。

我们试比较玩味他们这番兼赅浑融代表典型的中国人智慧的话，我们便可以看出他们的说法：第一，虽前后所说，好似自相矛盾，而其实无有矛盾。第二，他们既不片面注重道德，亦不片面注重经济。第三，他们也不笼统地、宽泛地说道德与经济有同等的重要，漫无分别；反之，他们对于经济与道德之先后缓急、轻重高下的关系，确有一定的见解。我们可以总括为下列三命题：

（一）就立国根本言，道德为立国的大本。国家的基础不是建筑在武力上，也不是建立在经济上，而道德才是维系国家的基础的命脉。以素持德治礼治的孔孟，有此种见解，自无足怪；而以实行霸道著称的管仲，也说出这类的话，更特别值得重视。

（二）就施政次第言，须先着手解决经济或国民生计问题，次及国防问题，次及道德文化问题。论语载孔子适卫时与冉有一段对话，最足以表示此意："子曰：庶矣哉！冉有曰：既庶矣，又何加焉？曰：富之。曰：既富矣，又何加焉？曰：教之。"孟子见梁惠王虽然开口就说"王何必曰利，亦有仁义而已矣。"但一谈及施政的程序，他便提出他的"五亩之宅，树之以桑。……"的一套经济政策，且谓"老者衣帛食肉，黎民不饥不寒"，"养生丧死无憾"为"王道之始"。足见孔孟施政的方针，一贯的首先着重经济力的培植。

（三）就道德与经济的关系言，国民经济的富足，可以促进一般道德之良好。国民经济的贫穷，可以引起一般道德的堕落，惟有特别有道德修养的士或君子是例外。

简言之，他们共同认为道德为目的，经济为工具，道德为立国之本，经济为治国之用。经济的富足与否可以影响一般国民道德的良窳，但少数有道德修养之士其操守却不受经济的影响。由我们以现代眼光看来，这种见解，可谓最合于常识、最平稳、最妥当、最不偏倚、最无流弊了。

但是他们这种见解虽好，究竟止于是简单的、含浑的、甚或武断的见解，而不是系统的理论或学说。譬如道德何以是立国之本？何以施政次第，须先解决经济问题？经济的贫富何以会影响一般人道德的好坏？经济既能影响人的道德，是否经济决定道德？如是，则能决定的经济岂不是本，而被决定的道德，岂不是用吗？经济与道德逻辑上的关系，换言之：经济与道德必然的、普遍的、永久的关系究竟是怎样的呢？诸如此类的问题，上面所引的管子和孔孟的话，均不能给我们以充分的满意的答复。现在的时代，人们对于古圣贤的话无有信仰，其实也无须有信仰，所以单是提出古人的嘉言灼见，若无事实的证明，理论的发挥，决不足取信。而且近代凡耳食一点达尔文进化论的人，谁也都知道弱肉强食、优胜劣败、天然淘汰的说法，谁也都知道有强权无公理，经济力、机械力、武力是取决胜负的关键，谁也不会完全相信道德家"礼义廉耻，国之四维"，或"为政以德"的说法。

所以我们只好对于古圣贤的遗教暂抱怀疑态度。今试对人人所公认的关于经济与道德的一些事实，从理论的分析着手。关于经济与道德，有下列四条不可否认的显明的事实：

（1）经济富足可以使道德好（所谓衣食足知荣辱，仓廪实知礼节；有恒产即有恒心，即指此项事实）。

（2）经济贫乏可以使道德好（所谓家贫出孝子，士穷见节义；无恒产而有恒心者，惟士为能，均指此项事实）。

（3）经济富足可以使道德坏（所谓饱暖思淫欲，所谓经济中心即罪恶之渊薮,即指此项事实)。

(4)经济贫乏可以使道德坏(所谓无恒产即无恒心,小人穷斯滥矣,或饥寒起盗心的俗话,均指此项事实)。

这里所列各项事实,尽管彼此互相冲突矛盾,但却无人可以否认这些全是坚实可靠的事实。我们对于这四项事实,第一须同等重视,不可偏重一项事实而大发议论;第二我们必须提出一些可以同时解释四项事实的公共理论。根据对于上面四项事实的分析,我们可以抽绎出下面几条理论:

(1)经济的贫乏与道德的好坏间无必然的函数关系。换言之:经济富的人不必道德好,经济贫的人不必道德坏;反之,经济富的人不必道德坏,经济贫的人不必道德好。这就是说,我们不能以经济的贫富作道德的好坏的标准,我们不能说经济的贫富必能决定道德的好坏。

(2)一个人只是经济富时道德好,但经济一旦贫乏,立即为非作歹,则他当初的道德好决不是真正的道德好。

(3)一个人只是经济贫乏时方铤而走险,有不道德的行为,以图免于饥寒,而当年丰时靖时的时候,却是安居乐业的良民,则他的行为决不是真正的道德坏。

(4)一个人当他经济富足时道德好,当他经济贫乏时道德亦好,方得谓为有真道德。所谓贫而无谄,富而无骄;富贵不能淫,贫贱不能移,方是真道德。富无骄,贫无谄,富不淫,贫不移,乃是真道德最低限度的要求,并不是只有大圣贤,大丈夫方如此;换句话说:真正的道德不随经济状况为转移,非经济所能支配。

(5)经济贫乏时道德坏,经济富足时道德亦坏,方是真正的不道德,方是自觉自愿的作恶。故此种真正的恶或真正的不道德亦不随经济状况为转移,亦非经济所能支配所能决定。我们可以把孔子"上智与下愚不移"的话,改为"真善与真恶的人均非经济所能移"(但须知真恶的人,不必是下愚,有时是富有才智,能号召多人,领导多人的人物)。

(6)真正道德好的人富时可以多做善事,贫时可以少做善事,真正道德坏的人,富时可多做恶事,贫时可少做恶事;换言之:真正有道德的人或真正不道德的人,不但不受经济的支配,且反能利用甚或创造自己的经济力量以作为善或为恶的工具。

总结起来,我们分析事实的结果,认为在某种意义下,经济可以决定或支配道德,但为经济所决定的道德非真道德(因为由经济充裕而改邪归正、安居乐业的人非真道德,因经济困迫方铤而走险的人非真不道德)。而真正的道德或不道德均非经济所能转移,所能决定。为经济所决定的道德,可随经济的改进而改进,可随经济问题的解决而解决,因为其本身即纯是经济问题,而非真正的道德问题。但真正的道德既非经济所能转移,所能决定,故不随经济状况的改进而改进,亦不随经济问题的解决而解决。一个经济上富足繁荣的社会或国家,可以产生真正不道德的人。弄得该国家陷于贫困与毁灭(如乾隆时的和珅以及现在帝国主义的财阀与军阀)。一个经济破产民生凋敝的国家,亦可以产生具有真正道德的人,创造并利用经济的力量,以达到经济的复兴。决定一个国家的存亡,不在于那些林林总总随经济状况的变迁而转移的人,而在于那些不随经济状况而转移,且能支配经济,利用经济,创造经济的有真正道德的人或真正不道德的人。一个国家强弱盛衰,即以此两种人斗争的胜败消长为准。

且让我们更进一步从经济本身的性质去说明何以为道德所决

定的经济方是真经济。从事实看来,天地间没有纯粹的经济;换言之,没有与别的东西绝对不发生关系,离一切而独立的"经济自身"。这就是说,经济不能自来(不能自天而降),不能自去(不能无故自己衰落),不能自己发达,不能自己活动。惟有有理智的、有善恶观念的人方能使之来,使之去,使之活动,使之发展。简言之,经济是人造的。经济不是自然的产物,而是人力征服自然的收获。野生的草木,野生的禽兽,未开发的矿产,未疏浚的河道,未航行的江湖海面,均不是经济。不仅不是经济,而且有时是"反经济"。譬如野兽不仅不能供人用,而且反将噬人;江河不仅不能资灌溉交通,而且反将酿成水灾阻碍交通。足见自然非经济,必利用自然方是经济。但征服自然,利用厚生,乃是人类利用理智的努力和道德的努力所收的效果。近来世界各国为防止经济危机,多提倡所谓"计划经济"。我们虽不明了"计划经济"的专门的意义,但我们敢大胆说一句话,广义说来,所有的经济皆是"计划经济"。不经过自觉的计划或经营——不论出自政府或个人——根本就不会有经济;换言之,就经济的性质或意义论来,经济就是为人力所决定的东西,是由人类的理智和道德的努力创造而成的东西。由此足见一切经济或一切金钱,其背后均有道德的观念和意识的作用在支配它。更足见经济既是理智的和道德的产物,故即所以代表能产生此经济的主人公的意志、思想或道德的观念。经济既是代表它背后的主人公的意志、思想或道德观念的工具,故有时一个人的行为虽表面上好似受经济的支配,而其实乃是受那经济背后的主人公的意志的支配。

中国有一句很富于道德意味的格言:"一丝一粟,当思来处不易"。我们也可以说:任何一点经济的建设或物质的文明,其来处亦颇不易,亦是辛苦的经营、道德的努力的收获。如果有任何资财的积聚或增进,不是出于理智的和道德的努力,则该项资财和物质便终无真正的经济价值。试看那承袭巨万家产的阔公子,他们的财产不仅无补于社会经济,而且不久即会荡然无存。又如中国近几十年来,因剥削、贪污、投机而致富的军阀官僚奸商,人数当然不少,但因将财产存在外国银行,反为外人利用以剥削国人。所以这类的资财,不仅没有经济价值,反而有害于国计民生。其故无它,即由于这是无道德背景、非为道德所决定的经济。试反观欧美的大资本家,其出身微贱而致巨富,与中国的军阀、官僚、奸商何尝不同,但因其能以合法律的途径,用科学的技术,本道德的信心以完成其事业,故其能创造西洋近代灿烂的物质文明,实非偶然。故西洋资本主义最初的兴起,亦是由于少数具有经济天才的豪杰之士(汽车大王亨利·福特,有"财政界的拿破仑"之称。怀特海教授尝言,经济的企业家为最能发挥伟大的想象力以控制现实的人物)的自觉的道德的努力。但资本制度积渐而僵化,而机械化,可容受人类意志的自由发挥和自觉的道德努力的成分愈趋愈少,流弊愈益暴露,而内在的矛盾亦愈益尖锐,极少数的资本家凭借不平的制度,可坐享百万,而大多数的艰苦努力的劳动人民反被剥夺,被榨取,愈趋于贫困,所以依我们看来,若果劳动人民能够推翻资产阶级而代之的话,那必是前者的道德努力的分量远胜过后者有以使然。总之,经济的大权终归会落在道德努力者手里的铁则,决不会变的。

德哲孟斯特贝格(Münsterberg)著有《价值哲学》一书,书中指出基于道德的努力而产生的价值,他叫做"伦理的收获"(Ethical achievements)者有三:属于自然界者为"实业",属于人事界者为"法律",属于内心界者为"道德"(指自由的人格和内心的修养)。我觉得他这种说法有两种好处：第一，他指出法律是道德努力的收获。非道德观念进步，道德水平提高，不会有昌明的法律。他说："公民犯法不损法律真价值，唯无法律，法官枉法，视法律如具文，方损法律真价。"换言之，若无道德以维系法律，则法律扫地尽矣。第二，他指出"实业"，即我们此处所谓经济或物质文明亦是用道德努力以开发自然界的收获。法律既是道德的收获，故中国一般所谓法治、德治之争，可得调解；实业经济既是道德的产物，则中国一般人所谓精神文明、物质文明之争，亦得一调解的途径。道德与法律问题，不在本文范围之内，兹可不论。本篇之主旨即在发挥经济或实业乃道德的收获的说法。

末了，我要引费希特（Fichte）告德意志国民演讲中的一段话来结束：

"我们现在是失败了，但是我们是否要受人轻视，究竟除了别的损失之外，我们是否还要损失我们的人格，这就全看我们自己的努力如何了！军械的斗争已经结束了，但是新的理性的战斗与人格的战斗，却正在开端呢！"

我们现在也同样可以说：

自从鸦片战争以来，我们与帝国主义的武力的斗争已经屡次大败了！自从五口通商、门户开放以来，我们与帝国主义的经济的斗争，又历年失败了！但是在当前新的艰苦的民族抗战中，我们是否要失掉我们的人格，是否要自己摧毁我们的另一道重要的防线——即道德战斗、人格战斗的防线，这就全看我们自己的努力如何了！

（1935年写于北平，1938年发表于《国闻周报》）

物质建设与培养工商业人才

现在一般人一谈到建国，莫不提出工业化为首要之图。工业化诚属建国的要图，谁也不能否认。但我不十分喜欢用"工业化"这个名词，我觉得还是谈一谈建国大业中的"物质建设"问题，似乎比较具体一点，而且范围也比较清楚一点。因为一说到"工业化"，我们就好像觉得工业或工业化为至上目的，除了工业化之外，建国几无余事，其余非工业的人，除了用口用笔宣传工业化外，好像均于建国大计无补益似的。然而一提到物质建设，我们不应只听见工业化的抽象名词，而是应立即想到实业计划中的种种实际方案，而思如何培植人才并作种种准备以实行之。又工业化似乎涵蕴有以工业为主动的力量去转化一切、改变一切、决定一切的意思。而物质建设则多少包含有以人作主体去建设物质、发展物质、利用物质的意思。

而且一提到"物质建设"，我们便知道这是建国大计之一面，而须与其他种种建设，分头并进，互相配合，各人可以站在他自己的岗位，贡献其所长于建国大业，且彼所操之业，虽非工业或实业，亦可间接有助于工业化或物质建设之推行。所以一提到"物质建设"，我们便联想到心理建设与社会建设的重要。我们的职责不仅是片面的鼓吹工业化，而思如何为物质建设奠定良好的心理基础。因为实业建设乃是一整套，决不是从天而降。要求新的工业文明在中国生根,在中国本土内发荣滋长,决不是没有丝毫精神基础,不具备适当的社会、政治、法律的条件所可达到的。而且由于物质建设,在社会、政治、道德以及整个人民的生活上都会发生许多新影响,引起许多新问题,有待于应付与处理。

且物质建设乃是实行民生主义的具体方案,假如离开民生主义的理想,而单谈工业化,恐怕不走向资本主义的旧路,也难免不成为贪官污吏侵吞的工具。且民生主义又是三民主义之一环。不能离开求民族复兴和民族文化复兴的民族主义,及求人民的自由平等的民权主义而谈民生主义,当然也不能离开民族主义及民权主义的根本原则,而谈工业化。一般人只知谈工业化以顺应西洋近代产业革命的大潮流,而忽略了我们中国人须要进一步在孙中山建国方略的理想下,在心理建设、社会建设的配合联系下来作物质建设的工作,根基才稳固,理想才高远,目的才正大,办法才切实妥当。譬如,不注重民族文化的背景,没有心理建设的精神基础,而提倡工业化,那就会使将来中国工业化的新都市都充满了市侩流氓,粗鄙丑俗,及城市文明之罪恶,而寻找不出丝毫中国文化的美德。又如离开民权主义的原则,缺乏社会建设的基础,而提倡工业化,则工业资本必会集中在少数资本家手里,甚至政权也受其操纵,分配不会均匀,民权也无法伸张。

一提到实行物质建设心理方面的障碍,和中国物质文明所以不发达的原因,我觉得几千年深入人心重农轻工商的旧观念,实应加以改变。中国一般人的见解,多谓农人的道德高于商人。故四民以士为首,农次之,耕读传家为极受尊重的高尚之业。而经商则认为可耻之事,所以传统儒家思想总是重农抑商。汉朝有禁止商人衣帛食肉,重赋税以困辱之的法令。盖农工比较勤劳,自食其力,商人则利用智巧,剥夺农工。农人天真,纯朴可爱,商人则狡猾好利,可恨可鄙。这是传统一般人鄙视商人的原因和心理。其实平心而论,且就大多数看来,农人固属勤劳自食其力,商人也何尝不自食其力,商人也何尝不夙兴夜寐,操其业务。农人固朴实耐苦,商人亦多急公好义的人。农人固劳力,商人恐有时亦须劳力且兼须劳心。总之,农人与商人皆是良好的公民,皆是组成健全的社会国家所不可缺的中坚分子。似不宜有所轩轾于其间。就坏的方面说,商人中固多奸商市侩,农村中也未尝没有土豪劣绅。商人有时失之狡狯,然亦多守信义的商人。农人亦未尝无愚昧粗暴的缺点。又何必在道德上去分别这两种不同职业的人民之高下呢?且即从道德生活言,商贾大都比农人好动,远离乡井(所谓"商人重利轻别离"),旅行冒险,精神可佩。农人则比较安土重迁,好静而守旧,于维持传统的道德文化,颇有力量。商人游历的地方多,见闻亦多,每每非故乡的旧风俗习惯所能束缚。故商人于打破旧风俗习惯,改革旧礼教,促进新道德的产生,常有其特殊的贡献。惟相见于生存竞争的场合,农人总是要吃商人的亏,农人难于竞争过商人,所以乡下人难免不受城里人的剥夺,农业国的民族每易沦为商业国的民族的殖民地。但被剥夺、受压迫、吃人亏的人,可说是可怜无辜,值得我们同情,却不可称为道德高尚。因为道德在于征服恶、超出恶,而不在于受恶之损害。不过农人接近自然,秉天独厚,富于原始朴厚的力量,富于生命力(vitality),虽受商人剥夺,而其元气无亏,天真无损,终能发挥其潜在力量以图存。故中国的农家,每能绵延其世泽,而斗智经商的暴发户,每每传不到几代便衰败下去了。这个道理,也多少可以适用于观察东方农业民族与西方工商业民族兴衰成败的关系。

但无论如何,处在产业革命以后的工商业大竞争时代,农业社会不工业化、商业化即不能立脚。过去农业社会的人生观、道德观念、生活方式非加以改革亦不能适存。即以中国而论,中国是工商业落后的国家,须急起直追,厉行工业化或物质建设,既是建国的方案,而亦是时代的需要,历史的命运,文化发展自强图存所必经的途径。假如中国不自主自动,自力更生地厉行工业化,则别的国家和民族,凭其经济的力量,由于国与国间经济关系的有机联系性,亦会强迫我们,走上工业化之途,替我们完成物质建设的。到了被动的走上工业化,到了别人替我们建设物质文明时,那我们的命运就悲惨可怜了,因为许多殖民地的工业化和物质建设,都是别人代为操劳的。

据调查,美国在1880年,农人的数目占全人口百分之四十四,而到了1930年,50年间,农民的数目减至占全人口百分之二十二。德国在1882年,农民的数目占全国人口百分之四十二,由于加强工业化的结果,到1925年农民的数目便占全人口百分之三十左右了。最值得我们注意和借鉴的是苏联工业化的过程。苏联在1928年农民的人数尚占全国人口百分之七十六,经过几个五年计划的物质建设之后,到1937年,便减至百分之六十一了。其减少农民人口使改向工业之努力,已可谓甚速,但其农民人口之多,尚远超过英、美、德等国。中国的农民数目究有多少,虽无确实调查,但据估计农民至少也要占全国人口中百分之七十五至八十以上。所以中国在工业化的途中,农人、乡下人必日渐减少,城里人、工商人必日渐增多。这乃是自然、必然而且应然的趋势。假如过去轻视工商的心理不改变,大家视工商业发达、工商人增多、都市人口膨胀为可鄙可恶的不良的趋势,认为由工商业的发达,将会使得人心日趋污下,风俗日趋浅薄,道德日趋败坏。这就忘记了工业化社会中亦有其新道德、新礼法、新纪纲以维系人心风俗,社会秩序的事实了。试看苏联于三个五年计划成功之时,苏联人民于抵抗德国的侵略时,所表现的忠勇、信义和爱国精神,便可知物质建设的成功,亦有足以鼓舞起新精神,产生一种新道德之处了。因为物质建设若真正是建国大业中健全的建设的话,必有其心理建设方面的深厚精神基础。而现代化的工商业化社会,较之农村社会生活更复杂,组织更严密,实需要更高尚的道德、更良好的法律、更开明的政治、更伟大的理智以适应之、指导之、推动之。且在近代工业化社会中,从事工商业的人亦大都是受过教育,甚或受过高等教育的,工商业中亦有有学问、有修养、老成硕望、为社会所尊仰的人士。不仅旧时"耕读传家"的家风传为美谈,即近代"工读传家"、"商读传家"的理想,亦未尝不足羡称。维持社会上淳良的风纪,不仅须有旧日的儒医、儒将、儒农,而且须有多数有学问修养的"儒工"、"儒商",出来作支持社会的柱石。有教育有学养的近代工人及商人,亦大都有人格的自觉,知道尊重自己的人格兼知尊重他人的人格,亦大都有廉耻观念和信义观念,除了凭借其才能和努力外,且复知将其工商业的成功建筑在信义和廉耻的基础上。至于在工业化的初期和在抗战的非常时期中,一些人只知欣羡工业化的实利,而忽视心理建设方面的基础,少数发国难财的奸商和有技术的人(特别如滇缅路最初开放时期的一部分汽车司机),因缺乏适当的训练和有效的裁制,作出些无廉耻、无信义、损人格、害国家的行径,这是工商界的败类、物质建设的蟊贼,是有损工商界人士之声誉的,对这些人不仅社会法律应速加有效的裁制,也是新兴的进步的工商界自身所应早加廓清驱除的。但我们不可因噎废食,不可因一时工商界有少数败类,而根本回复到鄙视工商,认工商之人皆乏道德的旧观念。因为这种旧观念不仅对于工业化的前途不利,而且对于新道德的发展也是不利的。

(写于昆明,发表于1938年)

物质建设与思想道德现代化

作者根本认为,在今日的中国——抗战建国的中国,厉行现代化实为首要的急务。而"现代化"的含义,我们又嫌一般人说得太狭隘了一点。一般人所了解的现代化差不多就是实业化、工业化甚或机械化的意思。也有少数人在那里谈行政机构现代化的,似乎已经稍微扩充了一些现代化的意义。因为所谓行政机构现代化大约是指行政机构法治化而言。但最令我感觉奇怪的,何以竟寂焉无人在那里谈现代化的思想、现代化的道德?何以很少人倡导道德思想应力求现代化?我并且还要进一步追问,假如思想道德不现代化——单求实业、军事、政治的现代化是否可能?

对于这里所提出的问题,同样的合乎常识,同样的持之有故、言之成理的答复,大约不外两种说法:

第一种比较流行的说法,大概是说,人类的思想形态和道德生活乃物质环境的反映和为物质条件所决定。只要生产方式、物质条件一经现代化了,则思想道德即如影之随形,立即不成问题地随物质条件之现代化而现代化了,譬如,守时刻,便是现代化的道德观念之一。若只空口宣传人应当"守时刻",实际上决不会生任何效力。但假如有了铁路的物质条件,则人便自然为这铁路所决定而遵守时刻了。因为火车的开行是不顾个人的方便的。不注重物质建设的现代化,而只是凭空去讲思想道德的现代化,那就是陷于主观的空想,不能把握客观实在的说法。

不过这个表面上似乎很动听,而且很切实际的说法,也有了不少的困难。即以铁路的例子而论,铁路的管理,全靠人力,假使这些管理铁路的员工不遵守时刻,或不认真管理,则这个铁路就会常发生误点的事。又譬如,中国有几百万华侨散布在外国,在美国的华侨尤其甚多。这些华侨完全居住在现代化的西洋大都市里,但他们还是供奉的关圣帝君与财神,其思想行为可以说是纯全中国式的。特别令人难于了解,何以现代化的物质环境未能如形影相随般决定他们的思想道德。又如现代都市中的阔少,他们的物质生活可以说是早已十足地现代化了,然而他们脑子里也许全是些旧式官僚的陈腐思想,一点现代精神也不能代表。况且还有一个比较难于回答的问题:究竟因为人思想上、生活上有了节省时间增加工作效率的需要,才去求物质建设现代化,还是因为物质条件自身自动地便现代化了,于是又由这自动的现代化的物质条件进而自然地又推动了、改革了人们的思想与道德。要解答这些困难,于是有一些揭橥新哲学的人,又提出人类思想一方面是物质条件的反映,为物质条件所决定,但一方面又能反作用物质条件。而这种新哲学其实仍然回到心物交感的旧说。这种旧说,只是一种常识的说法,并没有多少学理的基础。而且这种心物交感的旧说,每每为旧式的神学家及唯心论者所利用。哪知道这种新哲学反堕入心物交感的旧说中。至于物质条件要发展到什么程度,人类思想要被物质决定到什么程度,思想方能对物质条件加以反作用。谁也不能加以科学的说明。其实心物交感说或心身交感说只是一种常识的看法,也合乎心理学事实,但乏哲学理论的根据。说有形的物质可以影响或决定无形体的心灵已经够神秘了。说到了某种情形下，心灵又能反作用反影响物质，更是神秘难理解了。所以现在尚没有一种专门科学，能够专研究物质如何决定心灵的事实。也没有一种专门科学在研究心灵如何反作用物质。足见那些物质条件决定思想形态论和那些心灵反作用物质条件的说法，仍不是很科学的说法。说得如果平稳一点，尚可为健康常识所容许。

至于对于我篇首所提出的问题的第二种说法，大概是认为中国自新文化运动以来，语言文艺，思想道德，早已现代化了。现在一般人之注重现代化，皆是思想已经现代化之成效。现时中国所有的这一点现代化的成绩，皆是前一时期思想道德现代化的产物。因思想学术的现代化总是预为物质建设的现代化奠立基础。清末人所提出"中学为体，西学为用"的主张，实即是单求物质工具的现代化，而不求思想道德的现代化。其所以终归失败，即由于不明了体用之合一而不可分性。"体"的方面，若没有现代化的思想道德以植之基，则"用"的方面，仅生硬地输入些现代化的物质工具，也绝不会消化利用而有成效。离开思想道德的现代化，而单谈物质工具的现代化，便是舍本逐末。

平心而论，这种说法较之前一种说法，其合于常识，合于事实，恐只有过之无不及。我们虽指不出持此说的代表人物，但我想这应是大多数提倡新教育、新思想、新道德、新文化的人所隐约抱持的见解。因为如果照极端的物质基础决定上层建筑，物质条件决定思想道德的人的说法，则我们所有这些学术机关、文化机关，皆可一律改为工厂，改成实业机关，而将所有的一切学术文化、思想道德完全听凭物质环境、经济条件去决定好了。因为我们可以不必从学术或教育下手以求思想道德的现代化，只须从物质生产的现代化着手即可决定思想道德使之现代化，岂非一举两得（单求物质生产现代化,而思想道德亦自然随之而现代化,故曰一举两得),事半功倍么?然而事实上这些文化学术机关既不能改为工厂或实业机关,而且这些学术文化机关有其特殊的工作,独立的使命,亦非经济实业所能决定,所能代替。反之,认为学术文化、思想道德的现代化,完全应从学术文化、思想道德之本身着手,决无其他捷径,乃是这些从事新教育和新文化运动的人的共同信念。而且这些倡导物质条件决定一切的人,每每并不是现代化的实业家、经济家或工程师,而大都仍在那里从事思想改革的工作,在那里用此派的思想去推翻彼派的思想,以图改变青年的思想。足见他们口头上虽在说物质条件决定思想,而他们事实上所作的工作,仍然是以思想决定思想,以思想影响思想的宣传工作,而不是以物质条件决定思想的经济实业的工作。

据我所知道,持思想道德为体,经济实业为用的说法,对于现代的经济实业或资本主义思想道德的背景或基础,给以充分的理论发挥和事实根据的人,当推德国新康德派的大社会学家韦巴(Max Weber 1864—1920 著有《宗教社会学》及《经济史》等巨著。英人 R. H. Tawney 所著 Religion and the Rise of Capitalism 一书,其内容几完全为韦巴之 Religionssoziologie 一书的撮要报告)。我愿意先约略介绍韦巴的思想,然后再加以批评。韦巴认为近代的资本主义乃建筑在一种"职业的伦理"上面的。所谓"职业的伦理"或资本主义的精神包括有下列各成分:一种以正确的科学原则为根据的合理组织和管理的经济企业,为市场销售而生产,为民众、为社会而生产,为金融的目的而生产,须有最热心、最有道德、最有效率的劳动,也就是一个人完全尽忠于他的职业的劳动。

韦巴指出近代资本制度所包含的心理的和生活的态度,可用近代资本主义的精神的建设者佛兰克林的许多名言作例证,如:"时间就是金钱","信用就是金钱","金钱生金钱","尊重秩序、信实、勤勉、效率、真诚、确实和公正,系在任何领域,特别通商的领域成功所必不可少的条件。"如果没有类似佛兰克林所提出的这些思想和道德观念,近代资本主义恐怕是不能实现的。近代资本主义的发展,足证这些观念早已灌输到西方社会和民众心理了。

韦巴进一步指出,这些代表近代资本主义精神的职业伦理发源于路德、加尔文的新教和新教中的经济伦理。韦巴认为近代资本主义的精神,就是新教及其行为的规则和实际的伦理精神。当近代资本主义未发生以前,这种精神已经在新教的田园里预显着、养育着、预备着了。换言之,资本主义的精神在资本主义之前发生。任何经济组织的产生,必有思想或观念的因素为之先导,为其决定成分。韦巴例举新教为近代资本主义奠立精神的基础处,他说,新教把人类的生活大规模地转变为合理化;新教对于世界的职业给予伟大的伦理的价值,新教崇拜劳动;新教首先提倡个人对于自己职业的工作有秩序的、忠实的、热心的操作,应把它当作自己的神圣职务,使人放弃纯粹的遁世思想,而回头注意人间的而且是宗教的职务;新教又复鼓吹老实地赚钱,乃是上帝所嘉许的活动。简言之,资本主义的精神,本质上即是新教的精神。韦巴又举了许多统计事实以证其说。他指出自宗教改革以后,经济上居领导地位的国家,就是新教的国家(如荷兰、英国、美国等)。至于天主教或非新教的国家,则特别落后。因为新教的"经济伦理"的教育和对于人民的训练,目的都在于使他们适合于资本主义的经济。新教的精神对于灌输那建设和管理近代资本主义的企业所必不可少的习惯和生活方式比较成功。据韦巴所得的统计材料,德国皈依新教的人民在经济上比非新教的人民占优胜。而且他们的子女进实业和商业学校的百分率也比较高些。新教徒如法国的 Hugenots、英国的 Quakers 等，虽备受旧教压迫，但在工商业下却大显兴盛。即在天主教徒素是富裕阶级的国家里也赶不上多半由较贫穷的阶级募集而来的新教徒。

总之，韦巴的总结论，是认为近代资本主义的实现，并非由于物质的自动，经济的自决；乃凭借许多理智的、政治法律的、精神的、道德的、宗教的条件而成。他叫做"合理的长时间存在的企业、合理的簿记、合理的技术、合理的法律与夫合理的精神态度（Gesinnung）、生活态度和合理的经济道德。"

从我们现在看来，韦巴立说也许太偏，他所举的统计事实，也许不尽可靠。但他却至少指明了实业经济的思想与道德背景，他并且昭示我们近代资本主义乃是宗教精神与经济企业合流的产物，换言之，以宗教精神去发展实业，去创造物质文明，才会产生近代的资本主义。至于他所说新教与经济发达的关系也并不远于事实。即以中国而论，职业学校最初大都为教会所办。教会学校出身的学生，从事医、工及商业的人，恐怕也要多些。又如相信耶教、回教的人中，从事工商业的人比较多；相信佛教、道教的人而从事工商业者，似乎异常之少。而传统儒教中人，大都以耕读传家，农业者占绝大多数，而业工商者比较少。足见宗教和宗教的伦理，对于经济实业的影响，实异常之大。所以，根据韦巴这种说法，要想产生现代化的经济实业，不仅须先有现代化的思想和伦理，而且须先有现代化的宗教为前提。

至于韦巴学说的困难，据我个人意见，至少有两点。第一，他太偏重新教对于近代资本主义的决定力量，几乎有替新教作宣传的嫌疑。他把近代资本主义的发达,完全归功(也可以说是归罪)于马丁·路德及加尔文等少数宗教家,未免太抹煞了许多大发明家、实业大王、科学家、政治家、思想家等对于资本主义的贡献。这与把中国近年的现代化的建设归功于少数新文化运动的领袖,把欧洲的大战,归罪于达尔文的进化论和尼采的超人哲学,皆同是无甚意义、不合事实的说法。

第二,韦巴只是就事实立论,未能指出思想伦理与经济实业的逻辑的必然关系,即使就事实立论,则新教的经济伦理对经济实业发展的影响,经济实业对宗教改革的影响,及伦理思想的变迁,均同样地是摆在眼前的事实,韦巴如果取忠于事实的科学态度,就不应偏重一面,而完全抹煞其他一面。

根据对于上面两方面的批评,我想简略地提出一些中和的见解如下:

(一)就事实言,也可以说就常识言(但不能认作科学的理论或哲学的学说),经济实业可以影响(不必用"决定"二字)思想道德,思想道德亦可影响经济实业。但被动的为经济所影响的思想道德,非真正的有意义有价值的思想道德。反之,为思想道德的努力所建设的经济实业,方是真正的经济实业。不然,未经过思想的计划、道德的努力而产生的物质文明,就是贵族的奢侈,贪污的赃品,剥夺的利润,经济生活的病态。

(二)就哲学理论言,精神与物质乃同一实在之两面,经济实业与思想道德乃同一社会生活之两面,不能互为因果,互相决定。为研究方便、理论系统计,可以说,心为心因,物为物因。思想决定思想,经济决定经济。哲学家不能解决经济实业工程方面的问题。实业家也不能解答哲学上的专门问题。即普通所谓桃树不能开李花的道理。一个哲学思想可以使国富民强,一个实业建设可以产生伟大的哲学体系,皆是不可能的奇迹。

(三)就思想与道德的本质言,思想为理性的规范所决定而不受物质条件的决定。为物质条件所决定的也许是感觉、意见、情欲,而不是理性的思想。真正的道德行为乃为自由的意志和思想的考虑所决定,而非受物质条件的决定。为物质条件所决定的行为,只是被动的、茫昧的、奴役的行为,非真正的足以发展个性、扩充人格的道德行为。

(四)就经济实业的本质言,经济实业乃道德努力的收获。德哲孟斯特贝格(Münsterberg)说实业乃是一种 ethical achievement,与上面引述的韦巴之说,有相契合处,实值得我们深长思虑的不易之论。

(五)就学术文化的提倡言,各部门的文化学术事业均应分工合作,各自分头去求自己所从事的那一部门的现代化。实业经济应现代化;军事政治也应现代化;思想道德也应求现代化。各人要站在自己的岗位努力从事于本分内的工作现代化。军事家、实业家不必坐候思想道德现代化以作指导。思想家、科学家也不必企望以经济实业的现代化来现代化青年的思想与道德。

(写于昆明,发表于1938年)

法治的类型

　　法律之于政治，犹如文法之于语文，理则之于思想。不合理则或不合逻辑的思想，只是主观的意见感觉，不成其为系统条理的思想。没有文法的语文，决不能正确传达思想，宣泄情意，即不成其为传久行远的语言文字。没有法律的政治，就是乱政，无治，即无有组织、不能团结、未上轨道的政治。

　　就法律与道德的关系而论，良心或内心制裁是防止作恶的第一道防线；清议，礼教，或社会制裁是防止作恶的第二道防线；刑罚或法律的制裁是防止作恶的第三道防线。这三种制裁不只是消极地防止作恶，亦可以积极地鼓励向善。这三种制裁虽有内外、群己、精粗之不同，但于维系人群道德生活则各有其特殊功能，缺一不可。若缺少任何一种制裁，其他二种均会连带受损害。

　　许多误解自由的意义，幻想着归真返朴，无怀氏、葛天氏的乌托邦的思想家，认为法律是桎梏人性，侵剥自由的枷锁。他们以为法令愈多，则狡黠作伪，犯法干禁的人，亦必随之愈多。他们这类思想，推其极端，势必主张取消任何法律而归于无政府主义，归于原始人类的本能生活。殊不知从正确的文化发展的眼光看来，法律乃正是发展人性、保障公民自由的一种具体机构，且是维持公共生活和社会秩序的客观规律。公民犯法，只要政府能执法以绳，则无损法律的真价，亦无妨社会秩序。而且对于被法律制裁的公民来说,也是一种训练和教育。如执法者不以道德自揆,法官舞文枉法,立法者作奸遂私,虽足以动摇法律施行的效准,但亦正所以摧残政府的命脉。因为乱法枉法的政府,即是无政府,其乱亡可立待。故真正稳定的政权,必永远在能厉行严明的法令的执政者手里。因为公民无法无天,扰乱秩序,无法律以统治之,就不成其为政治。有法律而立法者或执法者枉法乱纪,则此种假法治亦即等于无法律、无政府,亦不成其为政治。故真正的法治,必以法律的客观性与有效性为根本条件。所谓客观性,指法律作为维持公众秩序和公平的客观准则而言。所谓有效性,指立法者与执法者以人格为法律之后盾,认真施行法律、爱护法律、尊重法律,使其有效准而言。二者缺一,不得谓为法治。故法治的本质,不惟与人治(立法者、执法者)不冲突,而且必以人治为先决条件。法治的定义,即包含人治在内。离开人力的治理,则法律无法推动,所谓"徒法不足以自行"。故世人误认人治与法治为根本对立,以为法家重法治,儒家重人治,实为不知法治的真性质的说法。

因建立或推动法治的人或人格之不同,而法治遂亦有不同的类型:其人多才智而乏器识,重功利而蔑德教,则其所推行的法治,便是申韩式的法治。其人以德量为本,以法律为用,一切法令设施,目的在求道德的实现,谋人民的福利,则此种法治便可称为诸葛式的法治。法令之颁行,不出于执政者在上之强制,而出于人民在下之自愿的要求;法律之推动力基于智识程度相当高、公民教育相当普及的人民或人民的代表,即近代民主式的法治。今试分别申论之:

一,申韩式的法治,亦即基于功利的法治。此一类型的法治的特点为厉行铁的纪律,坚强组织,夺取政权,扩充领土,急近功,贪速利,以人民为实现功利政策的工具;以法律为贯彻武力征服或强权统治的手段;以奖赏为引诱人图功的甘饵;以刑罚为压迫人就范的利器。"有功虽疏贱必赏,有过虽近爱必诛",就是"人君制臣之二柄"(见《韩非子》)。此类型的法治的长处,在于赏罚信实,纪律严明,把握着任何法律所不可缺少之要素。其根本弱点在于只知以武力、强权、功利为目的,以纵横权术为手段,来施行强制的法律。不本于人情,不基于理性,不根于道德、礼乐、文化,学术之正常。如商鞅之徙木立信等武断的事,均同时犯了不近人情、不合理性、不重道德的弊病。徒持威追利诱以作执行法令的严酷手段。此种法治有时虽可收富强的速效,但上养成专制的霸主,中养成残忍的酷吏,下养成敢怒不敢言的顺民,或激起揭竿而起的革命。

二,诸葛式的法治,或基于道德的法治。史称诸葛武侯治蜀以严。所谓"严"并不是苛虐残酷的意思,乃含有严立法度,整饬纪纲的意思。父教子以严,上治下以严,严即表示执法令者对于遵法令者有一种亲属的关切,故欲施以严格的教育与训练。治之严正所以表示爱之切。又如从诸葛之挥泪斩马谡,并料理马之后事一事看来,足见他对行军的法令,朋友的情谊,双方顾全;而与残酷不近人情的申韩式的法治迥不相同。至于诸葛《出师表》中有几句名语:"陟罚臧否,不宜异同。若有作奸犯科,及为忠善者,宜付有司,论其刑赏,以昭平明之治。不宜偏私,使内外异法也。"尤其是代表道德的法治最精要的宣言。一方面信赏罚,严纪律,兼有申韩之长,一方面要去偏私,以求达到公平开明的政治。其有为国为民的忠忱,而无急功好利的野心。陈寿称:"诸葛亮之相国也,抚百姓,示仪轨。约官职,从权利。开诚心,布公道。尽忠益时者,虽仇必赏。犯法怠慢者,虽亲必罚。服罪输情者,虽重必释。游词巧饰者,虽轻必戮。善无微而不赏,恶无纤而不贬。刑政虽峻而无怨,以其用心平而劝戒明也。"这可谓道出了诸葛式法治的特点,充满了儒者的仁德,与申韩之术,根本不同,绝不可混为一谈。至于他宁静淡泊,"苟全性命予乱世,不求闻达于诸侯"的风度,更与那以才智干时君而猎取功名富贵的名法之士根本殊科。宋儒称诸葛孔明有儒者气象,观此益信。近世西洋政治思想家有倡仁惠的干涉或开明的专制之说者,其意亦在以人民公意或共善为准,去干涉甚或强制人民的行为,目的在加速社会进步,"强迫人民自由"。他们指出"人民公意"与"人民全体的意志"的不同。所谓全体意志,乃全体人民意见之杂凑体,重量不重质,往往意见浮嚣,矛盾错误,拘近习,无远图。而人民公意则就意志之质言,而不就量言,乃为人民真幸福打算应当如此的理想意志。亦即人民的真正意志,出于先知先觉的大政治家的远见与卓识,而非出于全体人民的意见。我认为这种强迫人民自由的法治,亦应属于诸葛式的法治一类型。此类型的法治亦可称为道德的法治。其实行须具下列二条件:一,人民知识程度尚低,不能实行普遍民主。二,政府贤明,有德高望重、识远谋深的政治领袖,以执行教育、训练、组织民众之责。

三,近代民主式的法治,亦即基于学术的法治。此类型的法治之产生,可以说是由于文化学术的提高、政治教育的普及、自由思想的发达、人民个性的伸展,亦可以说是前一类型诸葛式的法治之自上而下、教导民德、启迪民智之应有的发展和必然的产物。而此一类型的法制,乃是自下而上,以"人民自己立法,自己遵守"为原则。政府非教育人民的导师,而是执行人民意志的公仆。人民既是政府训练出来的健全公民,故政府亦自愿限制其权限,归还政权给人民。政府既是人民公共选出来的代理者,人民相信政府,亦自愿赋与政府充分权力,俾内政外交许多兴革的事业,可以有效率的进行无阻。在此类型的法治之下,一件重要法案的成立,都是经过学者专家的精密研究,然后提出于人民代议机关,质问解释,反复辩争,正式通过后方可有效。有时一件旧法令的取消,或新法令的建立,每每经过在野的政治家或改革家多年的奔走呼号,国内舆论的鼓吹响应,和许多公民的一再联名请愿,甚或流血斗争,方告成功。像这种审慎的经过学术的研讨,道德的奋斗,方艰难缔造而成的法律,乃是人民的自由和权利所托命的契约,公共幸福的神圣保障。得之难,失之自不易。像这样的法律,人民当然自愿竭尽忠诚服从之,牺牲一切以爱护之。因为服从法律即是尊重自己的自由,爱护法律即是维持自己的权利。

对于三种类型的法治有了明晰的观念,尚有须得切戒者二事:第一,每一类型的法治各自成一整套,为政者须切戒将各类型错乱混杂。第二,由申韩式的基于功利的法治,进展为诸葛式的基于道德的法治,再由道德的法治进展为基于学术的民主式的法治,乃法治之发展必然的阶段,理则上不容许颠倒。所以为政者切戒开倒车或倒行逆施。譬如王安石以学问文章及政治家风范论,皆可比拟诸葛,但他推行新法的手段,和他图近功速效的迫切,却又杂采申韩之术。所以王安石变法的失败,就可为将第一、第二类型的法则夹杂错乱的鉴戒。又如日本明治维新,本因采取第二类型的法则,开明专制,卓著成效。但日本却始终未走上第三类型的民主式的法治之路。而近年来军阀专政,摧残仅有一线的民主式的法治,反而倒退到申韩式的法治,厉行严刑峻法,剥削人民的苛政,以求贯彻武力的征服。像日本以及其他法西斯国家这种违反法治进展的自然程序,向后开倒车的措施,终将归于失败。自在切戒之列。

根据上面关于法治类型的讨论，我们还可以破除一般人认儒家重德治反对法治的错误观念。由孔子之"刑罚不中，则民无所措手足"，由孟子之慨叹乎"上无道揆，下无法守"，和"徒善不足以为政，徒法不足以自行"的话看来，则显得孔孟并不一味抹煞法治，不过认为法治须推本于道德礼乐和正名工夫罢了。宋儒如周濂溪以善断刑狱，以去就与枉法者力争著称。而朱子论政尤重法纪，力主对当时的宽纵无统纪，须"矫之以严正"，谓"政事须有纲纪文章，关防禁约，截然而不可犯。"又说"为政必须有规矩，使奸民猾吏不得行其私"。由此愈见真正的儒家，不惟不反对法治，甚且提倡法治，提倡诸葛一类型的法治。换言之，儒家与申韩的冲突，不是单纯的德治与法治的冲突，而是基于道德礼乐的法治与功利权术的法治的冲突。亦可说是较高一类型的法治，与较低级的另一类型的法治的冲突。我们以后必须确切认识，必基于道德学术的法治，才是人类文化中正统的真正的法治。那基于权术功利一类型的法治，只是法治未上轨道时一个抽象的阶段，绝不能代表法治的本质，概括法治的全体。

对于法治的性质和类型，既已明了，则现时中国对法治所应取的途径，可不烦言而决：第一，训政时期应该施行诸葛式的法治，政府应当负起教育、训练、组织人民的责任，强迫人民自由。如是，庶第二到了宪政时期，我们即可达到基于学术的近代民主式的法治。人人皆应切实了悉诸葛式的基于道德的法治，与申韩式的法治，或法西斯的独裁，有截然不同的界限。人民不可因政府之权力集中，而误会政府为法西斯化，独裁化，而妄加反抗。政府亦应自觉其促进人民自由，实现宪政，达到近代民主式的法治的神圣使命，不可滥用职权，不必模仿法西斯的独裁。总之，无论政府与人民，都要认识国家法纪的庄严与神圣,不仅个人自由权利之所系,而且是国家民族的治乱安危之所托,应当用最大的努力与决心去建立国家的法纪。如是庶中国多年来在民权主义下,在灌输西洋民主思想的努力下所培养的一点法治根苗,自有发荣滋长之望,而我们伟大的抗战建国事业,亦可有坚实不拔的基础。

(1938年8月刊登于《云南日报》)

五伦观念的新检讨

无形中支配我们生活的重大力量有二:一为过去的传统的观念,一为现在的流行的或时髦的观念。一个人要想保持行为的独立与自主,不作传统观念的奴隶,不作流行观念的牺牲品,他必须具有批评的、反省的主导力量,能够对这些传统观念及流行观念,加以新检讨,新估价。同时如要把握住传统观念中的精华,而作民族文化的负荷者。理解流行观念的真义,而作时代精神的代表。也须能够对传统观念及流行观念加以重新检讨,重新估价。有许多人表面上好像很新,满口的新名词、新口号,时而要推翻这样,打倒那样,试考查其实际行为,有时反作传统观念的奴隶而不自觉。这就是因为他们对于传统的旧观念与流行的新观念皆未曾加以批评的考察,反省的检讨,重新的估价。结果,只看见他们在那里浮躁叫嚣,打不倒坏的旧观念,亦不能建立起来好的新观念,既不能保持旧有文化的精华,又不能认识新时代的真精神。

五伦的观念是几千年来支配了我们中国人的道德生活的最有力量的传统观念之一。它是我们礼教的核心,它是维系中华民族的群体的纲纪。我们要从检讨这旧的传统观念里,去发现最新的近代精神。从旧的里面去发现新的,这就叫做推陈出新。必定要旧中之新,有历史有渊源的新,才是真正的新。那种表面上五花八门,惊世骇俗,竞奇斗异的新,只是一时的时髦,并不是真正的新。

我们要分析五伦观念的本质,寻出其本身具有的意义,而指出其本质上的优点与缺点。我们不采取历史考证的方法,恐怕失之琐而不得其要;我们也不用主观武断的办法,故意将五伦观念从纵的方面去解释,以便不费力气,便可加以推翻抹杀。

我们批评五伦观念时,第一乃是只根据其本质,加以批评,而不从表面或枝叶处立论。我们不说五伦观念是吃人的礼教。因为吃人的东西多着呢!自由平等等观念何尝不吃人?许多宗教上的信仰,政治上的主义或学说,何尝不吃人?第二,我们不从实用的观点去批评五伦之说,不把中国之衰亡不进步归罪于五伦观念,因而反对之;亦不把民族的兴盛的发展,归功于五伦观念,因而赞成之。因为有用无用,为功为罪,在两千多年的历史上,乃是一笔糊涂账,算也算不清楚,纵然算得清楚,也无甚意义。第三,不能谓实现五伦观念的方法不好,而谓五伦观念本身不好,不能谓实行五伦观念的许多礼节仪文须改变,而谓五伦观念本身须改变。这就是不能因噎废食,因末流之弊而废弃本源的意思。第四,不能以经济状况、生产方式的改变,作为推翻五伦说的根据。因为即使在产业革命、近代工业化的社会里,臣更忠,子更孝,妻更贞,理论上事实上都是很可能的。换言之,我并不是说,五伦观念不应该批评,我乃是说,要批评须从本质着手。表面的枝节的批评,实在搔不着痒处。既不能推翻五伦观念,又无补于五伦观念的修正与发挥。

从本质上加以考察,五伦观念实包含有下列四层要义。综贯这四层意义来看,便可对于五伦观念有个明晰的根本的了解,缺少其中任何一义,对于五伦的了解都不能算是完全。

(一)五伦是五个人伦或五种人与人之间的关系的意思。这就是说,中国的五伦观念特别注重人及人与人的关系。若用天人物三界来说,五伦说特别注重人,而不注重天(神)与物(自然),特别注重人与人的关系,而不十分注重人与神及人与自然的关系。注重神,产生宗教。注重物理的自然,产生科学。注重审美的自然,产生艺术,注重人和人与人之间的关系便产生道德。换言之,在种种价值中,五伦说特别注重道德价值,而不甚注重宗教、艺术、科学的价值。希腊精神注重自然,对物理的与审美的自然皆注重,故希腊是科学艺术的发祥地。希伯莱精神注重神,亦即注重宗教价值。中国的儒家注重人伦,形成偏重道德生活的礼教,故与希腊精神和希伯莱精神皆有不同之处。这样看来,如果我们要介绍西洋文化,要提倡科学精神与希伯莱精神,就须得反对这注重人伦道德的五伦观念了。其实也不尽然。因为西洋自文艺复兴以后,才有人或新人的发现。十七世纪和十八世纪内,人本主义盛行,足见他们也还是注重人及人与人的关系,我们又何必放弃自己传统的重人伦的观念呢。不过,西洋近代"人"的观念,乃是从大自然里去打个滚的"人"(人不过是自然的一部分),乃是经过几百年严格的宗教陶冶的"人"。而中国的人伦的观念,亦何尝未受过老庄思想的自然化,佛家思想的宗教化。所以以我们看来,我们仍不妨循着注重人伦和道德价值的方向迈进,但不要忽略了宗教价值,科学价值,而偏重狭义的道德价值,不要忽略了天(神)与物(自然)而偏重狭义的人。认真依照着"欲知人不可以不知天"(《中庸》)和"欲修身不可以不格物"(《大学》)的教训,便可以充实发挥五伦说中注重人伦的一层意思了。

(二)五伦又是五常的意思。五伦观念认为人伦乃是常道,人与人之间这五种关系,乃是人生正常永久的关系(按:五常有两种意义,一指仁义礼智信之五常德,一指君臣、父子、夫妇、兄弟、朋友之五常伦,此处系取第二种意义)。换言之,以五伦观念为中心的礼教,认为这种人与人的关系,是人所不能逃避、不应逃避的关系,而且规定出种种道德信条教人积极去履践、去调整这种关系,使人"彝伦攸叙",而不许人消极的无故规避。这就是说人不应规避政治的责任,放弃君臣一伦;不应脱离社会,不尽对朋友的义务;不应抛弃家庭,不尽父子、兄弟、夫妇应尽之道(自然,儒家也有其理论基础,如人性皆善,故与人发生关系,或保持正常永久的关系有益无害,人生的目的在于修齐治平,脱离人与人的关系,就不能达到修齐治平的目的等说法)。总而言之,五伦说反对人脱离家庭、社会、国家的生活,反对人出世。"杨氏为我,是无君也",因为有离开社会国家而作孤立的隐遁的个人的趋势,故孟子反对之。"墨氏兼爱,是无父也",因为墨子有离开家庭的组织,而另外去用一种主义以组织下流社会的趋势,故孟子之反对墨子是站在维护家庭内的父子之伦的立场。此后儒家之反对佛教,程子主张"当就迹上论",也就是反对佛教徒之脱离家庭、社会、国家的出世生活或行径。本来人是社会的动物,斯宾诺莎也说过:"唯有人对于人最有益",这种注重社会团体生活,反对枯寂遁世的生活,注重家庭、朋友、君臣间的正常关系,反对伦常之外去别奉主义、别尊"巨子"的秘密团体组织的主张,亦是发展人性,稳定社会的健康思想,有其道德上政治上的必需,不可厚非。不过这种偏重五常伦的思想一经信条化、制度化,发生强制的作用,便损害个人的自由与独立。而且把这五常的关系看得太狭隘了,太僵死了,太机械了,不唯不能发挥道德政治方面的社会功能,而且大有损害于非人伦的超社会的种种文化价值。德国哲学家锐嘉特(H. Rickert)认科学、艺术、泛神教为非个人的(Impersonal)、反社会的(Asocial)文化价值。所以,我看不从减少五常伦说之权威性,偏狭性,而力求开明自由方面着手,而想根本推翻五常观念,不惟理论上有困难,而且事实上也会劳而无功。

(三)就实践五伦观念言,须以等差之爱为准。故五伦观念中实包含有等差之爱的意义在内。"泛爱众而亲仁","亲亲,仁民,爱物",就是等差之爱的典型的解释。在德行方面,因为爱有等差,所以在礼仪方面就服有隆杀。从现在看来,爱有等差,乃是普通的心理事实,也就是很自然的正常的情绪。其实,用不着用道德的理论,礼教的权威,加以提倡。说人应履行等差之爱,无非是说,我们爱他人,要爱得近人情,让自己的爱的情绪顺着自然发泄罢了。所以儒家,特别是孟子,那样严重地提出等差之爱的教训以维系人伦间的关系,好像是小题大作,多此一举的样子。不过,我们须知,等差之爱的意义,不在正面提倡之,而在反面地消极的反对并排斥那非等差之爱。非等差之爱,足以危害五伦之正常发展者,大约不外三途:一,兼爱,不分亲疏贵贱,一律平等相爱。二,专爱,专爱自己谓之自私,专爱女子谓之沉溺,专爱外物,谓之玩物丧志。三,躐等之爱,如不爱家人,而爱邻居,不爱邻居,而爱路人。又如以德报怨,也可算在躐等之爱的范围内。这三种非等差之爱,一有不近人情,二有浪漫无节制爱到发狂(Fanatic)的危险。所以儒家对人的态度大都很合理,很近人情,很平正,而不流于狂诞(Fanaticism)。此种狂诞的行径,凡持兼爱说者,特别是基督教中人,往往多有之。而等差之爱不单是有心理的基础,而且似乎也有恕道或絜矩之道作根据。持等差之爱说的人,也并不是不普爱众人,不过他注重在一个"推"字,要推己及人。所谓"老吾老以及人之老,幼我幼以及人之幼"。依此说,我们虽可以取"老安少怀"的普爱态度,但是须依次推去,不可躐等,也不可舍己耘人。所以就五伦观念所包含的各种意义中,似乎以等差之爱的说法,最少弊病,就是新文化运动时期以打倒孔家店相号召的新思想家,似乎也没有人攻击等差之爱的说法。而且美国培黎(R. B. Perry)教授曾说了一句很有趣的话来批评"四海之内皆兄弟也"的说法,似乎也很可以为等差之爱说张目。他说:"当你说一般人都是你的兄弟时,你大概不是先把一般人当作亲弟兄看待,而是先把你的亲弟兄当作一般人看待"。这话把空口谈兼爱之不近人情和自欺欺人之处,说得最明白不过了。

话虽如此说,我仍愿对等差之爱的观念,提出两条重要的补充。第一就等差之爱之为自然的心理情绪言,实有三种不同的决定爱之等差的标准;一是以亲属关系为准之等差爱,此即儒家所提出以维系五伦的说法。一是以物为准之等差爱。外物之引诱力有大小,外物本身的价值亦有高下,而我们爱物的情绪也随之有差等。一是以知识或以精神的契合为准之等差爱。大凡一个人对于有深切了解的对象其爱深,对于仅有浮泛了解的对象其爱浅。又大凡人与人之间相知愈深,精神上愈相契合,则其相爱必愈深,反之,则愈浅。故后两种等差之爱亦是值得注意、不可忽略的事实,且亦有可以补充并校正单重视亲属关系的等差之爱的地方。若忽略了以物本身的价值及以精神的契合为准的等差爱,而偏重以亲属关系的等差爱,则未免失之狭隘,为宗法的观念所束缚,而不能领会真正的精神的爱。第二条须得补充的地方,就是普爱说,或爱仇敌之说,若加以善意理解,确含深意,且有与合理的等差爱之说不相违背的地方。所谓普爱者,即视此仁爱之心如温煦的阳光,以仁心普爱一切,犹如日光之普照,春风之普被,春雨之普润,打破基于世间地位的小己的人我之别、亲疏之分。此种普爱,一方面可以扶助善人,鼓舞善人,一方面可以感化恶人于无形。普爱观念的最极端的表现,见于耶稣"无敌恶"、"爱仇敌"的教训。盖如果你既然抱感化恶人的襟怀,你又何必处于与恶相敌对的地位呢?你既与恶人站在你死我活的敌对地位,你如何能感化恶人呢?必定要超然处于小己的利害、世俗善恶计较之外,才可以感化恶人。能感化恶人才能转化恶人。因为有时有过失的人,一经转化忏悔,反而成为最善的善人。至于爱仇敌之教,完全不是从政治、军事或狭义的道德立场说的。从军事、政治、道德立场言,须忠爱祖国,须报国难家仇,须与敌人作殊死战,自不待言。凡彼持爱仇敌之教的人,大都是站在宗教的精神修养的观点来说。因为最伟大的征服是精神的征服,而真正的最后的胜利(《易经》上叫做"贞胜")必是精神的胜利。惟有具有爱仇敌的襟怀的人方能取得精神的征服或贞胜。斯宾诺莎说:"心灵非武力所能征服,惟有仁爱与德量可以征服之"。盖必须襟怀广大、度量宽宏的人,方能爱仇敌,方能赢得精神的征服。所以普爱似乎不是可望一般人实行的道德命令,而是集义集德所达到的一种精神境界,大概先平实地从等差之爱着手,推广推充,有了老安少怀,己饥己溺,泯除小己恩德的胸襟,就是普爱或至少距普爱的理想不远了。此处所谓普爱,比墨子所讲的兼爱深刻多了。墨子完全从外表的、理智计较的、实用主义的观点以讲兼爱,当然经不起孟子的驳斥了。而此处所讲的兼爱,与孟子的学说并不冲突,乃是善推其等差之爱的结果。孟子也说过,"无敌国外患者,国恒亡"。一方面要与敌人搏斗,征服敌国,消弭外患;一方面,敌人亦为自己生存的一要素,有其值得爱的地方,因为若无仇敌的攻错刺激,自己容易陷于偷懒,趋于灭亡。这种微妙的辩证的敌我的关系,实要睿智才可理会。而且人每每有爱他所恨的,恨他所爱的矛盾心理事实。大英雄每每能对他生平的大对头的死亡，洒同情之泪。真正的豪杰之士，他固然需要有价值的知己以共鸣，他同样地欢迎有价值的敌人以对垒。若无有价值的敌人以作战取胜攻之资，有时较之没有知己的同情了解尤为痛苦。而且在近代的民主社会中，若不养成爱敌人、尊重敌对方面的宽容之怀，则政党间的公开斗争，商业上的公平竞争，学术上的公开辩难，均有为褊狭的卑鄙的情绪和手段所支配，不能得互相攻错，相得益彰，相反相成之益。此点，约翰·穆勒在其《群己权界论》中有透彻的发挥。我因为许多人有意无意的执着狭意的等差之爱，既有失孟子善推之旨，更不能了解宗教精神上爱仇敌的意义，又不能了解近代社会中宽容的态度，故于此点发挥特别详细。

（四）五伦观念的最基本意义为三纲说，五伦观念的最高最后发展，也是三纲说。而且五伦观念在中国礼教中权威之大，影响之大，支配道德生活之普遍与深刻，亦以三纲说为最。三纲说实为五伦观念的核心，离开三纲而言五伦，则五伦说只是将人与人的关系，方便分为五种，此说注重人生、社会和等差之爱的伦理学说，并无传统或正统礼教的权威性与束缚性。儒家本来是与诸子争鸣的一个学派，其进而被崇奉为独尊的中国人的传统礼教，我揣想，应起源于三纲说正式成立的时候。三纲的明文，初见于汉人的《春秋繁露》及《白虎通义》等书，足见三纲说在西汉的时候才成立。儒教正式成为中国的礼教也起源于西汉。而中国真正成为大一统的国家，也自西汉开始。西汉既然是有组织的伟大帝国，所以需要一个伟大的有组织的礼教，一个伟大的有组织的伦理系统以奠定基础，于是将五伦观念发挥为更严密更有力量的三纲说，及以三纲说为核心的礼教，这样，儒教便应运而生了（儒教之成为中国的礼教，实有其本身的理论上的优胜条件，汉武帝之崇儒术罢百家，只是儒教成为礼教的偶然机缘,而非根本原因)。三纲说在历史上的地位既然如此重要,无怪乎在新文化运动时期,那些想推翻儒教,打倒旧礼教的新思想家,都以三纲为攻击的主要对象。

据我们现在看来,站在自由解放的思想运动的立场去攻击三纲,说三纲如何束缚个性,阻碍进步,如何不合理,不合时代需要等等,都是很自然的事。但是要用哲学的观点,站在客观的文化思想史的立场,去说明三纲说发生的必然性及其真意义所在,就比较困难了。兹试先分两层来说明五伦说进展为三纲说的逻辑的必然性。第一,由五伦的相对关系,进展为三纲的绝对的关系。由五伦的交互之爱、等差之爱,进展为三纲的绝对之爱、片面之爱。五伦的关系是自然的、社会的、相对的。君君,臣臣,父父,子子,夫夫,妇妇。假如君不君,则臣不臣;父不父,则子不子;夫不夫,则妇不妇。臣不臣,子不子之"不"字,包含"应不"与"是不"两层意思。假如,君不尽君道,则臣自然就会(是)不尽臣道,也应该不尽臣道(闻诛一夫纣矣,未闻弑君也)。父子、夫妻关系也是如此。这样一来,只要社会上常有不君之君,不父之父,不夫之夫,则臣弑君,子不孝父,妇不尽妇道之事,事实上、理论上皆应可以发生。因为这些人伦关系,都是相对的、无常的,如此则人伦的关系,社会的基础,仍不稳定,变乱随时可能发生。故三纲说要补救相对关系的不安定,进而要求关系者一方绝对遵守其位分,实行单方面的爱,履行单方面的义务。所以三纲说的本质在于要求君不君,臣不可以不臣;父不父,子不可以不子;夫不夫,妇不可以不妇。换言之,三纲说要求臣、子、妇尽单方面的忠、孝、贞的绝对义务,以免陷入相对的循环报复,给价还价的不稳定的关系之中。韩愈"臣罪当诛兮天王圣明"一句诗,虽然目的在表彰周文王"三分天下有其二,仍臣服殷朝"的忠,且受到程朱嘉赞推崇,就因为能道出这种片面的忠道。

第二,由五伦进展为三纲包含有由五常之伦进展为五常之德的过程。五常伦之说,要想维持人与人之间的常久的关系。但是,人是有生死离合的,人的品行是很不齐的,事实上的常久关系是不易且不能维持的。故人与人之间只能维持理想上的常久关系。而五常之德就是维持理想上的常久关系。而五常之德就是维持理想上的常久关系的规范。不论对方的生死离合,不管对方的智愚贤不肖,我总是应绝对守我自己的位分,履行我自己的常德,尽我自己应尽的单方面的义务。不随环境而改变,不随对方为转移,以奠定维持人伦的基础,稳定社会的纲常。这就是三纲说所提出来的绝对的要求。可以说历史上许多忠臣孝子,苦心孤诣,悲壮义烈的行径,都是以三纲说为指导信念而产生出来的。故自从三纲说兴起后,五常作为五常伦解之意渐渐被取消,作为五常德解之意渐次通行。所谓常德就是行为所止的极限,就是柏拉图的理念或范型。也就是康德所谓人应不顾一切经验中的偶然情况,而加以绝对遵守奉行的道德律或无上命令。这种绝对的纯义务的单方面的常德观,也在汉儒董仲舒那里达到了极峰,所谓"正其谊不谋其利,明其道不计其功"。"谊"和"道"就是纯道德规范,柏拉图式的纯道德理念。换言之,先秦的五伦说注重人对人的关系,而西汉的三纲说则将人对人的关系转变为人对理、人对位分、人对常德的单方面的绝对的关系。故三纲说当然比五伦说来得深刻而有力量。举实例来说,三纲说认君为臣纲,是说君这个共相,君之理是为臣这个职位的纲纪。说君不仁臣不可以不忠,就是说为臣者或居于臣的职分的人,须尊重君之理,君之名,亦即是忠于事,忠于自己的职分的意思。完全是对名分、对理念尽忠,不是作暴君个人的奴隶。惟有人人都能在其位分内,单方面地尽他自己绝对的义务,才可以维持社会人群的纲常。试再以学校师生的关系为例。假如为教师者都能绝对的单方面的忠于学术,认真教学,不以学生之勤惰、效用之大小而改变其态度。又假如为学生者能绝对的单方面的尽其求学的职责,不以教师之好坏、分数之多少而改变其求学的态度,则学术的进步自然可以维持。反之,假如师生各不遵守其常道,教师因学生懒惰愚拙而不认真教学,学生因教师不良亦不用功求学,如是则学术的纲常就堕地了。这就是三纲说的真义所在。因为三纲说具有如此深刻的意义,所以才能发挥如此大的效果和力量。所以就效果讲来,我们可以说由五伦到三纲,即是由自然的人世间的道德进展为神圣不可侵犯的有宗教意味的礼教。由一学派的学说,进展为规范全国全民族的共同信条。三纲精蕴真义的纯理论基础,可以说只有极少数儒家的思想家、政治家才有所发挥表现,而三纲说在礼教方面的权威,三纲说的躯壳,曾桎梏人心,束缚个性,妨碍进步,达数千年之久。但这也怪不得三纲说本身,因为三纲说是五伦观念的必然的发展,曾尽了它历史的使命。现在已不是消极地破坏攻击三纲说的死躯壳的时候,而是积极地把握住三纲说的真义,加以新的解释与发挥,以建设新的行为规范和准则的时期了。

最奇怪的是,而且使我自己都感到惊异的,就是我在这中国特有的最陈腐、最为世所诟病的旧礼教核心三纲说中,发现了与西洋正宗的高深的伦理思想和与西洋向前进展向外扩充的近代精神相符合的地方。就三纲说之注重尽忠于永恒的理念或常德,而不是奴役于无常的个人言,包含有柏拉图的思想。就三纲说之注重实践个人单方面的纯道德义务,不顾经验中的偶然情景言,包含有康德的道德思想,我已约略提到过。康德的意思是说,事实上也许大多数人都很坏,都不值得爱,但我们应爱人以德,以尽我们自己的道德责任。譬如,阿斗就是庸劣不值得爱的君,而诸葛武侯仍鞠躬尽瘁、死而后已,以尽他单方面的纯义务的忠道,以履践三纲中的"君不仁臣不可以不忠"的训条。而康德的学说,却正好是诸葛亮式的德行写照。而耶稣伦理思想的特色,也是认爱为本身目的,尽单方面的纯义务,而超出世俗一般相互报酬的交易式的道德,实与三纲说之超出相对的自然往复的伦常关系,而要求一方尽绝对的单方面的义务,颇有相同的地方。三纲就是把"道德本身就是目的而不是手段"、"道德即道德自身的报酬"等伦理识度,加以权威化、制度化,而成为礼教的信条。至于三纲说的本质有与西洋近代精神相符合的地方,可任意拈取例证。譬如,西洋近代浪漫主义者之爱女子,即是竭尽其单方面的爱,纵为女子所弃,而爱亦不稍衰(不过,在西洋是男子对女子尽单方面之爱,而三纲之教,则要求女子对男子尽单方面之爱)。又如西洋近代革命家之忠于主义,对于人民竭尽其片面的宣传启导之责,虽遭政府压迫,群众反对,而不失其素守。又如西洋耶教徒近代的宣传事业,所以能普及环宇,亦是因为许多传教士能忠于其信仰,竭尽其单方面的义务,以播扬教义,虽一再遭异教异族之人的杀害,而不渝其志,不改其度。总之,我认为要人尽单方面的爱,尽单方面的纯义务,是三纲说的本质。而西洋人之注意纯道德纯爱情的趋势,以及尽职守、忠位分的坚毅精神,举莫不包含有竭尽单方面的爱和单方面的义务之忠忱在内。所不同者,三纲的真精神,为礼教的桎梏、权威的强制所掩蔽,未曾受过启蒙运动的净化,不是纯基于意志的自由,出于真情之不得已罢了。学术的启蒙,真情的流露,意志的自主为准,自己竭尽其单方面的爱和单方面的义务,贞坚屹立,不随他人外物而转移,以促进民族文化,使愈益发扬,社会秩序,使愈益合理,恐怕就是此后儒家的人所须取的途径了。

　　以上所批评阐明的四点:(一)注重人与人的关系;(二)维系人与人之间的正常永久关系;(三)以等差之爱为本而善推之;(四)以常德为准而皆尽单方面之爱或单方面的义务。这就是我用披沙拣金的方法所考察出来的构成五伦观念的基本质素。要想根本上推翻或校正五伦观念,须从推翻或校正此四要素着手;要想从根本上发挥补充五伦观念,也须从发挥补充此四要素着手。此外都是些浮泛不相干的议论。为方便起见,综括起来,我们可试给五伦观念下一界说如下:五伦观念是儒家所倡导的以等差之爱、单方面的爱去维系人与人之间常久关系的伦理思想。这个思想自汉以后,被加以权威化、制度化而成为中国传统礼教的核心。这个传统礼教在权威制度方面的僵化性、束缚性,自海通以来,已因时代的大变革,新思想新文化的介绍,一切事业近代化的推行,而逐渐减削其势力。现在的问题是如何从旧礼教的破瓦颓垣里,去寻找出不可毁灭的永恒的基石。在这基石上,重新建立起新人生、新社会的行为规范和准则。

(1940年5月1日刊登于《战国策》第3期)

论假私济公

王船山批评秦始皇说:"天假其私以济天下之大公"。他的意思是说秦始皇统一中国,废封建,立郡县,筑万里长城,种种伟绩,无非是出于私心为子孙打算。但是从全部历史过程来看,他却作了些为全中国全民族的公益有利的业绩,而他主观上所怀抱的私心却成了未能满足的幻梦,所以在王船山的眼里,那一世之雄、叱咤风云的秦始皇,也不过成了天道的工具,命运的玩物。小己的私心敌不住天道的公正;个人的小智,比不上宇宙的大智;独夫的武力,胜不过历史的命运。秦始皇的一切私心、私智、私力,皆被那无声无息、施无言之教的"天",利用来作为"济天下之大公"的手段与工具。因此王船山这种说法,不仅可提供我们对于目前这亘古未有的世界大变局和对于这变局中戏剧式的世界史人物一个新的超脱的看法,而且实默契了黑格尔历史哲学中一个主要概念,并且也给我们一个很健全的宇宙观。

王船山这句话中"天"这一概念,最为困难。在信仰宗教的人看来,天就是有人格有意志的上帝,在相信宿命论的人看来,天就是盲目的命运。我们还是采纳宋儒"天者理也"的说法,将船山所谓"天"解释作支配自然与人事的天理天道,也许较合他的本意。换成现代的名词,天就是指"宇宙法则"而言。宇宙法则就是黑格尔历史哲学中所谓理性。黑格尔认为理性是世界的主宰,整个历史都是理性逐渐实现的历程。理性并不是空洞虚玄,并不仅是某一些人脑子里的幻想。理性主宰万物、作育万物、浸透万物、支配万物、利用万物,而为万物所不知。万物只是在那里不识不知,顺着理性的法则而生活。理性是理想的,它假现实以实现其理想。理性是无人格的,它假英雄豪杰的人格以实现它的目的。理性是无限圆满的,它假有限的不圆满的事物以达到其圆满。回到本题,理性是大公无私的,但是它假个体之私以济天下之大公。换言之,假私济公是天道,也即是理性的法则,理性这种假私济公的"伎俩"好像是有意作弄人,有意与那自私自利的人开玩笑,有意蒙骗那自私自利的"历史人物",使他们怀着自私自利的目的,而去完成大公的事业。使得那些不可一世的霸主、暴君、独裁者,皆好似歌德浮士德剧中的魔鬼,"目的虽在作恶,而不禁创造了善。"黑格尔把这种假恶济善,假私济公的苦心与手段,叫做"理性的机巧"(中文也有译作理性的狡狯的)。而王船山在他的《读通鉴论》中评论秦始皇的生涯,恰好悟到了黑格尔所谓"理性的机巧"的道理,他不啻揭穿了秦始皇逞其私智,恰好上了"理性的机巧"的大当的秘密。岂只秦始皇?中外古今的历史人物继续上着同样的大当的人,何可胜数!

历史上固然如此,自然界又何独不然。不过自然事物的"自私",没有人事那样严重的道德意义罢了。试平心观察,自然界中那一物不是努力保存自己;那一物不是为自己而存在?一块石头,一枝花,一茎草,它也有它的个性,有它的内在目的,也在不断地努力保持它自己的生存。然而这些各自努力自保自为的自然事物,却形成了大自然的谐和。杜甫有两句诗说:"寂寂春将晚,欣欣物自私。"是的,在某意义下,自然万物,莫不自私。然而这自私、自为、自保的万物，却形成了欣欣向荣的春天。这不是象征了大自然也在作假私济公的勾当，弄假私济公的机巧，假个体事物之私，以济全部自然之大谐和吗？

我们不必诅咒自私，我们要能静观出在整个宇宙法则的支配下，自私者有其不可逃避的命运。自私者终必陷于自戕，个人的自利，终必被全体的理性假之以济公，而结果自私的个人受全体的处罚，毫无所得，自私的企图，尽成泡影，这就是自私的命运。我们承认假公济私是最大的罪恶，但是我们要对之治以"假私济公"的宇宙大法。最繁荣的季节，是"欣欣物自私"的春天，最伟大的时代，也许是"欣欣人自私"的盛世，怎样成全个人的自私，而又所以促进社会进步，这样使为私与为公，相反而相成。这确需要一些能活用"假私济公"之天道的大政治家大教育家的手法。

我们不能只是歌颂天道的大公无私，我们也不能只是崇拜那法天希天的圣人，有大公无私的仁德，我们须要识透理性的假私济公的机巧与法则，学习圣贤的假私济公的德量与权变。大公无私不过只是一完美邈远的理想，而假私济公才是切实有效的方法。试就浅近的事例来看：保寿险不是为自己的儿女打算吗？却可促进公共利益。储蓄不是为自己的经济打算？却可促进社会事业的发展。可以说一切重大的现代化的公共事业的发展，不是建筑在纯公无私的道德理想上，而是建筑在假私济公的理性机巧上。无论在平时，在战时，无论治私事或治公事，不从调整公私的利益和假私济公方面用工夫，要想人绝对不自私，不仅失之"责人重以周"，甚且有一些违反本心，不近人情。

假如为公即须牺牲个人利益，保持个人利益即须牺牲公众利益，试令人于两者之间加以选择，无疑地，最大多数人必将选择为私而牺牲公的途径。假如一个社会里公私的观念如此对立,公私的冲突如此严重,为私如此易,为公如此难,则这个社会安得不乱？但幸而事实与理论所昭示的却并不是公与私的根本对立与冲突,而是二者间的矛盾的统一。公私根本不相融,只是表面的看法,只是部分的褊狭的看法。若能加以深彻的观察,从全体的立脚点来看,即可见得公私之合一:(一)凡自私者不仅损害公众,于己终亦无利。(二)凡为公者不单造福公众,自己终亦得利。换言之,公私之利害完全共同。为私等于公私两损,为公等于公私两利。损公利己,利己损公,事实上理论上均不可能。(三)少数怀自私的动机,而其行为的结果间接有济于大公者,其私人终必受谴责,而社会国家乃能凭借其全体理性的力量,假私济公,化私为公。如贵族建筑园亭宫室以供私人娱乐,但贵族不久以荒淫而荡产,或以骄傲而失败,其园亭宫室被转化为公园,或公共娱乐场所,是即凭全体理性之力,转化个人之私,以济社会之公的实例。

近代伦理思想上有了一大的转变,早已超出了中古僧侣式的灭人欲、存天理、绝私济公的道德信条,而趋向于一方面求人欲与天理的调合、求公与私的共济;而一方面又更进一步去设法假人欲以行天理,假自私以济大公。打一个比喻,中古时代的人,畏惧洪水猛兽,而现代的人则假洪水以作发电的动力,假猛兽以娱乐观众。情欲私心等,已不被视为可怕的洪水猛兽,而乃被认为可借以行天理济公众的材料。假如不能动员人类的欲望、情欲、利己心等,以作实现道德理想的工具与材料,则道德生活必然是空虚与贫乏,不是现代人所要求的充实丰富、洋溢着生命力的生活。

中国儒家几千年来聚讼纷纭的性善性恶问题,到了近代,亦有了一新的看法。旧时持性善论者,只肯定仁义礼智是人性,而否认自私是人性。旧时持性恶论者，只肯定自私是人性，而否认仁义礼智是人性。但两派的人，都从不同的立场，承认自私是恶，是须得根本克制铲除的恶。但近代的伦理思想自霍布斯以来，即已坦白承认人性是自私的，自私的意义是自保、自为、自爱。这种自保、自为、自爱的生性，人与动物并非两样的。那时许多革命理论家皆提倡天赋人权说。所谓争天赋人权，说得露骨一点，就是争人人皆有自私的权利，就是争人人与禽兽共同的自保、自为、自爱的自然权利。简言之，近代伦理思想对人的看法是：（一）人性是自私的；（二）社会国家应尊重个人自私权利；（三）个人应争取自私的权利，同时也应尊重他人自私的权利。这无异承认自私是善的，人性也是善的。自私既已逐渐取得好的意义，不纯全是一个坏名词，因此率兴名正言顺，称之为"利己主义"。所以近代的伦理思想似乎有求自私之法律保障，求自私之公开化合理化的趋势，理论上很少听见有根本铲除自私的呼声。从中古的道德眼光看来，这也许是世风日下，道德标准降低了。但是在某种意义下，这也许是基于对人性的新了解，正是道德进步的表现。记得罗素说过："与其牺牲少年人的幸福，以满足老年人的私心，反不如牺牲老年人的幸福以满足少年人的私心。少年人虽说自私，毕竟来得坦白些。"这真是未免说得太"坦白"了！谁说要根本破除自私？你能够想象一人人皆绝对不自私的社会吗？假使人类尽是为公而不为私，利他而不为己的圣人，这是不是很有意义、很有趣味的生活呢？所以近代的伦理思想家大都不过欲教人自私得坦白一点，自私得开明一点，自私得合理一点罢了。自私得坦白、开明、合理，便是"利己主义"。利己到了愚蠢，不合理不坦白的程度，便叫做"自私"。利己是主义，是理想。自私是罪恶，是缺陷。但缺陷所在并不在于固有的自保、自为、自爱的本能,而乃在于态度的虚伪(不坦白)、知识的不足(愚昧,不开明)和不合理性的准则方面。但广义的自私包括利己观念在内,故上文说自私不纯全是一个坏名词。所以近代哲学家之对待自私,大都采取梁任公称赞费希特哲学思想的话,所谓"以杨朱之为我为出发,以墨子之兼爱为归宿"的策略。这不仅代表了一种新观点,而且也表现了他们另具有一番教导世人,打破人我界限,假私济公的苦口婆心。

希望上面这一番话,不致令人误解我,以为我是持利己主义的人。我的用意不过在指出利己主义在西洋近代发展的原因与背景,较之武断地排斥自私,空洞地歌颂无私,于支配近代的生活,更富于实际力量,更为自然坦白而切近人情罢了。我还是绍述西洋思想的意味多,自作主张的意味少。我之所以不敢接受利己主义,虽然对之相当表示同情,就因我现在尚弄不清楚什么是"自己"的意义。更不能确切说出什么是"自私",什么是"利己"的真意了。我根本怀疑"凡人皆自私"一命题,我并且想追问人是否真正能够自私?世界上无目的、无个性、不自知、不自为的人太多了。他们终日鬼混、飘浮,为他人作奴隶,丧失净尽他的精神上物质上的一切权利。他们既不得谓为有"自己",更如何说得上自私和利己呢?自私或利己必须先假定有自我或自我意识。而自我意识必须精神生活上到了相当高度的人才能达到。一般人一与外物接触,一与他人接触,便动辄丧失其自我,忘掉其自我意识。己之不存,利焉何有?因此我不敢承认"人是自私"是普遍的心理事实。

"人是自私"既不是普遍的心理事实,"人应自私"当然也不是普遍的道德律令。人一有了自我意识,同时也就有了"他人"的意识。自己与他人老是处于对立竞争的地位。损人者人恒损之,害人者人恒害之。循环报复,无有穷期。人我之间有了界限、隔阂,彼此时存提防戒备之心,精神上总觉扰攘不安。假如一个人每作一事,皆纯全以自己的利益为前提,而不能照顾他人或邻居,这并不足表示他自己善于打算(因为纯为自己打算的人,亦有弄巧成拙,损人而不利己,甚或损己利人的时候),但的确可以表示他本人人格的藐小,胸襟狭窄。老实说,无论人类如何坏,民胞物与的仁心,多少总是具有一些种子的。谁愿意自安于人格藐小,胸襟狭窄?所以持狭义的个人主义,作纯全利己的事,都是戕贼自己的本性,自己精神终归要感受一种痛苦的。我们羡慕小孩子的天真纯朴。当我们与大自然接近时,我们精神上感觉到潇洒超脱。当我们回到老家时,我们心理上感觉到一种安顿归宿。这是什么道理呢?因为小孩子是无人我之见的。一有了人我之见,小孩式的天真纯朴便斫丧了。凭对大自然,回到家乡,也就忘怀了人我的界限与对立。此时用不着利己,也无须乎提防他人。可以说这是人我的竞争暂时停战的时候,也可以说是自私的工作暂时放假的时候。所以精神上会有超脱潇洒,安顿归宿之感。由此足见在某意义下,人是不愿意自私的,人之作利己的事,是势之不得已的。他最后的归宿,他内心深处的要求,是想打破人我的隔阂,泯除人我的界限的。所以站在道德理论的立场,我们无法可以承认"人应利己"的学说。人生精神上最大的快乐,事业上最大的成就,学艺上最大的创造,往往都是忘怀人我,超出小己的境界所产生出来的。这些高尚的价值,绝不是利己主义所能满足的。

我们发现利己主义的好处:第一,在于有自我意识,承认自我有利己的权利,得免于浑沌飘浮,漫无自我意识,沦为奴隶而不自知觉的危险。第二,利己主义否定了中古时代空洞的绝对无私的高压，确认个人应有的权利与幸福。但利己主义者所谓"自己"，意义欠清楚，来源不明白。一方面好似甚尊严，一方面又似很藐小。自己与他人老是陷于对立、竞争、冲突之中。终会感觉到冲突的痛苦，隔阂的悲哀，换言之，利己主义者终会感受到利己主义之于己不利，而有忘怀物我，超出人己的要求。他愿从事于合内外、超人我的工作，而不愿拘屈于作利己的琐事了。国家、社会、理性、大我就是合内外、超人我的公共事业。假如他努力于遵循理性，实现真我，服务社会，忠爱国家，那么，他就在从事于合内外、超人我的公共事业。假如他能达到合内外、超人我的精神境界，因而能创出合内外、超人我、有永久价值的学术文化，那就是发展理性、实现真我的伟业了。

我们要抗战，要建国，要建立一现代化有组织的国家。我们便要对治自私。我们并不唱高调，主张根本消灭自私，而且相当承认利己的权利。我们由假私济公说起，一直说到超私归公，假私济公是天道，但亦未始不可加以人为的努力。超私归公是修养达到的境界，但亦未始不可以说是理性的法则，宇宙的大道。

（发表予1941年）

论英雄崇拜

（一）

陈铨先生在《战国策》第四期发表《论英雄崇拜》一篇文章以后，引起各方面不少同情和攻击。攻击陈先生的人，大都从某种政治立场说话，误认英雄崇拜的提倡，即是为法西斯主义张目。其实英雄崇拜，根本上是文化方面、道德方面和人格修养方面的问题，不是政治问题。站在政治的立场去提倡英雄崇拜固不对，站在政治立场去反对英雄崇拜亦是无的放矢。

但是陈先生的文章亦自有其引起误会、招致反对的地方：

陈先生那篇文章里面，对于名词，似乎解释得不够清楚。什么是英雄的本质？什么是崇拜的意义？假如不清楚说明，一般人很容易误会，以为崇拜英雄，就是崇拜武力、崇拜霸王、崇拜侵略，其实两者风马牛不相及。卡莱尔是第一个大声疾呼地提出"英雄崇拜"的人，在他的书里面，英雄是诗人，是宗教家，是各式各样出类拔萃的人物。至于英雄的帝王，他只提出拿破仑一人作代表，然而卡莱尔并不崇拜他的武力，只崇拜他政治军事的天才。太史公对于项羽，推崇备至，特别破例替他写《本纪》，但是太史公对于这一位霸王所崇拜的,并不是他拔山扛鼎的气力,也不是他坑秦卒二十万的凶残,乃是他的勇敢豪爽和其他表示英雄气概的美德。

陈先生文章里面,尤其不能令人同意的,就是他似乎认为英雄崇拜和民主主义是相反的。其实英雄崇拜不但和民主不相反,而且是实行民主主义不可缺少的条件。在一个民主社会中间,人与人之间,必须互相尊重,互相钦佩。假如每一个人,都自己以为自己是英雄,不崇拜任何别的英雄,那么民主绝对不能推行。就事实方面来看,在民主发展的国家里面,如像英美,一般的人民,对于政治领袖、电影明星、打破纪录的飞行家,那一种狂热的崇拜,是远在许多半封建社会之上的。

陈先生似乎认为,崇拜英雄和理智活动根本冲突,所以他以为中国的农民老百姓,没有受过新式教育的人,还知道崇拜英雄,而中国的知识阶级,却反而心高气傲,仇恨嫉妒,好像智识愈发达,就愈不能够崇拜英雄。其实崇拜英雄,需要相当智识,必有智识,方能认识英雄,因此也方能够崇拜英雄。智识不仅不是崇拜英雄的障碍,反而是崇拜英雄所不可少的条件。提倡崇拜英雄,决不是反理智、反理性、反学术文化以回复原始时代的自然状态。

(二)

英雄概括来说,就是伟大人格,确切点说,英雄就是永恒价值的代表者或实现者。永恒价值乃是指真美善的价值而言,能够代表或实现真美善的人就可以叫做英雄。真美善是人类文化最高的理想,所以英雄可以说是人类文化的创造者或贡献者,也可以说是使人类理想价值具体化的人。

英雄不但指豪杰之士,而且包括圣贤在内。中国过去特别崇拜圣贤,因为中国特别注重道德,所以特别崇拜道德价值的实现者。英雄这一个名词,含义比圣贤一名词较广,他包括文人、宗教家、道德家、政治家、科学家和预言家。英雄崇拜的名词比圣贤崇拜的名词好,因为英雄崇拜不仅崇拜上文庙吃冷猪肉的人,只要有本事进其他的庙的人,也一样地在崇拜之列。英雄崇拜比圣贤崇拜更积极,更有生气,更有战斗的精神。圣贤表示静穆圆满的图画,英雄却表示生活上的战斗性和奋斗性。譬如当我们说孔子是圣人,我们便想到他是大成至圣万世师表的圆满性。但当说孔子是一个英雄时,我们便想到他一生发奋忘食,自强不息,战胜种种困难的经历。所以我们认为与其提倡崇拜圣贤,不如提倡崇拜英雄,较能表示近代精神。

崇拜和佩服有别。佩服是佩服一个人的绝技绝学,佩服他惟一无二的特长。譬如一位拳师善于打拳或一位学生说满口流利的英语,我不会打拳,也不会说英语,我佩服他们。但是我未必崇拜他们。佩服是佩服别人所有自己所无的。太史公没有游侠的本事,他佩服游侠。许多的人,自己没有钱,佩服别人有钱,自己不会跳舞,佩服别人会跳舞,自己没有学过逻辑,佩服别人会耍逻辑。这一切佩服的对象,同自己的精神生活,并不发生密切关系。

至于崇拜却不是崇拜别人所有自己所无的,乃是崇拜别人和自己所共同有的。别人有,自己也有,不过别人所有或比我自己深切著明,足以代表启发我之所有。所以我之崇拜他,多少含有同声相应,惺惺惜惺惺之意,以勇崇拜勇,以仁崇拜仁,以智崇拜智,这完全是一种精神上互相吸引沟通的关系。所以黑格尔说:"崇拜是一种精神与精神的交契"。这个说法在中文里的意思也合得了。孔子说："祭如在,祭神如神在。"就是说:在崇拜神灵的行为里,我的精神与神的精神相交契。同样崇拜祖先就是自己的精神与祖先的精神交契。真正的崇拜,就是自己的精神与崇拜对象的精神相交契,因为这样,所以崇拜的对象,也就是自己精神上所寄托,为自己内心深处之所企望仰慕者,一旦得着崇拜的对象,自己的精神,也就因此而得着安息之所。所以崇拜的对象,就是意志的目标,也是追效的模范。所以必定要有精神生活和修养的人,方足以言崇拜,必定要求情志安顿的人,方足以言崇拜。

(三)

现在我们进一步讨论,什么叫做崇拜英雄?

崇拜英雄和服从领袖不同。服从领袖是实用行为。为着社会组织,法律纪纲,行政效率,我们不能不有领袖,我们不得不服从领袖。假如领袖是英雄,我们固然服从他。有时领袖虽不是英雄,但为实际方便计,亦须服从之,因为不服从领袖,就没有坚固的团体组织。团体涣散,国必乱亡。

一个人服从领袖,他就是一个国家良善的公民,一个团体忠实的分子。至于崇拜英雄,乃所以修养高尚的人格,体验伟大的精神生活。简言之,英雄崇拜不是属于政治范围的实用行为,乃是增进学术文化和发展人格方面的事。

谈到个人修养,古今中外的哲人,大都主张要先找一个模范人格来作追效的对象。程子提出:"志伊尹之所志,学颜子之所学"作为他努力的方向。西洋人讲修养,首先注意"基督的追效"(The imitation of Christ)。许多宗教能够成为宗教,就是因为里面有伟大的人格,值得一般人仿效。许多政党能够发起伟大的政治运动,就是因为里面有伟大的人格,可以作一般人的模范。希腊的斯多噶学派,道德理想甚高,宗教意味极浓,但不能够像基督教那样成为宗教,就是因为虽有主义,而缺乏人格可以与耶稣比拟的伟大人物。

崇拜英雄基于认识英雄。没有思想学问智识眼光,就不能够认识英雄;因此也更说不上崇拜。因为认识英雄是很难的,所谓"千里马常有,而伯乐不常有"。世界上的英雄甚多,然而真正能够认识英雄的人并不多,英雄本身已经不容易认识,他们又常常不愿意为人认识。如像韩信连胯下之辱都愿忍受,谁能够想象他是英雄呢?曹操和刘备杯酒论英雄,曹操说:"天下英雄,惟使君与操耳。"刘备大惊失色,骇得把筷子都掉下来了;他连忙说他怕雷,使曹操不认识他。英雄在未得意的时候,都喜欢用烟幕弹来掩藏他本来的面目,这种特殊的"英雄心理"往往增加认识的困难。

英雄素来不讨好群众,他更不怕群众误解。群众的误解,反而证明他的伟大。爱默生说:"作伟大的人,就是被误解的人"(To be great is to be misunderstood)。所以只有英雄才能够认识英雄,只有英雄才能够崇拜英雄,所谓"同声相应,同气相求。"群众虽然起初常常误解英雄,但是经过相当时间,或者英雄死后,群众仍然会认识他、拥护他、崇拜他。然而真正的英雄,却能倔强独立,决不因为急于要人认识而哗众取宠,失其素守。

英国有句名言,说:"没有一个人在他仆人眼里是英雄的"。依照黑格尔的解释:"这并不是因为英雄不是英雄,乃是由于仆人只是仆人。"仆人所以不能认识英雄,正因为他自己不是英雄。由是足见替英雄当走狗作奴隶的人,不能算是崇拜英雄的人。他们自己的人格中,没有英雄的成分。他们不能认识英雄。他们和英雄没有精神和精神的交契。

凡是根本反对英雄,抱定主张绝对不崇拜英雄的人,就是"英雄盲"。这和生理学上所谓"色盲"是一样的。害"色盲"的人,睁起眼睛,看不见某一种颜色。害"英雄盲"的人,睁起眼睛,看不见英雄。英雄是人类理想价值具体化,"英雄盲"就是"价值盲"。价值盲是一种精神病态。反之,凡能够崇拜英雄的人,就是不害"价值盲"的人,他不但能够认识英雄,而且能借崇拜英雄,扩充自己的人格,实现自己潜伏的价值意识,发挥他自己固有的"英雄本性"(Heroism)。

一般反对英雄崇拜的人,大概基于两种错误的心理。第一,他们以为崇拜英雄,就是作英雄的奴隶。他们不愿意当奴隶,所以不愿意崇拜英雄。第二,他们自己想当英雄,故亦不愿承认别人是英雄,不愿崇拜其他英雄。他们误以为凡是英雄都是目空一切、唯我独尊的。但是照上文所说,崇拜英雄绝对不是当奴隶,奴隶根本不能崇拜英雄。只有自己是英雄,才能够认识英雄,才能够在崇拜中和英雄发生精神上的交契。明白这种道理,这两种错误的心理,或许可以纠正过来了。

进一步,我们还可以说,英雄崇拜是极自然的,同时也是不可逃避的心理事实,因为每一个人内心都有崇拜英雄的驱迫力,都有其英雄本性或价值意识,都多少具有认识英雄的能力。假如一个人笑骂一切人,鄙视一切人,绝对不崇拜英雄,那就违反了他的本性,他心理上一定有一种病态,他精神上一定感觉到一种空虚和痛苦。

就另一方面说,英雄本身也有一种魔力、引力,使得凡接近他的人,不能不崇拜他。张良会见刘邦,就说:"此天授,非人力也!"

清末许多革命党员,和孙中山先生一见面,立刻就抛弃一切,投身革命。这可以说是英雄本身的力量,不崇拜他几乎是不可能的事情。在这个地方,英雄有点像美人,崇拜颇近乎爱慕。一个感情热烈的人遇见了真正的美人,不爱慕是不可能的,一个有英雄性的人,遇见了真正的英雄,不崇拜也是不可能的。

崇拜英雄既然是普遍的、必然的心理事实,所以最要紧的问题,倒不是应不应崇拜英雄,乃是怎么样引导人类崇拜英雄的普遍心理,使大家崇拜真正的英雄,不要盲目地崇拜虚伪的英雄。孔子说:"非其鬼而祭之,谄也"。我们也可以同样说:"非其英雄而崇拜之,奴也!"愿意崇拜英雄,是事理的必然;由学养,由认识而崇拜所应崇拜的英雄,且依理性的指导,崇拜之得其正道,才是真正的理想。

这里可以附带解答一个问题:通常人总觉得崇拜与批评,正相反对,崇拜的对象即不是批评的对象。假如对于英雄一味崇拜,不加批评,思想学问怎样能进步呢?但是事实上崇拜不仅不能消灭批评,而且可以产生批评,只有从崇拜中产生的批评,才是真正的、积极的、同情的、辩证的批评。费希特崇拜康德,朱子崇拜程子,尼采崇拜叔本华,他们对于所崇拜者的学说都曾由同情的批评,而促其发展与进步,所以凡是青出于蓝的批评,都是基于崇拜的批评,也就是同情的批评,内在的批评,亦可以说是自我的批评。

(四)

英雄崇拜者和被崇拜者间的关系如何,是我们现在须要进而讨论的问题。根据事实可以分为四种不同的关系来陈述:

第一种是生者崇拜死者。如像孔子崇拜周公,孟子崇拜孔子,朱子崇拜周程,子孙崇拜祖先,这都是在古人中间,找出追效模范,同他们发生精神和精神的交契。这叫做"尚友千古",也可以说是"抗志希古"。

第二种是下崇拜上。如像臣崇拜君,地位低的人崇拜地位高的人,学生崇拜先生,费希特崇拜康德,鲍斯威尔崇拜约翰生,李白崇拜韩荆州。李白总可算得睥睨一世,笑傲王侯,超出尘俗的大诗人了,然而他《上韩荆州书》说:"生不用封万户侯,但愿一识韩荆州",活画出他这一种崇拜英雄的心理。

第三种是同辈的崇拜,这一种崇拜多半是朋友的关系。鲍叔崇拜管仲,徐庶崇拜诸葛亮,杜甫崇拜李白,尼采崇拜瓦格勒,他们自身都有高尚人格,对朋友发生高尚崇拜的情操。真正的友谊,必须有崇拜,才能够"久而敬",不然就会流入狎暱。

最有趣最重要,但又最为人所忽视的,乃是最后一种,就是上崇拜下。如像刘备崇拜诸葛亮,三顾茅庐,成为千古的美谈。又如左光斗和史可法两人的关系,也足供上崇拜下的例证。当时史可法还是考试的童生,左光斗却是名高望重的提学使。有一天左光斗微服出游,看见一位青年在古庙中酣睡,桌上摆得有他自己作的一篇文章,左光斗读完以后,不胜惊佩。怕青年受了凉,把自己的貂裘解下,亲自给他盖上。到考试交卷的时候,他认出这一位青年,就是史可法。他当面发史可法第一,请他到家里吃饭,与他家里的人相见。他说他的儿子不行,国家大事,将来只有托付史可法。这是老师崇拜学生。君子有三乐,其中有一乐,就是"得天下英才而教育之"。假如一个处于教师地位的人,不能在学生中发现英杰之士而尊重培养之,认为所有学生都毫无希望,那么他就有亏师道,不能琢育出任何人材,他的教育生涯就是一个大失败。

生者崇拜死者是"古道",下崇拜上是"忠道",同辈崇拜是"友道",上崇拜下是"师道"或"君道",亦可称领袖之道(Leadership)。真正的领袖,无论古今中外,并不是全知全能的超人,乃是虚怀若谷,认识英雄,崇拜英雄,而能以至诚结纳贤豪,得其死力之人。用旧话来说,领袖乃是礼贤下士,知人善任,宏奖人材之人,据我们看来,实即最能身体力行崇拜英雄之理的人。

(五)

末了,我们可以分作三方面来结束关于英雄崇拜的讨论:

就理论言,有许多学术艺术文化的工作,都必须以英雄崇拜为前提。史学方面的人物志和传记文学,没有英雄作题材,如何会写来有声有色?小说或戏剧大半有主人翁,没有英雄性格的刻画,如何能感人?艺术方面的人物画,没有英雄作对象,如何能有杰作?

就个人修养言,我们明白英雄崇拜的理论,必须力求虚心认识英雄,崇拜英雄。自己不可先以天才、领袖、英雄自居,不可目空一切、妄自尊大。须力求虚心理会认识古今中外第一流人物。因为英雄是不可以勉强的,不可以自命的,也不是有夸大狂的人。

就教育方面言,英雄崇拜就包含中国人名言所谓"以身教从"的以身作则的"身教"。假如抹煞英雄崇拜,就无异于抹煞人格教育,不注重身教,一切教育的学术工作,就会成为机械化、工场化、商业化,教员和学生、教员和教员,都没有精神交契、人格感召的关系。这一种非人格(Depersonalization)的趋势,使得学校生活枯燥苦闷,无意趣,无生命,实是中国近代教育最大危机。一种学问的继长增进,并不是由于机械式的自然演化,其有赖于负荷此门学问之人的精神感召,实非浅鲜。西洋大学中,各种学术能有悠久的传统、良好的风尚,老教授们人格的感化鼓励,实是最大推动的力量。所以我们认为精神与精神的交契,人格与人格的感召,是英雄崇拜的真义所在,亦是推动并促进学术文化使之活跃而有生气的主要条件。

(1941年7月20日刊登于《战国策》第17期)

论人的使命

人的使命这个题目是一个现成的旧题目。这是德国继承康德的学说，奠定德意志民族复兴精神基础的哲学家费希特的题目。费希特著有一本通俗的书叫做《人的天职》（也可以译作《人的使命》）。大凡青年都很关心人生问题，所以我特别提出人生应有的使命来讲，也就是希望青年能够早日确定自己终身的使命。

要探讨人生问题，就是要人自己研究自己，反省自己，大凡了解外物易，了解自己最困难。所以人生问题实在是最困难、最不容易研究的问题。也可以说是最重要、最大、最不易得解答的问题。谈此问题大都容易陷于宽泛空洞。

其次，人生问题是与做人有关的问题，也就是多少关于道德修养的问题。这种切身的问题，最好找个人最知己的朋友，最接近的师长，作私人的谈话，方有亲切的指导，不必作公开的讨论。并且这种切身的人生问题，全待自己反省、体察、自求解答，他人顶多只能尽提醒启发之责，此外实无能为力。

再次，在某种意义之下，一个人最好是埋头热烈地去生活，去奋斗，忘记了自己有人生问题，有道德修养问题，那是最快乐没有了。人的精神健康也与身体健康一样，有许多天天讲卫生，随时随地都在用科学方法想保持健康的人，每每容易生病。反之，一个很忙的人，听其自然，不特别讲卫生，也不特别戕贼身体，反而身体健康。同样,许多天天讲人生观,讲修养,道德名词挂在口上说的人,反而每每道德并不好。而许多从来不谈人生,不谈道德的人,生活反较快乐,道德反而很好(例如科学家的道德并不比道德家、传教士坏,一般人身体的健康并不比医生坏)。所以,我们一方面要对人生问题,特别看重,特别认真,但另一方面又须不要把此问题当成一场空话来讲说。

人的使命或天职,也可以叫做人生的理想。但是使命固是理想的,同时也是现实的,它是我们此时此地即在执行,即须执行的使命。理想是自由的,我可以自由地提出此理想或彼理想;使命是决定的,或几乎可以说是人不能自主、不能不遵从的天命。理想是主观建立的,使命是客观赋予的,是国家给予的,时代给予的,或是上司赋予的。

人的使命,在某种意义下,即是人生的目的。使命是目的的内容,目的即包含在使命之内,也可以说人生的目的即在完成人的使命。使命比目的要具体些,切实些。做人有了做人的使命,人生就有目的、意义与价值。没有具体的、切实的、非执行不可的使命,而高谈人生目的,就嫌空洞不着边际了。

并且使命含有命令式的意味,一个人所奉行的人的使命,就好像军人所奉的军令一样。一个军人违背了军令,就要受军法处分,一个人违背了人的使命,也就要精神上受一种特殊惩罚,有时叫做天讨、天罚。无论如何也免不了要受良心的重大的责备或惩罚。

我们到现在来研究人的使命是否无意义,是否太迟呢?因为人已经活在世上二三十年了,才来讨论人的使命、人的目的,犹如一只船已经开出海口,航行很远了,而坐船的人才来讨论航行的目的与使命,岂非笑话?又如欧洲战争已经打起来了,英德国会才来辩论作战目的和使命,是不是太迟而可笑呢?又如日本侵略中国已经快到三年的时候,日本忽有一国会议员,出来大胆地质问政府对华作战的目的与使命,是不是太迟而可笑呢?无怪乎当时日本政府要把这个不知趣的议员赶出国会了。

关于上面的问题可以分三点来答复:

(一)人既已在生活着,则人就已经不自觉地在执行某种人的使命,哲学思想的目的,就在使这种不自觉的使命经过研讨以后,正式成为自觉的使命。

(二)假使一个人永久不去追问人的使命,就好像无舵之舟,漂在海上,只能随波逐流,与世浮沉,那么岂不是生活无意义无价值?进一步说,人没有人的使命,人就没有人格,不能算是真正在做人。

(三)一个人自己没有真正的使命,或有一个不光明正大的使命,而怕人追问,怕人揭穿,不敢反省研讨,公开宣布,就是自欺欺人。这种自欺欺人的办法,以之作战,则战必败,以之做人,则人格必定破产。

这样看来,人与禽兽不同,也许就是因为人有自觉的使命而禽兽没有自觉的使命。好人与坏人不同,就是因为好人有正大的使命,而坏人没有正大的使命。伟人与常人不同,就是因为伟人有伟大的使命,而常人没有伟大的使命。因此,我们可以知道,去寻求一个自觉的正大的人的使命,乃是人特有的功能,理性动物特有的功能。

要知道什么是人的使命,先要知道什么是人。先知道了人的本质,就知什么是人的使命了。

但是如何才能知道人呢?直接的方法,就是从人的本身去了解人。这是注重狭义的人本主义的法子。但是有许多天天交接应酬、与人接触的人,反而不能了解人生。德国一位大诗人席勒说:"人类反而把人类掩蔽着了!"所以有时要跳出人类的圈子,才能了解人生。那就是说,要了解人生,就要超出人生。说句笑话,有时要深入无人之境,才能知道什么是人。宇宙间天与物都是超人生、非人生的。如果我们用天人物三界的分法,也许可以看出人的真义,那就是说,欲知人不可以不知物,欲知人不可以不知天。

何以欲知人不可以不知物呢?所谓物,有三种意义:

第一种意义,物是自然。自然与人生是相反的。持自然与人生对比,更足以了解人生,人是自然的一部分,自然是全体,人受大自然一切律令的支配。了解了自然的全体,自可附带了解这部分的人或人生。这就是自然科学所研究的对象。

第二种意义,物是实用之物,如实业经济上之物,是人类理智创造以为己用的工具。由工具的知识,即可进而了解支配此工具的主人翁。这就是社会工程科学所研究的对象。

第三种意义,物是文化之物,文化之物如典章制度、文化产物等,乃是人类精神的表现与创造。由个人的精神创造品,可以了解个人的个性,由一民族的精神创造品,如典章制度、文物等,可以了解一民族的民族性或国民性。此为精神科学所研究的对象。

以上简言之,就是无论从对自然社会或精神科学的研究,均可以帮助我们认识什么是人。

何以欲知人不可以不知天呢?这是中庸上就已经提出的。柏拉图也说:Things human cannot be understood without knowledge of the divine(在理解了神圣的事物之前,是不能理解人间的事物的)。实在说来,知物与知天,相反相成,我们要知物,也要知天才行。天也有三义:

第一,天指美化的自然,亦即有精神意义的非科学研究的自然。如《易经》上说:"天行健,君子以自强不息"。《论语》上说:"天何言哉,四时行焉,百物生焉"。这种由花木山水而悟天道人生,乃是艺术家直觉的知天。

第二,天指天道,就是总天地万物之理,也就是宇宙之所以为宇宙,人生之所以为人生的基本法则,主宰宇宙人生之大经大法。这是哲学的理智的知天。

第三,天指有人格的神,亦即最圆满的理想的人格,也是人人所欲企求的最高模范的人格,最高的价值。这是人类情意所寄托的无上圆满的神,这是道德生活与宗教信仰的天。

说宇宙有所谓天或神,犹如说宇宙间也有一总司令。知天就好像直接向宇宙的总司令交涉、请示。到后来已经知悉总司令的意旨,为天地立心,代天立言,终则与天为一,与神为侣,也就是庄子所谓与造物者游,与天地精神往来的工夫。由知天而希天,由希天而与天为一。不仅是圣人才能希天,人人皆能希天,人人皆在希天。

总结起来,知物与知天的历程,可用下图表示:

知物→用物→征服自然,创造文物 ⎫
知天→希天→与天为一,与神为侣 ⎭ 尽性或实现自我。

自我发现,即发现自己的使命;自我实现,即实现自己的使命。这种知天知物的努力,即人的必然本性,即尽性,亦即发现自我,完成人的使命。

到此,我们可以给人下一界说:

"人是以天为体,以物为用的存在"。

所以,人之知天知物,人之希天用物,即是人的使命、人的天职。这种使命,乃基于人的本性之必然。知天知物即可得一世界观,知人即得一人生观。由知天知物以知人,这就是蔡元培先生所谓由正确的世界观中去获得正确的人生观。因为人生观必须建筑在世界观上面,对于人的知识是从对于天和物的知识而来的。

以上是一般地讲人的使命,亦即人人的使命。尚须进一步讲什么是在某时某地的特殊个人的特殊使命。换言之,以上只谈到人的使命,尚未谈到我的使命、你的使命,或者每一个人、每一青年的使命。

要了解什么是我个人的使命,须对我的性情、才能、环境、家庭、朋友、社会国家的需要、时代的趋势,都要加以通盘的考量和反省。

个人的使命就是个人在全体人类社会中的使命、位分、生平工作和最大可能的贡献,即为此人所作、所应作、所不能不作、所鞠躬尽瘁、用全副精力以从事的工作。

具体点说,个人的使命,就是个人的终身事业或终身工作。这种终身工作,一方面是自己自由考察、自己选择、自己担负起来的工作。一方面也可以说是时代所赋予的,师友或知己所提醒的使命。在完成此种使命,努力此种终身工作里,一方面实现自我的本性,一方面也就是贡献于社会国家人类的使命。

这种完成个人使命的终身工作,是有决定性的,它决定个人的命运,是个人无所逃避的,它是不能任意规避的命令、责任或任务。它是有公共性的,不是个人的私事,而是公众的事业,是国家时代所赋予的;对于他人,对于社会国家,都是有益无损的。它是有永久性的,因为既是个人唯一的使命,既是个人终身的使命,就不是见异思迁,一曝十寒,随便可以变更放弃的,它是有永久性的工作。有永久性的工作必是可以成功的好的工作。终身的朋友必是好的朋友,终身的工作必是好的有价值的工作。以终身精力去从事一种工作，必不会失败。即使工作太伟大，非一人一生之力所能完成，纵然失败，也必然是促进最后大成功的失败。有了这种终身工作，必有所成就，也有所专长，必不愁没有自立的能够谋衣食的专门技术或学问。

有了这种终生工作，人才可以继续努力，血气虽老，而志气不衰。

有了这种终身工作，人才可以忠于其使命，不会中途变节。凡是中途变节的人，大概都是小有才的小人，只是出卖自己的聪明才智，随波逐流，而无确定的使命、终身工作的人。

有了终身工作，不为自己打算，继续努力，老而不衰，并且即使自己死后，这种工作，必然有人继续努力，发扬光大。自己虽不免一死，而自己的使命与工作，可以不朽的遗传下去，自己就会有不死之感，也就有不畏死的气概。

总结起来，一个人要认真生活，认真做人，就需要有自觉的正大的使命，这样生活才有意义与价值。从知的方面说，要认识什么是人的使命，须从知物、知自然、知天或知天道着手，使人生观建筑在宇宙观上。从行的方面说，要完成人的使命，需要有鞠躬尽瘁，死而后已的终身工作。

有了这种终身工作，就会感到自己生平事业的庄严而有意义：能够长久发展，不随个人的死亡而消灭。

末了，我希望我们青年人各自及早确定自己一生的使命，自己去寻求自己的终身工作。

（1941年发表于昆明）

信仰与生活

关心青年的教育与思想的人，常遇着的一个困难问题，就是：求知识时代的青年应否有信仰？以纯学问为目的的青年或纯学者应否有政治信仰？要解答这个问题又牵涉到科学知识与信仰是否根本冲突一问题。就表面上看来，科学知识是理智的、怀疑的，信仰是感情的、独断的、主观的。注重求知的人大概反对信仰，提倡信仰大概于智识的进步有阻碍。所以表面上两者显然是冲突的。我们现在要追问的就是知识与信仰是否根本上真有绝不相容的冲突。我们不从政治、经济的立场来讨论此问题，我们亦不从道德的立场来下判断。我们打算要对此问题加以理论的检讨。所谓理论的检讨，就是要对信仰的性质加以客观的研究，然后根据信仰本身的性质及所求得的客观原则，来加以评衡。

(一)信仰的性质

首先须得认清的，即信仰与迷信根本有别，迷信起于愚昧，代表未开化的民族，未受科学教育的人民的原始心理。而信仰乃基于知识。惟有受过科学教育的洗礼和启蒙运动的开导的文明人，方足以言信仰。迷信可为科学知识所祛除净尽，而信仰不仅非科学知识所能推翻,而且有时科学知识反而可以加强我们的信仰。此外还有一层值得注意的事实:就是只有人才有迷信,我们不能说禽兽有迷信,足见迷信乃是这理智的动物——人类,所特有的后天缺陷。别的动物尚没有进化到可以有迷信的程度。换言之,惟有人才有迷信,更惟有能思想有理智的人才有信仰。但信仰却不能说是知识的缺陷,只能说是伴随着知识而起的一种心理现象。

现在我们可以暂且给信仰下一个定义:信仰是知识的一个形态。知识是思想或理智的产物。思想或理智的活动可以表现为许多不同的形态。信仰、感情、意志等,表面似与理智相反,其实都弥漫着思想的活动,蕴藏着理智的成分,都可以说是知识的不同的形态。不过信仰中所包含的知识,其来源与从严格的科学方法得来的知识,稍有不同罢了。构成信仰的知识,第一,大都是无意间不自知觉地得来的。每每是无形间受熏陶感化暗示而来。信仰之起源由于理智之归纳演绎分析者少(注意,信仰之起源于理智之归纳演绎分析,不过比较少一些,并不是说理智不能引起信仰,更不是说理智与信仰根本冲突),而由于感情之激动者多。因此信仰往往植根于儿童心灵中异常之早,有时甚至被误认作天赋的观念。第二,信仰的养成,主要的是基于具体的生活、行为、经验和阅历,而很少出于抽象的理智的推论。所以每见那能在生活中得教训,行为中得智识,人事方面的经验丰富、阅历多的人,常有坚定不移的信仰,以作他的事业的基础。我们不妨这样说,具体的知识是足以增进、加强或改变信仰的知识,而抽象知识对于信仰的增进、加强或改变的能力比较很少,但也不是绝对没有。第三,构成信仰的知识还有一个比较高深的来源,就是天才的直观和对于宇宙人生的识度。大宗教家,大政治家,举凡所谓先知先觉者的信仰,大都以此为主要的来源。他们的坚定的信仰,的确是建筑在超卓的知识上。然而他们的信仰所依据的见微知著,由小知大,由过去的教训而观察将来的知识,来得那样直接明快,好像是不假思索的样子。这只能说是出于天才的直观或识度了。这种信仰因为来得如此具体、活泼、直接,故其影响他人、感动他人的能力,特别伟大。一个民族或一个时代的中心信仰,大都是如此形成的。第四,我们虽不能说信仰起源于理想及活泼的想象力,更不能说信仰与理想和想象力没有区别,但我们的确可以看出信仰中必然包含有理想和想象的成分。因为信仰的对象必然不是现实的事物而乃是理想的事物。故有理想者未必有信仰(因为事实上有许多理想家未必有坚定的信仰、实行的勇气),而有信仰者必然有理想。而信仰的理想对象之成为具体化,有力量,足以激动人的感情,引起人的牺牲精神,使人亲切感觉到这理想的对象并非遥远不可期,乃俨如即在目前。这就是想象力的作用了。故想象力并不一定引起信仰(如诗人或小说家的想象),而信仰中必包含有想象力。简言之,单是理想或想象,均无甚大的实行力量,惟有构成信仰的有机成分的理想与想象,方可成为主宰行为、推动行为的决定力量。

根据上面这一番关于信仰的性质的讨论,我们可以紬绎出下列几条结论:(一)信仰既多是不知不觉间养成的,而且根植于儿童心灵中异常之早,几成为天赋观念,由此便可推知无论何人似乎都必然有某种信仰,但许多人每每是自己虽已有信仰,而不自知觉其有信仰。因此我们的问题就不是求知识的青年应否有信仰,而转变为求知识的青年应如何使自己固有的信仰自觉化、理性化的问题。人不能绝对没有信仰。任何青年之必有某种信仰,已是无可否认的事实。主要的问题仍在如何使已有的信仰建筑在自觉的理性的基础上,如何使已有的信仰经得起理智的批评,可以随学问思想的进步而增进、而加强。(二)前面只是概括地说信仰是知识的一个形态。现在可以补充说:信仰是知识的形态,同时也是行为的动力,也可以说信仰是足以推动行为的知识形态。并且可以说信仰是使个性坚强、行为持久、态度真诚、意志集中的一种知识形态。(三)就信仰与狭义的科学知识的关系言,二者是不同种类的知识形态。这两种知识形态的关系,有时是各不相妨、并行不悖的,有时是矛盾进展、相反相成的。有时信仰可以阻碍科学知识的进步,有时科学知识可以打破信仰的凝固性。但有时信仰亦可以促进科学知识,甚或利用科学知识,有时科学知识亦可以增进并加强信仰。西洋文化史上,一方面宗教的信仰强固有力,一方面科学知识长足进展,就是科学知识与宗教信仰矛盾进展相反相成的具体例证。(四)就信仰与一般知识的关系言,因为信仰中包含有知识成分,而且信仰乃仅是知识的一个形态,故信仰与知识不仅不冲突,而且是平行相依的。一个人有了某种知识,必定有某种信仰与之相依随。假如一个人毫无所知,则他将毫无所信。盲目的信仰依于愚昧的知识。知识空洞者,其信仰必渺茫;知识混淆矛盾,必与信仰的杂乱反复相依随;知识系统,则信仰必集中;知识高尚,则信仰亦必随之高尚。信仰与知识既有如此密切相依的关系,则一般人误认知识与信仰冲突的说法,不仅是昧于信仰的性质,而且是不知知识为何物。因为假如否认信仰与知识相依随的关系,则一方面信仰将永不会自觉化、理性化,而另一方面,知识亦将陷于空疏枯燥,永不会支配信仰,影响行为了。

(二)信仰的功用

必定要对于信仰的起源、性质及与知识的关系有了明确的认识,方可以了解信仰的功用,并可以了解何以在西洋科学那样昌明的社会中,信仰在人民生活中会占那样高的地位,何以许多学者、思想家会那样注重信仰。法国社会学家涂尔干说:"有宗教信仰者不独能看见不信仰者所看不见的新真理,还可作一个较强悍的人。他觉得自己内部有较大的力量,能经得起生存的试验,可以战胜种种困难。"这里所说的似指内心的宗教信仰对于个人生活方面的效能或功用居多。社会心理学家黎朋说:"决定人生和历史的真正因子,就是信仰。信仰是不可避免的。它永远构成人类精神生活的主要部分。一种信仰也许被人推翻,但继之而起的又是一种新信仰。假如一个民族的信仰发生变迁,必有整个社会生活的巨大变迁随之而起。"这大半是指民族的信仰或我下面所谓传统的信仰在社会生活上或民族前途上的力量与功用而言。美国实用主义的哲学家詹姆士著有《信仰的意志》一书,力言信仰的重要及其在人类心灵生活中所居的主要位置。他所谓信仰的意志,其实系指"信仰的权利"而言。信仰是生存竞争的利器,是人生特有的权利。我们不可沉溺于抽象的理智分析和咬文嚼字的逻辑,而放弃此种信仰的权利。他说:"人生是一种冒险,全要有勇气有信心,才可以得到胜利,达到成功。"他又说:"没有信仰的人,终久是要被有信仰的人驱逐到墙角里去的。"这就是说,在这生存竞争优胜劣败的社会中,没有信仰的人终归要失败,要受天然淘汰的。詹姆士并进一步从知识论的立场发挥成一种信仰决定的真理观,他说:"一个真理之所以成为真理,乃是信仰造成功的。有许多真理之能否真,全靠你对它有无信仰:相信它则真,不相信它则不真。"(以上所引各段皆撮述詹姆士著 The will to believe 及 The Varieties of Religions Experience 二书中的意思。原书遗留在北平,不在身边,此仅据所隐约记着的撮述其大旨。)詹姆士是实用主义者,他的说法,论及我下面所谓"实用的信仰"在行为和知识方面的功用居多。他的学说应用在冒险斗争的生活中,特别有效准。譬如"抗战必胜,建国必成"这类的话,在詹姆士看来,均是可以真亦可以不真的话。而这话之究竟能成为真话与否,其关键全在我们有无坚定的信仰去造成之,去证实之。假如全国国民均有坚定的信仰,则"抗战必胜建国必成"成为真话的可能性必然多些。所以这话之能否真,有待实际生活中努力去实验之、实证之。真理的形成,大都是经过如此艰苦历程的,天地间根本就没有不经过意志、信仰和实际的努力,不劳而获的现成真理。

中国自新文化运动以来,所谓开明或启蒙的空气很浓厚。启蒙时期的人大都是个人主义者,注重理智的怀疑,反对任何信仰,特别反对宗教信仰及传统信仰。他们不仅不承认信仰的功用,反而认为信仰有阻于科学的进步和个人的自由。他们的目的当然在反对迷信,而结果适所以摇动个人和民族的根本信仰。启蒙时期的特点,一方面注重狭义的理智,如外在的怀疑和批评,支离的分析,琐屑的考证等。而与此狭义的理智主义紧相伴随着,乃是注重放任感情的感伤主义或浪漫主义。因一方面,离开信仰情感而言理智,故陷于支离干枯的理智主义,一方面离开理性的规范而言情感意欲的放任,故流于感伤狂诞的浪漫主义。现在的青年应该认清时代,这已不是鼎盛的个人主义、怀疑主义、注重破坏的启蒙时期了。我们已到了注重思想文化以及国家建设的后启蒙时期了。这个时期的青年,不仅要认清信仰的性质与功能,给予信仰以应有的地位,而且当力求信仰的坚定和精诚集中。但又须明了信仰的注重,决不是反民主、反自由、反理性主义的抬头,更不是提倡盲目地崇拜暴力、崇拜霸王。因为只有理智与信仰脱了节,方产生感情冲动与盲目信仰的反理性主义。我们所倡导的浸透了理智的活动和理性的指导的信仰,与知识进展相依相随的信仰,正是为启蒙时期的狭义的理智主义,和此种理智主义的自然反动——反理性主义间的矛盾谋正当的出路。

(三)信仰的种类

为帮助解答我们所提出的问题起见,不能不将信仰大概分为若干种类,加以论列。但这实是一繁难重大的课题,现在我们只能以最简约的方法处理之。

(一)宗教的或道德的信仰 道德的信仰为对于人生和人性的信仰,相信人生之有意义,相信人性之善;对于良心或道德律的信仰,相信道德律的效准、权威和尊严。又如相信德福终可合一,相信善人终可战胜恶人,相信公理必能战胜强权等,均属道德信仰。有道德信仰的人行为自愿遵循道德的法则,为善去恶自有道德的勇气,尽管我在此之后有时仍归失败,或不得他人谅解,但亦可得道德的或良心的慰安。在某意义下,道德的信仰即是宗教的信仰。

因为道德是宗教的核心。离开道德而言宗教，则宗教会变成邪魔外道。但普通所谓宗教信仰是指对于天、天理、天道、天意、天命的信仰而言。有宗教信仰的人，自己受艰难困苦，相信是天将降大任于斯人所加的特殊磨折训练。因此不怨天，不尤人，不自沮丧，不陷于消极怀疑。假如自己事业成功，幸福获得时，则相信是天意的潜助，天恩的赐予，常常卑谦为怀，不敢自矜己功。因而养成困苦不怨、成功不居之美德。有宗教信仰的人，自有安心立命之所，不会在人生道上，徘徊歧途、莫知所可。他的精神有安顿、有寄托、有慰安，作事自觉有神圣的秉承，有牺牲的勇气。彼虔诚信天的人，其身心之有安顿，犹如赤子之有母亲。因彼实以天或上帝为所爱慕的宇宙的慈母，所敬畏的宇宙的严父也。

真正的伟大的宗教的或道德的信仰的养成，多是出于大智慧、大悲悯，出于真知灼见和理性的直观。每每须经历过极大的忧患、极深的怀疑，有看破一切、超出世俗的襟怀的人，如大宗教家、政治家、诗人、哲学家、科学家，才能达到深刻的宗教或道德的信仰。这种信仰是建筑在深厚的爱人类与爱智慧的两大基石上，绝非科学和无神论所能动摇。

（二）传统的信仰　传统的信仰也就是一种社会的信仰，对于社会的权威和礼教、民族文化的信仰均属之。这种信仰是一个社会的风俗习惯的结晶，其来源有时是不知其所以然而然，无法可以追寻的，有时是自上而下，出于权威阶级的规定，目的在维持社会的治安和秩序的。这种信仰是社会上大多数人的公共信仰，对于个人是有强制性的。这种信仰每易为统治阶级利用，发生束缚个性、妨害自由、阻碍进步等弊病。一个社会的开明或革命的分子，所激烈反对的信仰，主要的是指这种传统信仰。但这种信仰也有其社会的功用。其功用在于使社会稳定,民族团结,使社会各分子间有一精神的联系。传统信仰是维系一社会或一民族的统一性与持续性的要素,也是构成校风、国风、社会的风俗、民族的性格的要素。所以每每一个民族或国家的传统信仰破产之日,即是那个民族或国家衰乱之日。

传统信仰维系于风俗习惯、制度文物中,构成礼教的核心。此种信仰每于不知不觉中深印于儿童的脑筋,成为儿童的原始经验或天赋观念。此种先入为主的信仰,根深蒂固,多半是无法破除的。培黎教授尝谓:"美国人之反对清教徒,其反对清教徒的方法与精神,亦于不知不觉间仍然沿袭清教徒的旧套。"准此以观,西洋某些无神论者之反基督教,其精神仍是基督教的。如到民间去宣传主义,及为主义而牺牲性命的精神,仍是基督教的遗风。又如中国五四运动时代的打倒孔家店运动,其某些方式和习气仍是带有中国式的,代表中国人的特性,很少表现真正西洋进步精神。因此,就心理事实言,要想根本铲除传统信仰几乎不可能。就社会福利言,一个国家或民族传统信仰的破产,每每致民族解体,国家衰乱的结果,故除了启蒙时代的一两个思想家外,很少主张根本扫除传统信仰的人,而大都主张对传统信仰加以自觉的发挥,加以理性化。使传统信仰理性化、深刻化,扩充其义蕴,减少其束缚性,不庸讳言地,是哲学的任务之一。所以英国哲学家布拉得雷曾用滑稽的语调说过:"形而上学的目的在于说出些很坏的理由以为本能的信仰作辩护"。他所谓本能的信仰主要的意思似亦包含我此处所谓传统的信仰。证以英国人的信仰传统,更可想见。大家都知道英国人以守旧著称,其实英国人并不是盲目地不求进步,不敢冒险进取,乃基于其尊重传统信仰和信仰传说的精神出发。其中有理性化传统信仰的成分在,亦有求民族文化的统一与持续的功用在。

(三)实用的信仰　实用的信仰是为生活的方便,行为的必须,事业的成功而权且建立的信仰。这种信仰无宗教或道德的信仰之深邃远大,无传统信仰之历史背景和社会力量。但若无此种实用的,亦即实际的,实用的信仰,则会陷于畏首畏尾一无所可的窘状,生活不能进行,行为不能产生,事业不会成功。日常生活、实业、政治、军事上种种信仰,大都属于此类。譬如存款在银行,相信银行可靠,吃饭相信饭菜中无毒,乘汽车或飞机相信不致遇险,每做一事,相信此事于己有良好的后果,……诸如此类的信仰,一方面出于理智的计算,一方面亦基于经验的积累。但因未来事变之不易预测,故只能权且如此信仰,以观后效,有时亦可作意外之准备,以防不虞。

最要紧的就是要知道政治上、军事上的信仰乃是属于实用信仰的范围。譬如就中国现在军事上的抗战,政治上的建国而论,谨慎点说,真可说是"成败利钝,非所逆睹"。但凡属中国的军政当局以及全国人民,为实际实用实行计,不能不相信"抗战必胜,建国必成"。并将我们的想象力与理想力,均导向抗战必胜、建国必成方面着想,以坚定并集中我们的信仰,如是庶我们可以有"鞠躬尽瘁,死而后已"的忠贞精神与牺牲的决心。故此种信仰之本身即有足以促进抗战的胜利与建国的成功之效力,并足以证实"抗战必胜,建国必成"这句话不是空话而是真话。

但须知政治军事的信仰虽属于实用信仰的范围,却仍可以有传统的信仰和宗教道德的信仰作基础。所以大政治家不仅是具有实用的信仰,使事业达到成功,而且每每有很深的宗教信仰,亦每每能代表并发扬其民族的传统精神。试注意最近欧战期间,各国政治家的宣言,亦多以顺从天意、保持传统信仰相号召,如英美之尊重对于民主政治的传统信仰,德国之欲实现对于民族文化的传统信仰。再就中国的抗战建国为例而论,相信必胜必成,诚然属于实用信仰范围。但就相信民族之必能复兴,文化之必不致毁灭,国土之必可光复,国耻之终可昭雪,国仇之终必报复而言,斯乃吾国数千年来圣贤豪杰忠臣烈士的传统信仰,抑亦我全民族父诏子、子诏孙的传统信仰,至于中国对日抗战之有深厚的道德和宗教信仰的基础,更不待言。中国人素缺乏高尚的宗教生活,惟有此次于抗战生活中,许多人开始体验到庄严神圣的真实意义。全国人民的爱、希望、信仰、精诚、大公无我、热烈牺牲等种种有宗教意义的美德,都在这对日抗战中得到最高的表现。至于世界各国崇高正义的人士,以及宗教家对我抗战的同情赞助,与夫替我们祈祷胜利的热烈情绪,更足证我国抗战之具有宗教信仰的基础。由此足见军事政治方面的信仰虽属于实用信仰一类,但伟大的健全的政治军事的信仰,必有其深厚的传统信仰与宗教道德信仰的基础。我们这种看法,一方面反对中古的神学思想,以为一切军事,都是神圣的十字军,一切政治都是教会政治;一方面我们反对褊狭的实用主义者与浅见的实际政治者的说法,以为政治军事的信仰纯全是实用的甚或有作用的信仰,为经济的条件所决定,与宗教道德及传统信仰毫无关系。我们承认政治军事的信仰本身是实用的,但有其超实用的,亦即宗教道德与传统文化的基础。

总结起来,三种信仰,就其来源说,则宗教信仰多出于天才的直观和理性的识度;传统信仰多基于不自知觉的熏陶、感化或暗示,实用信仰多本于经验阅历和理智的计虑。就功用说,则宗教信仰多有上面涂尔干所说的功用,传统信仰常有黎朋所说的信仰那种效力,而詹姆士所说信仰的功用,则大都指实用的信仰而言。就不同的国族言,我们勉强可以说德国人似偏重宗教信仰,英国人似偏重传统信仰,美国人似偏重实用信仰。就理论言,表面上为了解方便计信仰虽可分为三种,究极言之,却殊难强加区分。事实上每一种信仰,都常包含有其他二种信仰的成分在内。

(四)学者或求学的青年应否有政治信仰

政治信仰包含三方面:(一)对于政治主义的信仰。(二)对于政府或政党的政纲政策的信仰。(三)对于政治领袖的人格的信仰。一个公民对于三者中的任何一方面有了信仰,就算是有政治信仰,人既是政治组织中一分子,既是国家的一个公民,理论上他应有信仰政治或政治信仰的义务。就人之为一政治的动物言,他似乎天然就有政治意识,他事实上不知不觉必然具有某种政治信仰。大政治家为民意之宣达者,亦即是人民潜伏着的政治信仰之代言人、之实行者。政治与道德关系最密。道德为政治的本质,政治为道德的实现。有道德信仰的人,自不能不连带有他的政治信仰。只有道德信仰,若无政治信仰以充实之,则其道德信仰必陷于空虚,与社会人群无关,不能实现出来。简言之,就任何人(不论学者、专家、工人、农人、青年、老年)皆为国家的公民而言,应有政治信仰的义务。就人为政治的动物言,应有政治信仰以发挥其本性。就人为道德的存在言,应有政治信仰以求道德的实现。假如一个国家内,大多数人民,特别大多数有智识的青年人,皆毫无政治信仰,或皆对政治漠不关心,则该国必灭亡无疑,因为这实是社会生活上的严重病态。

有政治信仰与做官乃截然二事，应须严格划分。有政治信仰与做贪官污吏，更是风马牛不相及的两码事。甚至可以说，凡贪官污吏大都是唯利是视，根本没有政治信仰的人。一个专家学者或关心国家前途的青年学生，尽可以有鲜明的政治信仰，而不做政治活动，不加入政党，不做官吏，而站在自己学者专家的岗位，做自己本分内的事以效献于国事。无政治信仰而做官吏是可耻可鄙的事。违悖良心，出卖自己的政治信仰而迎合现政权，以希图权位，更是可耻可鄙的事。有政治信仰，不做官吏，站在学者专家的立场，赞助政府，监督政府，表示民意，正是现在中国最值得提倡的事，是每个有智识的青年国民应尽的义务。一个国家内这类的人愈多，则政治愈可上轨道，民主政治愈有有力的保证。假如因为自己由于性情、才能、环境地位的关系，不愿意做官吏，于是就绝对不抱任何政治信仰，认政治为污浊，讳言政治，以自鸣清高，这可以说是极不健康的名士态度。

现在尚须讨论个人的政治信仰与现政权相合或不相合，所应取的不同态度。第一，凡政府官吏，特别政务官，必须使自己的政治信仰与现政权相合，至少于主义、政策、领袖人物三者中要能信仰其一，自不待言。第二，自己的政治信仰虽与现政权相合，而不愿参加政治，但愿做纯学术、纯技术或社会服务工作，则应于业余之暇以私人资格发挥自己的信仰，赞助政府，阐扬主义，造成舆论，做非正式的义务宣传工作。此实为最值得嘉许，最有效能，最足以提高政治生活水准的态度。鄙意甚且以为以党义宣传为专门职业的人员应该尽量设法减少，而应以有独立学问、技术、职业的人分任宣传工作。这多少采取明末耶稣教会人士如利玛窦等宣传宗教的态度。彼辈先以灌输人民之科学知识、工业技能为主，而即寓宣传宗教热忱于其中。窃以党义宣传亦然,必先从改善人民生计,增进人民健康,医治人民疾病,灌输给人民新知识、新技能,教导给人民新生活方式入手。勉作教导、扶助、亲善人民的导师、医生、朋友,而勿作统制、责罚、奴役人民的官吏及特权阶级。如是寓政治宣传于知识教育之中,一方面收宣传的实效,一方面人民知识程度以及党员的学问技能均可因而提高。

假定个人的政治信仰与现政权不合,则应于下列诸途径中,任择其一:(一)埋头做非政治的工作,从事于学术、文艺、实业、社会服务等,以培植国家元气,对现政府取超然隐逸态度。(二)对现政府取合理的、同情的、自由的批评态度,以促进政府的改善,此为政治信仰与现政府不相合的政论家、学者、新闻记者所应持的态度。(三)在法律范围以内取公开和平行动,组织政党,唤醒民众,以民意力量,监督改进,并督责现政权,争取参政权,这大约就是民主政治的常规。若果合法的、公开的、和平的民主政治无法施行,则自然会产生:(四)秘密结党反叛,以武力阴谋暴动,推翻政府。在开明的政制下,此种办法理论上、事实上都绝不容许。在极端专制腐化的政府下,人民合法的自由,已被剥夺,无有喘息余地时,在不得已的情形之下,此种办法亦"势所必至、理之固然",此之谓"革命"。此种革命有时要经过人民多年的流血,颇为损害国家的元气。我的意思,凡是学者专家以及有知识的青年,均应有政治信仰。或均应设法培养成健全的政治信仰和正常的政治兴趣。无论个人的政治信仰与现政权契合与否,各人均应有其裨益于国家前途、人民福利的合理的态度。

(1941年发表于昆明)

理想与现实

(一)

　　一提起理想二字,就难免不引起两种人的反感。一种人就是现实主义者,他们认为理想是和现实根本对立的,注重理想,就无法应付现实,许多实际生活上的事情都会办不通。近二、三十年来的世界政治,颇为现实主义所笼罩,所以好些受了现实主义熏陶的人,大都认为理想只是不识时务、不切实际的书生脑子里空洞渺茫的想法。不过所谓政治上的现实主义者,据个人印象,大概是重利轻义,重力轻德,重实际利害的计算,轻理想高远的价值,重一时的权变,轻百年的大计,重申韩的法术,轻孔孟的仁义。本文的目的不在批评政治上的现实主义,而在讨论理想与现实一般的关系,希望可以作讨论政治的参考。

　　还有一种对理想二字起反感的人,就是实行家。实行家反对理想,因为理想多半不能实行,就是实行起来也是扞格不通,理想家和实行家对立的问题,在辛亥革命初年,就有"孙文理想,黄兴实行"的普通传说。这种传说,显然有轻视理想家,尊重实行家的趋向,成为反对先知先觉,不真实信仰主义者的护身符。所以,当时孙中山先生特别作"知难行易说",来校正这个错误。他提出知难行易说的用意之一,就是要指出作理想家难、作实行家易,具有理想难,见诸实行易,也就包含有理想重于现实,理想为现实之母,任何实行家均须接受理想家的指导的意思。实行家的任务,进一步来说,就是要使一般人认为不可能的,成为可能,换言之,就是他能够实现远大的理想。所以实行家是离不开理想的,没有理想的实行家根本不配称为实行家。所以本文的主旨并不在于品评理想主义和现实主义的是非,也不在批判理想家与实行家的难易高下,而在发挥理想与现实的合一,实行家与理想家的不可分。

(二)

然而在一般的情形之下,理想与现实,总是分离的、矛盾的、冲突的、很难合一的,一般的人总认为理想不是现实,没有能力创造现实。现实不像理想那样虚无缥缈。现实是丑恶的、复杂的、生硬的、无情无理的,在他一方面,理想却是美丽的、简单的、和谐的、有情有理的。在我们看来,离现实而言理想,理想就会成为幻想和梦想,离理想而言现实,现实就会成为盲目的命运和冷酷无情的力量。换言之,坏意义的理想,就是幻想和梦想,坏意义的现实,就是命运和力量。事实上有许多人埋没在现实之中,为现实所束缚,作现实的奴隶,不能自拔。更有许多人,沉溺于幻想中,不认识现实,关着门,闭着眼,作主观的梦想,极力逃避现实。为现实所束缚,固然没有自由,逃避现实,也不是真自由,这是显而易见的。

不过我们要特别提出来讲的,就是两者比较起来,与其束缚于现实,不如放任于幻想梦想,因为,(一)幻想梦想虽然不是理想,到底还与理想接近。我们可以说,幻想梦想是形成理想的初步工夫,是理想的雏形。幻想梦想,是建筑在情感上面,为情感所鼓动,真正的理想,却是建筑在理性和思考上面。(二)幻想梦想,每每是很美的,可以令人忘记现实的污浊和痛苦。它们饱含诗意,诗人大半都是幻想家、梦想家,由诗意的幻想梦想,加以理想化,便到哲学的理想领域了。(三)有幻想梦想的人比较少,沉溺于现实的人比较多,因为幻想梦想只有人类才有,禽兽便沉溺于现实中,连构成幻想梦想的能力也没有。(四)幻想梦想虽是表示消极逃避现实,同时也可说是积极的改革现实的准备。沉溺于现实的人,永远为盲目的命运所束缚,连消极逃避也不可能。(五)青年人最容易陷于幻想梦想,也只有青年人最富于理想。青年人每每喜欢拿书本中所得,和自己主观的幻想去应付现实,直到在社会上到处碰壁,得着许多实际经验教训以后才渐渐醒悟转来,进而构成足以应付现实,支配现实的理想。

法国有一个哲学家曾指出,人生幼年时期是神学家,趋于迷信,青年时期是玄学家,喜欢玄想宇宙的大问题,壮年时期是科学家,渐归于平实,实事求是。说青年时期的人喜欢玄想,当然是说青年人容易陷于幻想梦想,同时也昭示我们,幻想梦想是人生不可避免的一个阶段。又足见幻想、梦想、理想是青年精神的表现,衰老的民族,懒惰的个人,不但说不上理想,连幻想梦想都缺乏。又如欧洲在十八世纪的时候,有人说:英国是海上的帝国,法国是陆上的帝国,德国是空中的帝国——须知当时并无空军——这显然是说,当时整个的日尔曼民族是陷于空想、梦想之中,不能应付现实的政治,组织成一个强盛的国家。但是后来经过拿破仑铁蹄践踏之后，整个的德国民族，从幻想梦想中醒悟过来，成为世界第一等强国。又如中国在新文化运动的时候，一般人士都相信，世界和平与国际正义，显然近于幻想梦想，然而后来这种幻想梦想渐渐地切实化、合理化，形成正确的民族复兴、抗战建国的理想。幻想有如春梦，只是一时的，不是永久的。梦想和幻想的人，在实际生活中，当然要失败的，但是他的失败，大都是物质方面、事实方面的损失。如没有实用、没有成功、没有经济的收获，甚至贻讥世俗，但是这于他人格无损。他内省不疚，他的精神没有堕落。在另一方面，假如他为现实所束缚，他就会精神懒惰，道德败坏，信义、人格破产。

以上这一番话，并不是要歌颂幻想梦想，为之辩护，乃是要指出，无论幻想有多少缺憾，至少总比沉溺于现实差胜一筹。还有一层：许多人把理想误解成幻想梦想，其实幻想梦想的好处，理想却是具有的，理想的好处，幻想梦想却不具有，真正的理想，同现实应当是合而为一，不可分离的。

（三）

假如我们不愿意和现实妥协，为现实所束缚，又不愿意陷于幻想梦想，逃避现实，那么我们必须要应付现实，改造现实，征服现实。但是要达到这一个目的不能不有理想。第一，因为理想基于人类的本性。理想出于理性，人类是理性的动物，理想是构成人格的要素，人类所以异于禽兽，伟人所以异于常人，全看理想的有无和高下。人类能够凭借他的理智，构成一理想的世界，以提高其生活，改造现实，征服现实。在一个人用理想来指导他的行为的时候,也就是他发挥他最高的灵性以实现其自身的时候。第二,因为自由是人格的本质。要有自由的人,我们才承认他有人格。同时争取自由,争取政治、社会、宗教、经济上一切的自由,是西洋人近代的根本精神。然而理想是争取自由最不可缺少的条件。无理想就无自由的标准。行为合于理想,就是自由,不合于理想,就是不自由。一切外界的违反我们理想的事物,都是侵犯我们自由的事物,假如没有理想来作我们争取自由的标准,那我们就可以随遇而安,当然就无所谓自由。所以理想和自由是不可分的,和近代精神也是不可分的。第三,因为理想是认识现实的主观条件。没有理想,就无法认识现实。许多没有理想的人,在人世上厮混多年,奔走许多地方,但是并没有得着真正的知识,因此也不能认识现实。科学知识,就是对于现实的认识,然而没有科学上的假设——假设是假想的理想——就没有法子求得科学的事实。再如欲求得科学的事实,必须厘定其时间空间关系与因果关系,然而据康德所说,时空乃是获得经验的理想形式,因果乃是获得经验的理智范畴,足见没有主观的理想,客观的科学事实也就无法求得。第四,因为理想是征服现实的指南针。理想是陶铸现实的模型,是创造现实的图案,是建立现实的设计。现实是理想的材料,是理想实现其自己的工具。现实是被动的、受支配的,理想是主动的、支配的。由此足见离开理想,要想认识现实、应付现实,不仅事实上不可能,理论上也说不通。任何人类有价值有意义的政治社会的建树,文化的创造,都是理想与现实合一的产物。不过在理想与现实的合一体中,理想为主,现实为从,理想为体,现实为用,任何国与国之间的战争,人与人之间的冲突,不仅是现实的斗争,更是理想与理想的斗争,现实与现实的斗争。就理想而论,要看谁的理想更合理、更高尚、更远大、更能支配现实。就现实而论,要看谁在实际方面、物质方面以及军事经济方面的设施,更有组织、更有力量、更遵循理想的指导。所以任何斗争,必然是精神力量与物质力量合一的斗争,也就是理想与现实合一的斗争,同时也可以说是两者配合与否的斗争。

(四)

理想与现实的合一,并不是垂手可得、不劳而获的。需要长时间的修养,精神上的努力,才可以达到这一种境界。要求理想与现实的合一,就智识方面而论,我们须要以理想去解释现实。对于现实的事物尽量加以最好的解释,对于他人行为的动机,表示最大的同情。浅近一点说,这种看法,是以"君子之心度小人之腹",小人之腹所有的,也许是利害卑鄙诡诈的东西,君子好像不知道他的动机之坏,反而加以理想的善意的解释,始终以君子的态度对待他,久而久之,小人也许不知不觉地受君子的感化,这就是以理想转化现实、改造现实的一种收获。当然抱这种态度,有时难免不受小人的愚弄欺骗,君子不免略有损失,然而君子坚卓的人格,理想的事业,决不会根本动摇;而小人损人损己,也不会占多大的便宜。王船山有句话:"奚以知其为大智哉?为人所欺者是也。"这句话语病也许很重,但是却颇具深意。试看,孙中山先生,从前被政客军阀欺骗了多少次,然而适足以反证其为大智大仁。曾国藩说:"与其见得天下都是坏人,不如见得天下都是好人,存一番熏陶玉成之心。"对于自己的灾难祸殃、困苦颠连,都抱一种"玉汝于成"的看法。普通所谓"多难兴邦"、"否极泰来",实际上就是以理想解释现实,或者以理想感化现实的看法。多难否极当然是指现在的事实,兴邦泰来,当然是指将来的理想。孟子所谓"天将降大任于斯人也,必先苦其心志,劳其筋骨,饿其体肤,空乏其身,行拂乱其所为,所以动心忍性,增益其所不能"。将一切的艰苦困顿,认作上天给我们的锻炼,也可以说是一种以理想解释现实的看法。必定要采取这种看法,才能够忍受得住现实的艰苦的磨练,才能够把现实理想化。现实经过理想的熔铸改变,才算是理想与现实合而为一。在某种意义之下,要想把现实理想化,必须要有气魄、胆量、决心与毅力。缺乏这种条件的人,不能够采取这个观点。

就行为方面而论,要求理想与现实的合一,我们须要有反抗现实的力量。现实是盲目的,不合理的,我们应当要有力量来反抗它,反抗貌似消极,然而与逃避不同。反抗现实不外下列几种途径:第一,以历史的教训、将来的目标,来反抗目前现实的压迫。历史上圣贤所昭示我们的是理想的,而我们所企求的将来的目标,也是理想的。这就是以理想反抗现实。就时间上言,是以过去和将来,反抗现在。第二,以关于全体的理想,来反抗当前部分的压迫。引诱人的富贵、威迫人的武力,都是当前部分的事实,而社会的福利、人民的公益、世界的公理、理性的律令,乃是关于全体的理想。只有对于全体的理想,有了真切的认识,才能够收反抗部分的效果。第三,以人格的尊严、良心的命令,来反抗外界现实的压迫。凡是不合理想、违反良心、妨害人格的现实事物,都要拒绝承认和签字,这是以内反抗外,理想属内,现实属外。必须先反抗不合理想的现实,不为它所束缚压制,以争取理想的抬头,进一步才可以积极地本理想以改造现实、征服现实,达到理想与现实的合一的境界,举凡百折不回,失败后不灰心,不丧气,仍然鼓起勇气,奋斗不懈的革命精神,都基于理想反抗现实。

我们这种看法,可以说是比较接近乐观的看法,因为乐观的态度,大都基于理想。

(1941年发表于昆明)

乐 观 与 悲 观

乐观与悲观代表两种不同的人生态度，两种对人生不同的看法。要知道一个人的人生观，主要的就是要知道他对人生是抱乐观或是抱悲观的态度。所以我们讨论乐观与悲观，也就是在讨论一般人所最关心的人生观问题。

乐观与悲观的"观"字，代表一种对世界和人生的总看法，也代表决定行为的方向和作人的态度的根本看法。这种看法普通多叫做"直观"或"洞见"。这其中当然包含有知识和见解的成分。一个人的任何行为，都是以知识为主宰，以见解为指导。假如看法错误，行为自然也随之错误。假如见解正确，则受其指导的行为，必然也趋于正轨。观与行或知与行是永远合一而不能分的。盲目者必冥行，无知者必妄为。真切笃实之知与明觉精察之行，永远是合一而不分的。悲观与乐观问题之所以重要，就是因为这两种不同的看法，直接产生不同的行为，影响不同的生活。

乐与悲是人类共有的情绪。乐观与悲观就是以乐同悲的情绪相伴随相辅助去观察人生和世界，所以又包含有情绪的成分。无论悲观或乐观皆可叫做"情绪观"。与纯理智的抽象的科学的看法不同。抽象的理智的看法对于实际行为比较不容易发生直接迅速的影响。而包有情感作用的看法或见解，为情绪所渲染，生动、活泼、具体，容易产生直接行为，支配实际生活。

悲观与乐观既然都是有情绪伴随辅助的看法，当然都是主观的，随个人的感触、性情、态度、环境而变易的。因此也可以说悲观与乐观皆是不好的看法，我们最好是不悲观不乐观，实事求是，不动感情，受纯理智的指导，勿陷于主观。但在某意义下，悲观与乐观仍然可以说是客观的，因为悲和乐的情绪也可以有普遍性必然性，因此也有客观性。凡人皆有人情，一个人虽欲不乐观亦不悲观也不可能。而且情感之出于本心发抒得其正者曰正情、真情。基于正情真情而出发的乐观或悲观，于观认外物、调理生活，亦有很大的价值。不过，基于悲乐的情绪来看人生和世界而得的知识，同基于理智来看人生和世界所得的知识，性质上有些两样罢了。

根据上面对于乐观和悲观性质的解释，我们可以进一步说明，"悲观"不是"观悲"。对于一个人悲哀的情绪，尽可以用科学方法研究。如像心理学家分析悲哀情绪的状态，穷究悲哀心理的来源，考察悲哀事实在神经上所发生的作用。在作这种研究工作的时候，心理学家本人并不"悲观"，他乃是在"观悲"。又如社会学家对于劳苦大众的贫穷愁苦，加以事实的统计，科学的调查，也是"观悲"，而不是"悲观"。甚至当我们于敌机轰炸、敌骑蹂躏之后，去巡视灾区，慰问难胞，我们诚不免洒同情之泪，我们观悲了，同时又有悲哀的情绪了，然而我们对抗战的前途、复仇的决心，却并不悲观。悲观乃是对于众人目前认为快乐的事情，于其将来的前途怀隐忧、感痛苦。乃是基于情绪的一种看法，即不仅是主观的情绪，亦不是对于客观事实研究的报告。根据同样的道理我们可以分辨"乐观"不是"观乐"。譬如，参加盛宴，进戏园，看热闹，都可以说是"观乐"，但却并不一定是"乐观"。因为赴宴会看热闹的人，心中也许感得异常孤寂悲哀，或兴"良辰不再"之叹，或有"众醉独醒"之感。

足见乐观的人并不一定是参加快乐场合,自己享受快乐,而每每是对于众人认为痛苦悲哀没有办法的状况抱乐观。所以乐观多少包含有主观上轻蔑痛苦、超越悲哀的态度,而并不是事实上否认痛苦和悲哀的客观现象。

乐观和悲观既然是主观的态度,所以一个人之抱乐观或抱悲观并不一定为客观事实所决定,而是随个人痛苦或快乐的经验为转移。许多聪明的年轻人,家境甚好,涉世甚浅,然而每每稍受挫折,便容易陷于悲观。而饱经忧患、备尝艰苦的人,对于人生倒反而取乐观的态度。又如自抗战以来,许多安处在后方,从来没有经历过战争痛苦的人,或是住在租界上当寓公的人,往往对于抗战前途,深抱悲观。而在前线作战的将士,在医院治疗的伤兵,从作战的痛苦经验中,对于抗战的前途,反而养成乐观的展望。由此足见真正乐观的人并不一定志得意满,快乐舒服,生活上毫无痛苦。同样,悲观的人也不一定垂头丧气,自苦自杀。当曹操以一世之雄,破荆州下江陵,横槊赋诗的时候,他所发出来的诗歌,却是"忧思难忘"、"杜康解忧"的悲观情调。叔本华是著名的悲观主义的哲学家,然而他最怕死,最反对自杀。抱悲观主义的人不仅不自杀,有时愈悲观愈享乐,愈纵情肆欲,酣歌宴饮,以求目前一时的快感。在相反的方面,乐观的人往往能够不怕死、肯牺牲。历史上许多忠臣烈士、先知先觉,到了生死关头,慷慨就义,然而他们精神上仍是乐观的。耶稣上十字架,仍然祷告上帝,宽恕世人。苏格拉底始终相信善人快乐,恶人痛苦,当他被群众判处死刑时,他还说"我去死,你们去活。究竟谁好,只有上帝知道。"其实许多圣贤豪杰在动心忍性困心衡虑的艰苦生活中,仍不减少其奋斗的勇气,大抵都由于他们精神上修养达到了一种乐观的态度,在那里支持着、鼓舞着他们的大无畏精神。

大概讲来,除非到了颓唐衰乱、人心已死、生机毫无的末世,世界上的人最大多数都是乐观者。不过多数人的乐观,只是天真素朴不知人世艰险的乐观,而不是真正的批评的理想的基于学养的乐观。悲观论可以说是恰好对于天真素朴的乐观论加以否定。悲观论者提出问题,指出困难,揭出艰险,显出人世狰狞面目的真象,使肤浅轻易的乐观论者,遭受严重的打击,因而趋于深刻化。因为肤浅轻易的乐观论者,往往忽视现实,把人世看得太单纯,把事情看得太容易,每致陷于懒惰懈怠,喜苟安,不紧张,不知盘根错节,艰难困苦,甚至处于覆巢积薪之下,作了釜底游鱼,犹恬然自嬉,不知危惧。对于这种最坏意义的乐观和对于这种素朴的乐观的流弊,悲观论确有补偏救弊的好处。悲观论在这种意义下乃是盛世的危言,能给恬嬉自满者以警惕和忠告。不过我们须知警惕世人,向盛世贡献危言和忠告,乃出于圣贤淑世的苦心,并不能算作悲观主义。如果,警惕和忠告可算作悲观论,那么也只有这种具苦心有深意的悲观论,才是比较健康无弊,可以为我们所承认的悲观论。同时,我们又须知道,肤浅轻易恬嬉苟安的乐观乃是出于愚昧无知,不能说是真正的"观",更说不上是"乐观"。

真正的乐观,根据上文所说,应是基于真纯的快乐的情绪的看法。人类最高尚、最纯洁、最普遍,且与快乐最不可分的情绪,就是"爱"或"仁爱",也可以说是同情心或恻隐之心。人生最真纯的快乐,既出于仁爱,则在此意义下,人生真正的乐观应是"仁爱观"或"同情观"。一个人用同情的了解、仁爱的态度,来观察人生、欣赏事物,就是真正的乐观者。谚语常说,"为善最乐",其实亦可说是仁者最乐,仁爱为快乐之本。因为仁者能够本仁爱的态度来观察宇宙人生,他自然可以发现"堂前春草,生意一般",并体验到"万物静观皆自得,四时佳兴与人同"的境界。《论语》又说:"仁者不忧不惧"。所谓不忧不惧,就多少含有不悲观的意思。美国诗人兰利尔有一首寓言诗,题目叫做"仁爱如何寻求地狱?"诗里的大意是说:有一个王子名叫"仁爱"。他有两个臣子,一个名叫"感觉",一个名叫"理智"。有一天王子听见人讲述地狱可怕的情形。他想知道到底地狱是怎样的状况。他先派臣子"感觉"去调查。"感觉"回来说,在人类社会间四处都布满了阴霾,地狱就在人类的行为里。王子不十分相信,又派臣子"理智"去察看。"理智"回来报告道,地狱即在人类的内心中,即在罪犯的灵魂里。这王子"仁爱"仍然不大相信,决定亲自去视察。结果他看见世人尽皆满面春风,和穆可亲,罪犯也从忏悔里得解救,心安理得,复有生机。他寻来寻去终于寻不着地狱。这诗最足以代表美国人的乐观态度。因为美国人得天独厚,只知人之可爱,世界之可欣赏。从这诗的含义看来,有仁爱的人必然抱乐观。单凭理智或感觉来看人生,便难免不陷于悲观了。仁爱就好像光明,光明一到,黑暗消散,仁爱所至,悲苦绝迹。俗话常有"情人眼里出西施"的说法,这也许道出了普遍的爱情心理。一个人有了爱情,有时可以化丑为美,把他爱的对象认作美的对象。同样,一个人有了仁爱,他就可以化恶为善,化险为夷;看得见人性中最光明的一面,因而养成乐观的心境。所以乐观实与仁爱不可分。至圣至仁就是至乐观之人,未有不仁的人而会成为真正的乐观论者。

乐观又可以叫做"信心观"。所谓信心包含三方面,就是对自己有信心,对别人有信心,对天道或宇宙法则有信心。凡对自己有信心的人必然是乐观的人。他俯仰无愧,内省不疚。自觉足跟站得稳实,根本没有动摇,无论在如何艰险困苦的境地中,他不会失掉自信力。他努力不懈,相信自己有转败为胜,转恶为善,转不幸为幸的权衡。所谓对他人有信心就是相信人性本来是善的,相信人同此心、心同此理,人心是有公道的。相信不善的人终是可以感化转变的。还有,对人有信心,也就是勿猜疑、勿怀疑别人的动机,勿以小人之心,去揣度他人行为的动机,这也就是古人所谓"不逆诈,不臆不信"。所谓相信天道,就是相信天道是公正的,相信在全宇宙的法则里,善人终必战胜恶人,理性终必战胜无理性,公理终必战胜强权。有了这种由体验、由学养而达到的信心,就是乐观态度的出发点。

"信心观"实际上也可以说是"希望观"。一个人对于自己和别人的前途乃至世界的将来有信心,也就是说他具有希望。对于将来的无穷的信心与希望,自然会形成对于世界与人生的乐观的看法。譬如,即就青年生活而论,假如我们只从表面部分去看见青年所表现的嚣张、颓废、懒惰、浮嚣、幼稚、狂妄种种弱点,自然不免悲观,因而会减少我们对于教育效能的信心。然而当我们想到青年的迷途是一时的,是可以改善的。并想到青年将是社会的柱石,国家的主人翁,一切实业、政治、学术界领袖的候补人,换言之,用"后生可畏"的眼光来看青年,以希望、信心来看青年,那就自然会趋于乐观,因而可以相信教育的效能,增加教育的兴趣了。

由此可以推知,与乐观正相反对的悲观,就是一种"无情观"、"不仁观",以别于同情观、仁爱观;悲观是一种"冷眼观"、"怀疑观"、"绝望观",以别于乐观之为信心观、希望观。我们真可以说乐观是精神发皇蓬蓬勃勃的"朝气观",悲观是志气消沉衰老颓丧的"暮气观"。所谓悲观几可以说是随处取吹毛求疵的态度以观人论事，无论论人论事都从最坏的方面去着想。持这样态度的人，对人对事，当然没有同情、没有信心、没有希望。但须知稍有人世经验的人，当不难体察到，或以人心的奸诈，或以环境的险恶，或以误解与仇恨，或以忌妒与倾轧，仁爱时受创伤，信心每易动摇，希望亦常趋幻灭。要想克服悲观、赢得乐观，实是难事。所以真正的乐观，必然是生活过程中再接再厉所达到的境界。它是弥补了创伤的仁爱，稳定了动摇的信心，恢复了幻灭的希望，而后坚持着的一种观点。

乐观也可以说是进化观。假如一个人能够在变动生长的过程中，看出发展的阶段，进步的程序，他就会养成一种逐渐向上、日新不已的乐观态度。近代西洋进化思想的盛行，不论是达尔文生物学上的进化论，或是黑格尔辩证法和逻辑上矛盾进展的进化论，都带有强烈的乐观色彩。中国数千年来大都在"退化观"的思想笼罩之下，一般人大都把黄金时代放在远古，认为历史的演变，总是一代不如一代。所谓魏碑不如汉碑，唐碑不如魏碑，宋碑不如唐碑，这种种退化的看法，使得我们无论在政治上、道德上、文学艺术上，都觉得今人不如古人，后人不如前人。甚至在个人生活上，也感觉好像是一天不如一天地在退化，有如黄山谷诗所谓："老色日上面，欢悰日去心，今既不如昔，后当不如今"。类似这种彻底普遍的退化观，无形中养成一种极端消极的悲观论。足见进化观与退化观不仅是近代精神与中古精神的分水岭，而且是划分乐观论与悲观论的最大关键。

当然，要抱进化观也不是一件容易的事。因为事实上的确有许多今不如古的客观现象。特别在中国历史上，无论哪一朝的帝王，除了创业的帝王英雄神武外，以后照例一代不如一代，依次递退，直至亡国为止。这样铁一般的退化的事实，又怎么能够勉强加以乐观进化的解释呢？然而，历史是长久的，文化是多方面的。受过进化论洗礼的历史家，当不难寻出历史发展的线索，看出逐渐进化的阶段。自从新文化运动以来，对于中国文学史方面进化发展的研究解释，似已有相当的收获，不过似尚没有推进到别的部门罢了。而且安知道过去历史之总是有一代不如一代之退步的事实，不是多少由于思想为退化观所支配，而乏超迈前修努力创进的精神有以使然呢？退化观有使人沉滞不思上进的影响，进化观有鼓励人努力创进的效力，恐怕谁也不能否认吧。

试以国人对于此次对日抗战演变过程的看法而论：当初大家为悲观败北主义的思想所笼罩，对于战局的看法，大都认淞沪之失陷为第一期，认南京的失陷为第二期，认武汉、广州失陷为第三期。似此依次退化演变下去，俟战局演变到第五期第六期，非至亡国不可。幸而当武汉失陷时，我统帅部即宣布根本放弃这种悲观退化逐渐败北的看法，而改取一种新的乐观的进化的看法，而确认几年来抗战局势演变的次序为敌人陷入泥淖，愈陷愈深，我们抗战建国，愈战愈强。老实说，这种有深识有远略的乐观进化的看法，于打倒悲观的败北主义，加强最后胜利的信心，鼓起继续抗战的勇气，贡献确实不小。使我们对抗战局势演变的认识，根本为之改观，使全国上下的抗战精神，根本为之一振。

根据以上的讨论则乐观与悲观两种看法，性质之异同，价值之高下，何去何取，显而易明，不难决定了。不过须知悲观论亦有其相当价值。悲观论足以否定浅薄轻易、恬嬉自满、不学无术的乐观。并且须知悲观主义每挟现实以俱来，其传染于人有如疾病，亦非可轻易摒除。同情心稍有不丰，仁爱稍有不诚，信心稍有不坚，希望稍有不真，而为退化观的旧说所动，则悲观思想便乘虚而入，无能自拔。更须知乐观亦非轻易可得,必须基于学问修养、经验阅历,有眼光,有毅力,能克服恶劣险阻的环境,战胜悲观,方可达到真正健全而无流弊的乐观思想。

(1941年发表于昆明)

自 然 与 人 生

（一）

　　自然在表面上似乎与人生相反，在本质上却正与人生相成。人若不接近自然，就难于真正了解人生。通常一般人总以为只要在社会上多酬酢，接触各式各样的人，就可以了解人生。他们不知道超出人生，回到自然，也足以帮助了解人生的真义。我尝说：要想真正了解人生，必须"深入无人之境"。所谓"无人之境"，是很可以耐人寻味的境界，其含义之一，应是自然。德国诗人席勒有一句诗意思是说："人生反而把人生掩蔽住了"。苏东坡的名句说"不识庐山真面目，只缘身在此山中"。这都足指出要了解一物，便须超出那物。世俗一般人成天在人群中忙来忙去，反而不能认识人生的真面目。所以我们这里讨论自然与人生的关系，主旨虽在教人回到自然，但也未尝不是归根于认识人生。自然与人生间这一种相反相成的关系，稍为了解辩证法原则的人，想来不难领悟。

　　自然和物质不同，物质普遍系指科学上的概念，如像原子电子而言。譬如当我们说物质的运动时，系指原子电子的运动。人类回到自然，当然不是回到原子电子。物质有时是指物质文明，如像战争的武器，交通工具，工商业的货品，皆可称为物质条件，这也不是自然。它们是自然的征服，不是自然的本身。还有讲唯物史观的人，虽然注重物质，其实主要地是注重社会经济，这个意义的物质，和自然意义有所不同。

所谓人类回到自然的自然，是指具体的、有机的、美化的、神圣的外界而言，这个意义的自然，可以发人兴会、欣人耳目、启人心智、慰人灵魂，是与人类精神相通的。这是有生命有灵魂的自然。人生需要自然来作育。人生需要自然供给力量。自然是人生的"净化教育"。自然是人生力量的源泉。

人类对于自然感觉有这样伟大的意义，乃是近代精神的特征。崇拜自然，回到自然，认自然是神圣，皆是代表近代精神的看法，对传统的精神，多少有些革命的意味。因为中古时代的人受神学观念的支配，仰望天国，悬想来世，反对世界，蔑视自然，同时受礼教法律的束缚，颇有矫揉造作，违反人性，不近人情的趋势。所以回到自然的运动，也就是一种摆脱传统的宗教和礼法的拘束，促人性自然发展的运动，在人的精神上颇有解放革新的力量。

接近自然，对于人类的身心，有许多的好处。这一些好处可以包括在两个德文字（Enquickung 和 Stärkung）里边。前一个字包含有使人新鲜、活泼，加强活动，恢复健康等意思。因此接近自然可以治疗文明社会里好些的病态。如像自杀、疯狂、虚伪、狡诈，在常常接近自然的农夫、农妇、渔人、樵子，就不会多有。后一个字包含有使人强健、壮旺，增加生命力量等意思。这一种效果，也只有在接近自然中才能找寻得到。就语言来说，可以分两种：一种是矫揉造作的语言，这种语言是外交词令，交际的工具，每每言不由衷，是在文明社会里，摆绅士架子的装饰品，根本是没有力量的语言。另外一种语言,是发乎本心,出乎真情,基于机体的真实需要而产生的语言,虽出言未必雅驯,但坦白率真,特别有支配行为和感动他人的力量。就一个民族来说,假如一个民族,还能够保持朴厚的天真,便是有元气、有精神、有生命的民族。反之,假如一个民族,已经丧失掉纯朴的天真,只有虚伪的形式,没有诚朴的素质,专门注意仪式礼节方面的繁文缛节,这种民族,表面上也许文明,实际上就是生命力枯竭的民族。

(二)

自然与人生,到底是怎么样一种关系呢?

这是一个哲学问题,各人也许有各人的看法。一个人对于这一个问题的看法在某种意义之下,可以代表他本人的宇宙观或人生观。

第一种看法,认为自然是人生的工具或材料。人生必须要利用自然、征服自然。自然对人生是有益的,是可以供人生享用的。这一种看法,可以说是代表工程师的看法。和中古的看法,是一种鲜明的对立。中古时代的神学家,认为自然是污浊的,和人生是敌对的,自然是人生向上发展的障碍。一个人一与自然接触,就会受自然的污染,陷于物质或肉欲的束缚。据说中世纪有一个意大利的神学家,他宁愿走遥远的路程,去访友问道,但不愿打开窗户,凭对海岸和远山自然的风景。所以中古的观点,是要逃避自然,不要利用自然、享受自然。自然是羁绊人生的恶魔,不是发展人生的工具或材料。这种中古的观点,可以说是经过近代许多哲学家、科学家的努力,才慢慢转变过来,人们对于自然才渐渐取积极接近和尽量利用享受的态度。从而抬起头,挺起胸,凭对自然,把自然认作人生的一部分。

不但外界的自然,是人生的工具和材料,就是人类内心的情感、欲望、本能,也是自然,也一样是人生的工具,也一样是可以用几何学的方法去研究的材料。中古时代的人因为信仰超自然超人世的上帝,畏避自然,同时亦即畏避人生。对于人类的情感、欲望、本能等,亦看成洪水猛兽,总是取极端压迫的态度。而近代的人对于人类的情欲,便取积极理解、调解和利用的态度。人类内心的自然,本能情欲,也是可以炮制的、可以艺术化的、可以陶铸的材料,是使人的生命充实而有力量的原动力。

第二种看法,认为自然是人生的反映。人生的内容,反映在外界的自然,就好像人在夜间,不能看见日光,但是他可以借月光来看见反映的日光。人类不能直接了解人生,人生的种种皆反映在自然上面,人类因此可以借了解自然以求间接了解人生。自然是人生一切的表现,是人类精神的象征。自然是人类内心宝藏之外在的记号。认识自然,便足以使人类回忆自己的内心,自己反省自己潜伏着的宝藏。这一种由外而至内的过程,表明自然与人生中间,有一种神秘的平行的或合一的联系,知彼就可以知此,知此就可以知彼。

依此种看法,自然与人生是平行相关的。人生一切的境界,在自然中间都可以找出与之相当或与之相符的象征。譬如说人性有刚有柔,自然事物也有刚有柔。人生有优美壮美的性格,自然也有优美壮美的景象。人类各种不同的性格,都可以用山水花木来象征。清洁的人爱莲,孤高的人爱菊,智者爱水,仁者爱出,爱的对象,往往就是本人人格或性格的反映。杜甫有两句诗,"一重一掩吾肺腑,山鸟山花吾友于。"他的意思是说,他的性格超脱潇洒,可以和山鸟山花作朋友,他的心胸的曲折深邃,就好像层峦叠嶂的远山。英国诗人雪莱喜欢奇幻变化的思想,在他咏月的一首诗里,他便感觉到月儿不停顿的运行变化,是因为月儿也在不息地向着无限高洁的境界上升,世界万事万物,不值得他的永久留恋。换言之,他本人浪漫奇幻的性格,便反映在他眼里的明月上面。

不但个人方面是这样,整个民族也是这样。一个民族的性格,也常常在自然界的事物中间得着反映和象征。在中国北方,山水雄伟,而民性亦刚直,南方风物秀丽,而民性也温和。在西洋,康德曾经说:"德国人是根,意大利人是顶,法国人是花,英国人是果。"在欧洲,北欧的重雾阴霾,南欧的风光明媚,都表现在文艺作品里面,吾人可借以反观欧洲不同的性格。

这一种对自然的看法,也可以说是诗人"拟人"的看法,或"人格化自然事物"的看法。这诚然不是科学的理智的研究态度。因为诗人眼里的自然,只是他自己人格的化身,不是自然的本来面目。但我们须知道,这不仅是出于诗人的想象,凡是具有健康常识的人,他生活中兴会来时,亦不免带有诗意,也不免常常采取同样的观点,将他自己的心情和性格反射在自然物象里。这种拟人的看法,使人感觉到自然与人生打成一片,休戚相关,哀乐与共,自己的人格,浸透在自然里,自然的美德,也呼吸在自己的人格里。如果前一种对自然的看法,足以给我们科学的"真理"与物质的"实用",那么这一种看法就足以给我们以生活的"美感"和精神的寄托。

第三种看法,认为自然是人生的本源。自然是全体,人生只是部分。部分必须遵循全体,皈依全体,仰慕全体,归返全体。在这种意义之下,人生要受大自然律例的支配,正如像海里一波一浪,须受全体海水动荡的影响一样。人生既然是部分,全体的自然,就好像人生的老家,人生最高的精神境界,就是忘怀物我、与大自然默契的境界,因此人类要与自然合而为一,精神才有安顿,不然就像天涯游子,漂泊东西,永无休息之所。所以人应法天,人应返本。他应指导他的生活使与大自然的节奏或法则谐合。人不应妄自尊大,只知自私。他应该忘掉自我,与自然共鸣,竭力虚怀领取自然的教训。德国诗人歌德有一首诗咏"渔人",他描写一个渔人,坐在大海边出神,觉得海中气象万千,自身非常渺小。正在这个时候,海里好像出来一位女神,劝他下去,说海里怎样美好,渔人最后敌不住大海的诱惑,跳入海中,沉没而死。这一首诗,表现人生天然有一种皈依自然,仰慕自然,归返自然的情绪或驱迫力,虽系一个极端变态的例子,但却说明了人类依倚自然的正常的心理。

自然是人生的本源,还有一个意义,就是说自然是一个无尽藏。苏东坡说:"惟江上之清风,与山间之明月,耳得之而为声,目遇之而成色,取之无尽,用之不竭,是造物者之无尽藏也。"英国诗人丁尼生咏小河诗,用小河自语的口气道:"人可以来,人可以去,但是我永远前进。"足见自然可以说是永恒不息的无尽藏,这是自然较有限的人生为更根本的地方。自然在物质方面固然是一个无尽藏,可以让工人、农民、矿夫,永远取之无尽,用之不竭。但是在精神方面,自然的确可以说是一个无尽藏。自然是诗人获得灵感,永不枯竭的泉源,科学家、哲学家探讨真理,永远探讨不完的对象。自然是一本有无限丰富内容的书,人类对于自然这册"无字天书",可以有无穷的读法:诗人有诗人的读法,哲学家有哲学家的读法,科学家有科学家的读法,小孩子有小孩子的读法,各人的性格、智识、修养、环境、感觉不同,读法也千变万化。因为自然的意义是深邃广大,人类玩味自然这本书册可以得无穷的教训的。

自然是人生的本源,还有一个更重要的意义,就是自然代表人生的本然或本性。人之所以为人,是从他的本性发展出来的,然而发展本性在另一意义下,也可以叫做回复本性,或保全本性。一般人在社会中间熙来攘往,利欲熏心,每易丧失了他的本性或本然,也就丧失了他所托命的泉源,如果从学问修养方面去努力,恢复本然,实现本性,以免失掉本性,斫丧本性,这就表示了"回到自然"最深邃的义蕴。

一个人的言行达到本然或符合本性的程度,也就是他理得心安的时候。当他矫揉造作言行失掉本然违反本性的时候,也就是他脱离根本,戕贼本性,彷徨无依,痛苦万状的时候。简言之,人生之外有自然,人生之内也有自然。人生之外的自然,就是具体美化的大自然。人生之内的自然,就粗浅方面说,就是指人类的情感、欲望、本能等等。就根本意义来说,就是指人类的本性或本质。《中庸》说:"天命之谓性,率性之谓道",率性就是"率自然"。斯多噶学派以遵循自然为生活的指针。所谓遵循自然亦即是"遵循自性之本然"。这一种对自然的看法,似乎比较有深远的哲学意义,可以增加我们对于宇宙的识度,使我们归真返朴,胸怀洒脱开朗,一方面不致执着小我,一方面又能实现真我。

(三)

最后,自然与人生的第四种看法,即是以自然为人生的对象,人生为自然的主体。在这种意义之下,人类是自然的主人。中国通常有一句话："山水花木，无常主人，得闲的便是主人。"换言之，山水花木本身并不是主人或主体，只为某种得闲的人、诗人和思想家，所欣赏看玩的对象。前面讲的三种自然与人生的关系，都没有说到两者不同的地方。自然与人生根本不同之点就在自然是无我的，没有思虑的，只是人类思想和观赏的对象。人是有我的，有思虑的，是认识自然、观赏自然的主体。

人生与自然既然是主体与对象的关系，则就逻辑的意义来说，离开人生，自然就没有主体，离开自然，人生就没有对象。主客关系的逻辑发展，大约可以分成三个阶段：

在第一个阶段里，主客混一。在此阶段里自然与人生是混沌不分的，可以说是没有自然，也没有人生；也可以说是即是自然，即是人生。在原始民族中间，他们不知道什么叫做自然，也不知道什么叫做人生。自然界的事物，同人生的现象漫无区别。人类不是自然的主宰，也不能够支配自然、观赏自然。人类的个性均埋没在外界的自然中，没有自我意识的存在。譬如在小孩的心目中，人生与自然的界限，便是异常模糊的。在这种情形之下，主不成主，客不成客，主客混一，不识不知。

在第二个阶段里，主客是分离的。自然和人生，彼此是隔膜的，二者根本不相干，根本是两回事。自然是外在的，人生是内在的，自然是冥顽的、物质的，人生是灵明的、精神的，人生不需要自然，不能从自然里求得教训，自然也无补于人生，不受人生的陶铸与规范。自然与人生这种隔绝孤立的状态，使人生与自然两俱虚妄不实，两俱毫无意义。这是代表中古黑暗时期的观点。由不相干的局面渐渐发展成为敌对的局面。自然与人生，互争主奴，自然是人生的敌对，不是人生征服自然，就是自然征服人生。

在某种意义之下，人生与自然对立，是人类文明发展上一个大进步。在人类与自然的激烈斗争中间，最后的胜利，一定是属于人类。因为人是有思想有意志的主体，自然是无思想无意志的对象。人生是主动的，自然是被动的。实际上人生与自然的对立，本来可以说是人自己创造出来的。人要替自己创造出一个努力征服的对象，以求自身的发展。由自己创造对立，自己征服对立的历程里以求自性的实现，就是人之所以是一个精神的主体的特点。这是由草昧时期进而为物质文明的阶段，人类对于自然应有的看法。

到了第三个阶段，就成为主客合一。合一与混一不同。混一是漫无分别埋没自我，合一是分中之合，自我由解除自然与人生的对立中得到了发展，自然成为精神化的自然。人生成为自然化的人生。自然建筑在人生上，人生包蕴在自然里。人成为最能了解自然的知己，人成为最能发挥自然义蕴的代言人。近代精神所谓回到自然，就是要回到精神化、人文化的自然，并不是要埋没自我，消灭人生，沉没于盲目的外界。乃是将自然内在化，使自然在灵魂内放光明。如像陶渊明"悠然见南山"的南山，武陵渔父所追寻的桃源，以及一切诗和画里面所描写的自然景象，都可以算得在灵魂里放光明的自然。这就代表自然与人生合一的关系，既不是自然与人生混一不分，也不是自然与人生对立而无法调解。这种的合一，可以说是人类对于自然的精神征服，以别于物质的征服，也可以说是人类的精神将自然提高升华后所达到的境界。

认自然为神圣，为美，为仰慕追求的对象，这代表近代浪漫主义的精神；认回复自然，即所以充实人生，仰慕追求无限的自然，并非埋没自我，丧失主体，正所以发展自我，提高主体，这代表近代理想主义的看法。足见理想主义也是富于诗意，包含有浪漫主义的精蕴。同时理想主义,亦已把握着外界自然的本质。并不偏于主观的冥想。

在中国,道家可以说是代表"到山林去"的人生路向。但是理想主义者所提出的"回到自然",根本精神却与道家不同。中国道家所谓到山林去,乃是少数隐君子消极厌世、想脱离政治社会的行径。理想主义者之回自然去,是为多数人,整个时代,或整个社会,指出一种积极的路向。接近自然的目的,乃在从自然中间,发现人生的真理,增强生命的力量。道家之到山林去,是个人遁世的高雅生活,理想主义者之回自然去,却是一种有社会性的集体的活动(指类似青年集体登高山、望远水、浴海滨等生活而言)。道家是要离开人生而相忘于自然,一往而不知返。理想主义者是要达到对于自然的精神的征服,借自然来充实人生。

所以比较来说,本文所讲的回到自然,同儒家思想近,隔道家思想远。所以我们所讲的回到自然与其说是道家思想的承袭,不如说是儒家思想的扩充。也可以说是孔子"吾与点也"的态度之重新提出。"吾与点也"的态度也就是超脱尘世的襟怀,回到自然的风度。盖曾点的浴沂风雩的气象,朱子称其"胸次悠然,直与天地万物上下同流",亦即其志趣在于求与大自然为一体,而与子路、冉求、公西华等志趣皆在"往朝廷去"从事政治工作者殊科。然而孔子尽管深许曾点,他却并不逃避人生,轻蔑政治,他对子路、冉求、公西华诸人的志趣,亦表示相当赞许与鼓励。安知他不是认为如曾点之回到自然的态度,正足以充实人生,提高人生,而为做学做人与从政所不可少的学养和精神境界?

(1941年7月20日刊登于《思想与时代》第5期)

观念与行动

本文所谓观念是就其最广义而言,包括思想、知识、感觉、意识形态在内。怀疑是观念,信仰是观念,就是喜怒爱恨欲望意志之中也包含有观念。

承认观念的力量是提倡学术文化的基本信念。否认观念的力量,只承认物质的力量、金钱的力量和武力的力量,是文化的堕落,社会趋于无理性的野化、俗化的显著现象。

无论你主观上承认观念的力量与否,而观念自会客观地在人类生活中、实际行为上,潜移默化,施展其威力,使得那主观上否认观念力量的人,实际上受了观念的支配奴役而不自觉。

观念在人的精神生活上所占的地位,就好像光在人的实际生活和行为上所占的地位一样。没有光,整个世界黑暗了。没有观念,整个人生盲目了。一个个的观念,就好像黑夜中一个个的星光和灯光一样。系统的理论,中心的思想,究竟的真理,就好像日光月光一样,随时随地照耀着、指导着人生和行为,使人的生活有意义、有目标、有指针。

大概讲来,孤立散漫,憧憧往来的观念力量比较小,系统的、一贯的、坚定不移的观念力量比较大。活泼生动的观念力量当下就可发挥出来,成为行动。抽象玄远的观念,比较不容易引起直接行动。再则于不知不觉中由习染熏陶而得的模糊不清的观念影响行为的力量大,而清楚明晰由讲诵得来的观念,影响行为的力量反而比较小。

一般人只知道征服土地、征服物质难,不知道征服观念、征服思想更难。一般人只知道山川险阻,足以使人与人相隔阂,殊不知观念思想的不相通、不相同,尤其足以使人与人相隔阂,因为山川险阻犹可渡越,而观念思想的阻隔,却颇难沟通。改变一个人或一个社会的物质环境,需要时间比较短,而且也容易见功效。要改变一个人或一个社会的意识形态或观念系统,需要时间比较长,且须于改变物质环境之外,另外改变其文化教育环境,事缓而难于见功效。有一些讲机械唯物论的人,总以为物质决定意识,客观的物质环境一经改变,思想信仰或意识形态,自可随之改变。这种看法把改变思想观念的动力归之于物质环境,是不啻认思想的力量,不过是物质力量的副产。这种看法不仅忽视了思想本身特有的力量,而且也太失之粗浅不符合事实了。因为假使人人的思想都随他外在的物质环境的改变而改变,那么人人的思想将会永远与他的物质环境相协合,那实在最理想不过,人人的生活上、思想上将不会有矛盾、不协调和悲剧了。因为一个人生活上最可悲痛和社会上最矛盾的事,就是人的意识形态往往与他的物质环境相刺谬相违反。我们常常看见有许多人,他们的物质条件已达到二十世纪的水准,然而他们的意识形态仍然是中古的、封建的。我们又看见许多人,他们脑筋里充满了英美式的自由民主思想,或苏联式的社会革命思想,然而他们所处环境却既未具备英美的物质条件,也未具备苏联的社会条件,山河仍旧而意识全非,固属常有之事。石烂海枯而此志不移,亦属常有之事。总之,我们的意思是说,思想并不纯粹被动地随物质环境的改变而改变,要想做改变思想的工作,须更进一层从学术、思想、教育、文化本身去做努力改造的工夫。思想一方面有启发思想、改变思想之力,思想另一方面又有改造物质环境、改变社会生活,使之与自己的理想愿望相协调相谐和的力量。如果一个人的思想或意识形态与他的物质环境太不协调、太相矛盾,他精神上一定感觉痛苦、生活上一定感得悲哀,这痛苦和悲哀的原因,不在于物质条件的改变,而在于他的学术文化的陶养,思想的进步,不能适应环境,赶上时代。

人的观念,就其影响人的实际生活和行为的力量方面之不同而言,可分为三种:第一为引起直接行动的观念。这是由人的五官与外界事物接触,当下得到直接亲切的观念,立即引起人的动作。如眼睛看见老虎,有了老虎要吃人的观念,立即发生奔跑的行为。又如耳官听见警报的声音,得到敌机来袭的观念,亦立即发生奔跑的行为。鼻嗅着恶臭,而发生掩鼻而避的行为。口尝着美味,发生贪食的行为。这些都是感觉得到直接的观念,而当下引起的动作,可称为"动力观念"。大概军人、事业家或孙中山先生所谓知难行易的"行者",这种动力观念特别多,他们最易由实际观察所得的观念而产生直接行动,他们的语言号令,亦最能引起别人的行动。

第二种为引起人的情绪的观念。这种观念不诉诸五官而诉诸人的感情,或者也可说这种观念,透过人的五官后还要进一步打动人的感情。这种观念是具体的、活泼的、富于意象与想象的。它使你哭,使你笑,使你恐惧,使你忿怒,它甚至要影响你的胃脏,感动你的血脉。它可使得你面赤耳热,它可使得你心悸胆寒,它可使得你胃肠消化不良,它可使得你血液奋张。就好的方面说,这种引起人情绪的观念,也可以使人心气和平,情感纯化,欲念升华。大概讲来,文艺、诗歌、音乐、美术中所包含的观念就有引起人感情的力量,这种观念可称之为"感人的观念"。传教士的说教,演说家鼓动群众的演说,大都富于感人的观念。就男子、女人的差别上说,女人亦比较富于这种感人的观念,同时女子亦最易受这种感人的观念的感动。这种感人的观念由打动人的感情而立即引起人的行动,其力量亦是很大的,恐怕决不亚于前面所说的那种"动力观念"。

第三种为引起人思考反省的观念。这种观念是纯理智的,没有具体的实物在面前,亦没有想象的意象在心目中;既不直接引起行动,亦不打动任何人的感情。这就是一般人所说的"抽象观念"。抽象观念有时又叫做"概念",言其空洞概括不切实际。大概讲来,纯粹学术上的名词与理论,教授学者们在课堂上的讲词,学生们由书本上记诵得来的一些学说与思想。特别是数学上或逻辑上的推理与演绎,代表最典型的抽象思想?表面上看来,这种抽象思想是最薄弱无力,最迂阔无用,最不切实际,最不能产生行动了。然而这只是粗浅表面的看法,这也是最不能了解纯粹学术高深理论的真实价值的世俗看法。老实说,上面所说的动力观念和感人观念,虽足引起行动,但所引起的往往是最被动的缺乏深远意义的行动。而且这两种观念是人与禽兽同有的观念。因为禽兽也有许多观念足以引起行动,动人感情。惟有抽象的观念,乃作为理性动物的人之所独具,而为禽兽所无有,故抽象观念实为人之所以异于禽兽最可宝贵的精神力量。

希腊是西方科学与文化的发祥地。希腊人最善于作抽象思考。巴比伦人、埃及人所有的许多关于天文和几何学的实用知识和技能,均经过希腊加以抽象思考而成为纯学术。"理论为行为的动力","理论为行为成功的秘诀",这是希腊人的共同信念,而近代灿烂的科学文明,及科学在生活与行为上所产生的伟绩,最足以证实这话的真实无妄。

中国人如欲进科学之门,入学术之宫,一改崇拜物质、崇拜武力的世俗实用的态度,而认识理论的真价值,首先就须认识观念的力量,特别是认识抽象观念的力量与价值。

（1943年写于昆明）

基督教与政治

大凡一个有深厚基础的宗教必具有精神方面和具体的组织方面。如佛教有所谓佛、法、僧三宝。僧是属于具体的组织方面,而佛与法便较为属于佛教的精神方面。即以中国的儒家而论,亦有其精神的和组织的两方面。孔子的人格,和《中庸》所谓诚,《论语》所谓仁,代表儒家的精神方面。而中国的礼教,乃风俗习惯的结晶,便属于儒家较具体的组织方面。这两方面的区别与矛盾,在基督教中最为显著而尖锐。因为基督精神即为耶稣基督的人格所表现的精神,或耶教《圣经》中所含的精义,与耶教教会的组织间实有极大的区别和冲突。甚至于有时最能代表耶教真精神的人,反不为耶教教会所承认,反而为教会所压迫驱逐。而自命为正教的教会,以及教会中显赫的领袖,反不能代表耶教的真精神。如果我们于讨论耶教与政治各方面的关系以前,先将耶教精神与耶教组织或教会区分明白,定可以免掉许多混淆与误会。

概括言之,教会的耶教,其功用在于凭借组织的力量以熏陶后生,感化异族,稳定社会,保存价值;而精神的耶教便是健动的创造力,去追求一种神圣的无限的超越现实的价值。耶教的精神是文化艺术的创造力或推动力,可以说是"艺术之母"。而教会的耶教,如礼拜堂、钟楼、颂神歌、音乐仪式,及许多宗教上的雕刻、塑像、图画等,可以说都是耶教精神的产物,即是"艺术之本身"。耶教组织的代表人物总不外乎主教、牧师、社会的长老,及公正的绅士、公民等,他们随时都准备着惩罚并警诫那些特立独行、离经叛道、不理于众口的青年后生,以维护正教,保卫正道。而许多能代表耶稣真精神的人物,往往违众悖乡,犯法革命,为当时当地崇奉正教的人士所诽笑诋毁,所驱逐迫害。若就政治的立场言,耶教的组织可以说即是一种政治机构或至少也是政治机构的一部分。而耶教的精神是超越政治的,是离当时当地的政治组织而独立的。这不啻说,精神的耶教不是对于现实政治组织的一种逃遁,就是一种积极的反抗或背叛。耶教这两方面,两千年来,总是相激相荡,相反相成,互为消长,以维系西方的政治组织和社会生活。但平心而论,耶教对于政治的最大而最健全的影响,似在其精神方面。当我们在历史上发现基督皇帝、基督将军或十字军队时,这就是真的耶教精神最微弱之时。所以本文的目的趋重于追溯耶教的精神对于西方政治的影响。

耶教教会与耶教精神区别的根据

在上节里我竭力指出耶教教会与耶教精神应加以明白区别。我可以援引斯宾诺莎、卢梭及近人蒲徕士等人的说法来充实我的论据。斯宾诺莎首先于其《政教论》或《神学政治论》(Theologico Political Treatise)一书中,指出虔诚的本身与宗教的外表仪式、节文规条的区别。他说:"上帝在人类中没有特殊的国家或地盘,它只有借一国的统治者以管辖世人。所以宗教的外表仪式节文和外表的规条须符合公共的治安和幸福,因此须受政府的裁制与抉择。我单说虔诚的外表仪式节文规条等,而未提及虔诚的本身,或内心对于上帝的信奉,或个人诚心无二单独内心的对于上帝的崇拜。因为此种内心的宗教乃属于各人私有权利的范围,是政府不能剥夺的"(见《神学政治论》第十九章)。他这里所谓容许个人自由的内心的宗教,当然指宗教的精神而言。他所谓宗教的外表仪式节文也就是指受政府裁制抉择的教会或礼教方面而言。

卢梭人的宗教与公民的宗教之分其看法大要亦与我们所作的区别相符合。他在《社会契约论》中说:"就宗教与一般社会的关系言,可分两种:人的宗教与公民的宗教。人的宗教无庙坛、无神位、无仪文,只限于纯粹的内心的敬事上帝与永恒的道德责任。此单纯的福音的宗教,真正的有神论,也可叫做自然神圣权力或神圣律令。公民的宗教为某一国家所制定,为该国所必供奉之神或教导者与保护者。有教条,有礼仪,有为法律规定的祭祀礼拜的仪文。除了其本国人遵守外,外国人皆被认为无礼之邦,野蛮之族。……凡原始民族的宗教皆属于此类,可以叫做政治的或传统的神圣权力和法律。此种宗教的好处在于借宗教礼仪,以团结人民,使爱护法律,使尊崇其所属的国家,使人民知道为国服务即是为神服务。这其实是一种神权政治,除国君外无教主,除官吏外无牧师。为国而死,为无上忠烈,干犯法纪即系渎亵神圣。凡扰乱公安纪律,即被认为招天谴、受神殛。但就另一方面说,此种宗教亦有其坏处。它建筑在错误与谎话上,实足以欺骗人民使之服从而迷信,使真正敬天祀神之事沉陷于虚伪的仪文之中。还有一种坏处,就是当此种宗教到了暴虐而排外的时候,使整个民族残忍好战,不容忍,杀气横生,烈于火焰,认杀死那不信仰他们所信仰的宗教的人为一神圣事业。结果,使此民族入于战争的自然状态,而危及全民族的平安。"

"此外另有一种宗教,即人的宗教或基督教,——并不是指今日的基督教,乃指《圣经》上的基督教,此与今日的基督教大不相同。藉这种圣洁的崇高的真正的宗教之力,一切人类皆系上帝的儿子,彼此皆互认为兄弟,此种精神的团结,死后仍然存在。但此种宗教与政治组织没有关系。不仅不能团结公民的心志使为国家出力,反有使他们离开尘世事物的效力。据我所知,最违反社会精神的宗教,实莫过于此种耶教"(《社会契约论》英译本第117页至118页)。

不仅卢梭有此种看法,著名政治学家蒲徕士亦有同样的分别。他说:"试察过去十八世纪内精神力量与现世力量的关系,可以令我们分开两个最纠缠在一起而最易混淆的东西:一为宗教,即人心中的宗教情绪,此种情绪足以使人于其本身与不可见的力量的关系有相同的思感者,感到一种特殊的同情之结,但除共同礼事上帝外,并无别的具体的有目的的组织。一为教会(ecclesiasticism),这就是一种宗教的信条,具体化为典章制度与实际行动,使凡具同一信仰的人,不仅共同礼拜,而且共同行动。此种行动的目的,自有种种不同。有许多行为自然与现世生活有关,虽于精神生活的迈进,亦不无补助"(见蒲徕士所著:《近代民主政治》,第一卷,第81页)。总结起来,他们三人所谓虔诚的本身,所谓人的宗教,所谓宗教,就相当于我所谓精神的耶教或耶教的精神,他们三人所谓外表的礼仪节文,所谓公民的宗教,所谓教会,就相当于我所谓耶教的具体组织。

耶教精神的特点

耶教的精神可以说是一种热烈的、不妥协的对于无限上帝或者超越事物的追求,藉自我的根本改造以达到之。真正信仰耶教的人具有一种浪漫的仰慕的态度,以追求宇宙原始之大力,而企求与上帝为一。

自我的改造来自耶教的一种对人性的认识,认人最初即有罪恶,认人之薄弱无力,认己之无有价值,而唤起人放弃自我皈依上帝以得解救的信心或大愿。换言之,耶教精神在于由卑谦以达大无畏,由自我贬抑,以达自我实现,由上十字架以达再生,或由死以求生。耶教精神同时是人之无限藐小与无限伟大的自觉。自我转变,自我改造,自我再生的历程是一消极的革命态度,而追求无限的上帝或向超越的世界进攻是积极的进取搏战的态度。所以,耶教宣扬教义常注重两点,一方面使人觉悟自身的弱点和身心疵病,养成人卑谦的态度,力求自我的改造与再生。一方面唤醒人认识一神圣的理想或价值在前面,促其进取和实现,并且进一步力求其所谓善或价值之普遍化,强聒不舍,必使别人接受他所崇奉的价值。这就是传播福音、"己之所欲则施于人"的精神。

至于耶教精神在历史上曾促起自我改造、唤醒再生努力的效验,莱基(Lecky)于其名著《欧洲道德史》上言之甚详,兹摘译几段于下:"基督教曾经以其关于人的罪恶及未来世界的教义完成了一个伟大的革命。……异教哲学家注目于道德,而耶教说教者的眼光则专注于罪恶。前者力言善的光明灿烂以使人兴起,后者力言恶的恐怖阴森以使人悔改。哲学于使人类生活神圣化、高洁化虽可赞扬,但于改造人类,却殊感无力。"

"柏拉图主义者劝人模拟上帝,斯多噶派劝人遵循理性,耶教中人则劝人爱敬耶稣。斯多噶理想充其量不过变成一模范,但决不足以引起人向往爱慕的感情。基督教的长处就是给世人一理想的人格,此人格经千余年的变迁中,曾激发人类心情的热烈爱慕。此人格曾证明其自身足以影响一切时代、一切民族、一切性情或环境不同的人物。此人格不单是道德的最高模范,而且是引起实行道德的一大动力。耶稣三十年生活的成绩,其于人类的再生与感化,实超出一切道德家、哲学家的理论与劝告,故耶稣的人格实为耶教生活中最美好最纯洁的泉源。姑无论耶教所造成的罪过与失败,教会专制,压迫驱逐,猖狂妄为等等足以使教会信誉扫地的事迹,但在耶教创始者的人格与榜样中,尚保存着一永恒的再生改造的原则。此人格创造出无边的不可计量的自我舍弃与自我牺牲。此种自我牺牲,实为改造人格、变化气质,以及一切道德之母。……敬爱耶稣基督的力量见于英雄义烈的记载,见于凄苦出世的行径,见于博施济众的慈善事业。有的耶教烈士堕入猛兽的爪牙中,临死时犹伸出双臂作十字状,以示其爱慕耶稣。有的耶教烈士遗嘱将铁链与骸骨埋在一起,以作其战争的纪念。有的耶教烈士回顾身上创痕,喜不自胜,因为彼乃系为耶稣而受创伤。也有人欢迎死之降临有如新郎之欢迎新娘,因为死可以使他与耶稣更接近些。"

"在耶教信徒的眼光中,爱可使世界改观。世间一切现象,一切灾殃,皆从新眼光去观察,而得一新意义,得一新的宗教的保证。

基督教予人的慰藉之深，很难比拟形容。基督教使厌倦者、悲痛者、孤独者，抬起头来，望着苍天说：上帝，你是爱护我的！"

至于基督教精神之处处与希腊精神对立，有以根本改造希腊生活处，德国哲学家鲍尔生于其所著《伦理学体系》一书中，论列甚详。他指出，希腊人肯定生活，实现自我，注重理智怀疑及研究，并注重人的德性；而耶教则否定生活，放弃自我，注重信仰感情崇拜，竭力反对人的德性而重神的德性。他又指出希腊人提倡勇敢，政治兴趣极浓，注重公正，欲于政治中求自我实现。而耶教则主张勿抗恶，注重卑谦忍让，解除武装，不于法律去求直，反对政治，教人摆脱政治。希腊人重荣誉，重辩才，重文彩，而基督教则反对华丽文彩，注重沉默、卑谦，不求世间荣誉，而认人人都称赞他好的人是有殃的人，被逼害的人是有福的人。对于希腊人所重视的自然道德，如勇敢、公正、节制、智慧等，耶稣教只代之以博爱或悲悯一种德性。这都是鲍尔生尽力指出耶教精神根本反对希腊精神，而力求代替它并改造它的地方。

此外近有魏朗神父（Father Vernon）于其《宗教之心》（The Heart of Religion）一书中论基督教的精神，颇有深切动人的描述。他描述耶教中的圣人说："这等人，认屈弱为荣誉，于悲哀中求快乐，于痛苦中求力量，于泪痕中求欢笑。其感受灾难愈多，其同情心亦愈扩大。于自我牺牲中去求自我实现，认死作生。对此等人你有何办法可以制胜他呢？世俗的方法如何能打败此等异人呢？无怪乎犹太的领袖们曾说过，这些人把世界颠倒过来了。他们接受世人所最厌恶、畏惧的东西，如受苦、哀痛、屈辱、死亡，而于此中去寻求快乐、平安、爱和生命。"魏朗又说："只消你一度真正认识了耶稣，你必定要跟从他，不然你必须推倒他。你必须崇拜他，不然你必须用十字架钉他。"他这里可以说是充分表达出耶教放弃世间一切,以达到超世间的善之彻底不妥协的精神。照他这种说法,耶教徒真可说是常存孤臣孽子之心的人。

原始耶教精神对于希腊罗马政治的影响

法国有一著名的古代社会史家辜朗治(Fustel de Coulange)著有《古代城市》(The Ancient City)一书,于基督教教义影响希腊罗马政治的地方,有切实的叙述和透辟的见解。兹揭述其要点如下:

(一)耶教在政治上给人以大同的观念,超出国家、家庭、种族以及阶级的界限。旧日的家庭宗教,系族宗教或国族宗教,均为此普遍大同的宗教所代替。他说,"耶教既非某姓的家族宗教,亦非某民族某地方的国教。既不隶属于任何阶级,亦不隶属于任何会社。自初出世以来,耶教即是对整个人类发言。耶稣对其弟子说:走向全世界去,传播福音到任何有生之伦。……耶教提出单一的上帝以作人类崇奉的对象,一个普遍的上帝,属于全人类的上帝,既不偏爱任何民族,亦不分种族姓氏国家。在供奉这种上帝的前提之下,是不会有陌生人的。陌生人对于教堂与神龛亦不复渎亵了。此宗教不复鼓励对于异国人的仇恨。公民的职责已不复是侦察陌生人、欺侮陌生人了。反之,耶教的宗旨乃在教人民对于陌生人、对于仇人皆有遵循正义与仁爱的义务。国家间种族间的界限因此打破。"

(二)耶教对于政治的大影响,在于使宗教与政治分开,使宗教与政治彼此独立,分工互助。辜朗治指出,"在古代,宗教与政治混而为一。每一民族崇拜其自己的神,而每一神管辖其自己的人民。

处理人与人的关系与处理人与神的关系,皆为同一的法典所规定。正与此相反,耶稣认为天国不是现实的国家。他把宗教与政治分开。宗教既不管现世的事,所以也不管现世的问题。'归还凯撒的东西给凯撒,归还上帝的东西给上帝',就是耶稣的口号。宗教与政治的清晰划分,此为人类史上第一次。"

辜朗治并进而指出宗教与政治分离,产生了三种好处:第一,政治活动不受宗教权威的限制,政治设施无须恪遵神圣的礼仪,无须征求谶言以定吉凶,无须受宗教信条的束缚。第二,宗教信仰不受政府的干涉。人的精神生活完全属于宗教信仰范围,不受政府管辖过问。他的物质方面的活动,须遵守国家法纪,但他的灵魂是自由的,纯粹对上帝负责。第三,提高人的自由、尊严,与内心道德生活。人生最大的职责不在于为国家牺牲。政治与战争不再占据人的灵魂的全部。道德不仅限于爱国,因为人的灵魂是无一定国籍的。耶教既把政治与宗教分开,当亦随之把法律与宗教分开。宗教既不干涉法典,遂使法律较少神圣性与束缚性,较适应于自然与社会的需要和道德的进步。《罗马法》之所以可贵,为近代法制之楷模者以此。夫妇在道德上平权,财产权基于工作,不基于神授。《罗马法》中诸如此类的优点,都得力于宗教与法治的分开。

基督教精神对于中世纪政治的影响

基督教原始的精神是出世的,是力求宗教与政治分离的。在开始三百年希腊罗马时期的分离中,对于政治有种种好的影响,有如上面辜朗治所说。但卢梭复指出基督教与政治分离后的种种坏影响,亦特别值得我们注意。在《社会契约论》中他指出下列三点坏处:宗教中人不能反抗虐政,致永作政府的奴隶。第二,宗教中人不监督政府,亦不赞助或指导政府,使一切热烈的道德行为,堕入深山寺院的枯寂清苦的生活中,适足以加速罗马之衰亡。这无异于说耶教间接即有以助长政府的虐政与腐败。第三,基督教离开政治,自成一组织一集团,浸假势力涨大与政府争权,败则被逼害,成则宗教专政兴起。中世纪的政治可以说是宗教占上风,宗教专政的局面。耶教在现世得到成功,而耶教的精神反被损害了。

在中世纪中,基督教出世寻天国的动向不变,但宗教与政治却合而为一。中世纪的历史可以两言包括,即由宗教势力之离政治势力而独立,到宗教势力之超越政治势力而代替政治势力。当圣奥古斯丁时,基督教已成罗马帝国国教,君主皆已信仰基督教,乃力倡导实现"天国于地上"(The City of God on Earth)之说,他鼓吹若果君主能运用其权力以促基督教的推行,则为上帝的忠仆,其国将成为地上的天国。自十一世纪起,教皇大格雷葛利(Gregory the Great)力持教会即天主的城市之说,因此政治上的君主必须听命于教会。到格雷葛利七世,认教会之权高于一切,教皇有节制政治君主之权。教皇有权取消不服从教会命令的君主。国君即位须履行教皇加冕之礼,方属有效。格雷葛利七世曾取消亨利第四(意大利和日耳曼的国王)的王位。亨利第四赤足立于雪中三日,以求教皇接见。教皇才允许恢复其王权。后来亨利第四乃另召集一宗教会议,推翻教皇格雷葛利七世,另立克利孟特三世(Clement III)为教皇,此新教皇遂正式为亨利第四加冕。

到十六世纪时,遂有王权神圣之说以抵制教皇之权。一为教权过渡到政权的策略,有政权者即有教权;一为给政治权力一种神圣的保障,不致为教会所夺。

　　加尔文(一五○九——一五六四)乃宗教改革的最有组织力的领袖,建立一神权政府(Theocratic Government)于日内瓦,以与政府联络,以代替教皇专政。他所创立的教派,后来发展成为一种教会的代议制,至今长老会犹保存此制。

　　凡此种种,都是基督教与政治混合后,所产生的问题,所发生的影响。据蒲徕士说,"耶教与政治混合,教会与政府争权,其结果,教会的目的虽在基督化世界,反而此世界现世化基督教。基督教本是纯洁高超的宗教,一经现世化,则基督教失其纯洁化。生力化的精神使命,而与其最高理想渐离渐远。"鲍尔生说得更为明彻。他说,"只要基督教与政府分权或争权,不论如旧教之管辖政府或如新教之为政府所管辖,皆足以失掉基督教的宗旨和力量。基督教原来是与现世搏斗的宗教,一个不与现世搏斗的基督教,为政府所承认、所保障、所赞助的基督教,已非真正老牌的基督教了。"基督教与政治混合后,即丧失其真精神,于是教会只成为基督教的躯壳,而基督教的真精神将别寻途径,另有所表现矣。

基督教精神由出世转而趋向入世

　　基督教初离政府独立,继自成一教会政府。事实虽异,其理想则一:即初欲离政治而追寻天国,继欲即政治而实现天国。方法虽异,出世寻天国的理想则一。但文艺复兴与宗教改革,则使基督教精神根本改变了动向,由出世而入世,新人居于新世界的近代觉醒,使基督教徒从他界天国的睡梦中觉醒过来。近代的浮士德精神,即转了动向的新耶教精神,它不欲升入天国,而欲以灵魂换取现世的快乐、知识和权力。换言之,即欲在现世追求无限,实现神圣。浮士德原本是在寺院中研究神学的博士,其转向现世象征着整个基督教精神的转向。

基督教由出世而转为入世的动向,日耳曼人要负大部分责任。日耳曼人当时本一新兴民族,毫无厌世出世思想,但被武力征服,被强迫接受基督教。结果日耳曼人并未基督化,而基督教反被日耳曼化了。德国人的史诗《尼伯隆根歌》(Nibelungenlied)有似荷马的《伊里亚特》,崇拜英雄,歌颂战争。德国人的情诗,写青春爱情的快乐与悲哀和人世的可爱。这些都是使得基督教转向的重要因素。所以自十六世纪迄十七、十八世纪以来,代表基督教真精神的人物,已不复是寺院的僧侣、教会的牧师、神父等人了。而是文艺复兴后具有浮士德精神的新人,宗教改革后具有信仰自由的个人。不服从君主,亦不服从教主,个人内心的理性、自然之光,才是各个人所应当服从的。昔日牺牲自我,死在十字架上的耶教烈士,到此时已转变为具有战斗思想和信仰自由的科学烈士、哲学烈士了。昔日在上帝前一切人平等的信仰,已转变为天赋人权、人人自由平等的新思想了。昔日老死在寺院里的僧侣,已转变成具有冒险精神,牺牲性命于异域的传教士了。昔日追求无限、企仰缥缈虚无的天国的精诚信徒,现已转变成冒险牺牲、远涉重洋、攫取金宝奇珍的探险家了。

基督教精神表现于爱国主义

欧洲经过文艺复兴、宗教改革及十八世纪的启蒙运动后,旧的宗教信仰、神学思想已根本改观、根本转变动向。宗教思想亦经过理性化，渐由有神论而趋于泛神论。制度方面，则新兴的社会组织，政治组织，甚或文化组织，代替旧日教会的神圣权威。且由自由独立的个人，进而发展为自由独立的国家。因而基督精神亦多表现在爱国志士身上，昔日的敬事上帝，转变成近代的忠爱祖国。此种精神的最高表现，可以黑格尔哲学为代表。关于这方面的思想，黑格尔于其历史哲学中发挥得最为明晰。其思想约可分三点条列之：

（一）上帝即是理性，理性之所在，即神圣之所在，理性之表现，即上帝之工作。他说："理性和神圣的命令是同义的"。"现世生活是神圣天国的积极的确定的表现"。"世界的历史乃是精神的实现与发展的过程、亦即所以证明天道之公正。惟有这种见解才可以说明人类已往的历史以及现今事变的发展，并不是没有上帝作主宰，而乃即是上帝的工作。"（见《历史哲学导言》）

（二）日耳曼人是基督精神的代表，教会不能包办上帝，人人都有宗教的使命。他说："日耳曼人为基督精神的负荷者，不仅当使自由观念内具于心志，而且当使其表现于事实"（同书，第三四一页）。又说："普通人与牧师无区别。人人皆有心，人人皆可直接认识真理，教会阶层中人，不能包办真理，不能包办精神生活"（同书，第四一六页）。

（三）如果可以说中世纪认宗教为一国家，则黑格尔便是认国家为宗教。凡政治、社会、文化、道德的各种组织，黑格尔认为皆是上帝的表现，均分有神圣性。他说，"法律、宪法、典章制度，皆宗教的表现，皆有宗教的意义与功能。宗教是政治的基础，政治与法律皆宗教之表现于现实世界者。政治、道德、法律等是神圣的。嫁娶是圣洁的。家庭是道德组织，亦有宗教功能。因此由良心或自由意志出发以服从法律，以尽对国家的职责，亦是神圣的天命。……（就一个公民而言）没有比对于国家的忠爱可视为更高或更神圣的职责"（同书，第四四九页）。

黑格尔这种思想本质上并不见有何错误，他欲将宗教纳于理性之内，而且与儒家思想最为接近。如他认上帝是理性，与儒家天者理也之说，颇有相通处。他认理性的命令即神圣的命令；世界历史，人文进化，皆所以表示天理天道；人人皆可于其本心中知天见道，认识真理；人人皆有传道行道的宗教使命，非独立的教会阶级所能包办。凡此种种看法，皆儒家宗教观应有之义。至于黑格尔欲将宗教与政治打成一片，尤其认家庭为有宗教功能的道德组织的说法，可以说是道出了儒家传统的思想。因为传统儒家即认家庭及国家皆是有宗教功能的道德组织。所以儒家中理想的天子皆奉天命而有其位，替天行道，不仅是政治首领，而且负有精神的宗教的任务。如天子有祭天、祭宗庙等宗教职务，及寅恭虔诚，畏天命，畏天意的宗教修养（其实昔日中国皇帝之黎明临朝，其仪式隆重，颇富有宗教意味，而与今日的元首循例按时办公之纯基于方便实用者不同）。即使大臣亦有"燮理阴阳"的宗教职责。总之，我的意思是说，中国儒家数千年来的传统，是将宗教与政治及家庭生活打成一片，故仅有礼法之名，而非离政治而独立的宗教。而西洋的传统基督教，乃是离政治而独立，有超出现世使命的宗教。而黑格尔政治与宗教打成一片之说，用来发挥儒家学说却颇有契合处，如用来现世化、国家化基督教，则反而有流弊滋生。试一察看下面所列各事实，便可见一般：

据辛克莱在《宗教的利益》（Upton Sinclair: Profits of Religion）

一书中所引述,谓德皇菲力克大帝,自己不信宗教,而强迫军士崇奉上帝,绝对服从。菲力克大帝尝说:"如果军士开始思想,便不会忠于职守。"他又将新教各派,统而为一,叫做路德教会,路德教会以后可以说是普鲁士国家的一部门,也可以说是政府权威的一分支。俾斯麦说,"基督教是普鲁士的坚实基础,没有建筑在别的基础上的国家,可以永久存在"。至于德国旧教的牧师,当其就职时,必须作下列的宣誓:"我誓以至诚服从并效忠于普鲁士国王。我将努力养成人民忠爱祖国,服从法律,尊敬国王的忱悃。凡于公共治安有害的结社,我绝不赞助参加,凡有危害国家的密谋,我若有所知,必首先报告国王"。德皇阅军演说曾有这样的话:"大家须谨记日耳曼人是上帝的选民。我,德国的皇帝,是直接承受上帝的精神。我是上帝的降衷。我是上帝的宝剑,上帝的武器,上帝的战将。凡不服从、不信仰而怯懦的人,必受灾殃与死亡的惩罚"。当上次欧洲大战时,德国牧师 Lehmann 说:"德国是上帝所计划的世界的中心。德国与全世界宣战,乃是上帝的精神对于世界的污浊、罪过、奸邪的惩膺"。又牧师 Koenig 说,"我们主战,乃是上帝的意旨"。牧师 Rump 说,"我们的失败实不啻上帝的儿子在人类中的失败。我们为耶稣、为人类而斗争"。由此足见此时德国的宗教已成政治的附庸,教会及牧师已成为爱国主义的宣传机构了。不仅德国如此,欧洲其他国家亦莫不如此。所以有人曾慨叹道,当上次大战正酣之时,德国人说,"上帝在我们这边"。法国人亦说,"上帝在我们这边"。但他们都不知道,他们应站在上帝这边。

新教之于德国,一如旧教之于意大利。意法西斯党已认天主教为意大利国家机关之一。意之哲学家克罗齐(Croce),据历史眼光述说道:"在十七世纪时,意国分离散乱,毫无国家意识,但惟天主教会尚多少保留着几许民族精神。"墨索里尼的演说有云："罗马传统的伟大精神，今日惟天主教可以代表。天主教的发展，四万万教民的增加，认罗马为精神中心，实为意大利极感兴趣极可自豪之事"。法西斯政府的法长 Rocco 也曾说过："宗教在人民生活中是很根本的，天主教是意大利很重要的一个组织，一个与意大利国家的历史和使命有密切关系的组织，是绝不可忽视的"。由此足见天主教是意大利民族主义之母，有提高意大利国家光荣的功用，乃是不可否认的事实。其实近代西洋基督教传教士到各国宣传宗教，至少有宣扬国威，为国争光、为军事侵略作前驱的使命，亦是谁也不容否认的事实。

再就客观事实上说，国旗与十字架有同样不可侵犯的象征意义。国歌、爱国歌曲，与颂神诗有同样的感人能力。对民族英雄、爱国烈士的崇拜，实无异于宗教上对于圣贤的崇拜。至于征服世界的雄心，与夫强迫异族接受本族的文化，实不啻耶教传播福音精神之民族化、现实化。耶教的传教士，从开拓殖民地的观点看来，实无异于征服他民族的急先锋。

耶教精神表现为共产主义

耶教精神之由出世转为入世，其现世化、国家化及与政治打成一片的情形，已如上述。但国家并非人类最后最高的组织，仅不过人类政治生活的一阶段、一方式。且由国家主义、资本主义的发展，而成为有侵略性的帝国主义，因而引起共产主义无产阶级革命的大潮流，而耶教的精神因而亦寄托其新形式于共产主义中，乃极自然的趋势。且依"政治基于宗教"的原则,若共产主义不能表现耶教的精神,亦不会有盛大的发展。所以认共产主义为一新宗教,认共产主义者为耶教精神的新承继者,的确不失为有历史眼光的看法。共产主义者要想彻底改造世界,要想把世界秩序倒转过来,要使他们的理想为全世界所接受,及其以白热的热忱信仰主义,以牺牲性命的精神宣传主义,一一皆与我们所描写的耶教精神极近似。所不同者,共产主义者随宗教政治化、政治宗教化的大潮流之后,以政治作宗教,寓全部宗教精神于政治信仰。他们表面上揭起无神论反宗教的旗帜,实际上是反对旧宗教与资本主义制度。

至于共产主义之兴起,耶教中人亦有其一段贡献,称为乌托邦的或基督教的共产主义,以示有别于现代所谓科学的共产主义,更是人所共知的事实。上面曾引述过的美国左翼作家辛克莱于其《宗教的利益》一书中曾力言耶稣为无产阶级革命的创始人。并谓"无论耶教种种污秽历史,无论耶教如何受有产阶级利用,但总无法在世人记忆中,淹没此无产阶级革命的领袖——耶稣"。英国名政治思想家拉斯基(Laski)著有一册论共产主义的专著,他曾很切当地说道:"布尔什维克党与耶稣会(Jesuits)最为相似。皆有谨严不屈的信条,铁一般的训练与纪律,对于主义的热情的忠爱(Passionate Loyalty),并具有无涯的信心。耶稣会人到中国传教与共产党人到被压迫民族中宣传相似,其皆为主义、为党服务而无个人目的亦相似。其自信必得最后胜利,从而用一切办法去达到目的亦相似。"(见拉斯基著《共产主义》一书第51至53页)言其信仰共产主义似为一种宗教并同时有其科学基础。即使在基督教教会中,某些领导人物和有些醒悟社会的教徒,也有不少倾向共产主义的。

以上对于基督教与政治关系的发展趋势,加以历史的叙述,篇

幅已属甚多,兹特以最简要的语句,将这番历史的研究所得到的教训和结论,综述如下:

(一)基督教,概言之,宗教,是一有机的发展与政治的演变,和其他文化部门的演变一样,皆在不断放弃其旧的形式,而在创造其新生中。有的人只就表面上着眼,说宗教将趋于消灭,基督教已在西方社会中根本衰落。这乃是缺乏文化眼光的话,理论上、事实上均不可通。殊不知宗教亦随学术文化之进步而进步,之开明而开明。"一个开明的时代即有一开明的宗教"(An enlightened age has an enlightened religion),黑格尔这话确是至论。

(二)宗教与学术相同,皆是超政治而有其独立的领域和使命,但又有指导、监督、扶持政治而为政治奠坚定基础的功能。如宗教、学术完全与政治分离隔绝,则政治失其指导、监督、辅助的基础,而陷于腐败暴虐,庸俗黑暗,而宗教、学术亦陷于孤立枯寂,失其淑世的效用。如宗教与学术失其超然独立的使命,为政治作工具、作使婢,会使人觉得,政治以外,无超世俗脱形骸的宗教;宗教之外,无不受教会束缚和神权支配,基于实际需要和人群现世福利的政治。如中世纪的教皇专政,如狭义地以国家为宗教或极端地以共产主义为宗教,皆有损于宗教的超世的尊严,而使政治为狂诞的信仰、强制的信条所支配,从而有损于理性的自由行使。欲保持宗教的超世独立的尊严以求人群精神的皈依,则真纯的佛教和耶教,实有其不朽的贡献。欲宗教、学术尽监督、辅导并纯洁化政治的功用,而不流于功利和狂诞,则儒家对政治的态度实提供一极好的典范,而黑格尔的宗教思想,亦大有可供借鉴之处。

(1943年12月刊登于《思想与时代》第29期)

论研究宗教是反对外来宗教传播的正当方法

旧日反对宗教传播的唯一办法,为屠杀传教士,焚毁教堂,其失之也愚;今日抵制宗教侵略唯一的方法为组织非基督教大同盟,其失之也鲁,均非抵制宗教传播的善法。因屠杀教士适足以启武力侵略的衅端,而为外国割据我土地的借口,岂非愚乎?教会虽有黑暗的一面,但宗教自有其不灭的价值;教徒虽有缺点错误,而基督自是救世的哲人。不分青红皂白,而概"非"之,岂非鲁乎?故余尝谓非宗教同盟之举实足以张耶教徒的气焰,固耶教徒的团结,而表示国人宗教观念之浅薄耳。

故居今日而言反对宗教传播,非另辟蹊径不为功。据余管见所及,以为反对外来宗教传播之最和平、最公正、最有效的根本方法厥为研究基督教。读者疑吾言乎,请毕吾词:

夫研究的对象,即非信仰的对象,稍有常识者,类能言之。故信耶教者多,则研究耶教者自少;而研究耶教者多,则信耶教者亦自必减矣。且也先研究,而后信仰,方得谓之真信仰;先研究而后信仰,方不致发生流弊。某先生与余谈其信教的经过,谓彼"先怀疑耶教,继研究耶教,最后方信仰耶教"。故如某先生者可谓之真基督徒矣。

近人对于中国的旧学问、旧思想、旧制度多谓须用科学眼光重新估定价值,不可墨守,不可盲从,此说固甚是。但我们对于外国的学说、主义、宗教,亦须用科学眼光重新估定价值,精研而慎择之,亦不可墨守,亦不可盲从也。盖前者因时间不同,后者因空间不同,两者均有重新估定价值之必要。余之主张研究耶教,即不以耶教在外国的利害为准,而重新估定耶教在中国的价值。

研究耶教可从下列五方面着手:

(一)耶稣个人的研究,如:

1. 耶稣的生平传略(朱执信谓耶稣系一私生子,此亦有趣而值得研究之事);

2. 耶稣的十二个弟子是真有,抑系后人臆造。十二个弟子中有一个叛徒,何故?

3. 耶稣是否死在十字架上(英人 Samuel Butler 谓耶稣死在十字架上之说不确)。

(二)对于新旧约的研究:

1. 新旧约的文学价值及其神话的研究;

2. 新旧约的伦理学价值;

3. 天主教与新教的沿革和异同;

4. 中译新旧约的研究(新旧约译成中文或各省方言者,不下三四十种,颇值得研究)。

(三)教会及教会学校的研究:

1. 教会与帝国主义;

2. 教会与资本家;

3. 教会与男女社交;

4. 教会与旅馆宿舍或游艺场。

（四）教徒的研究：

1. 教徒的操行；

2. 教徒与罪犯（据美国心理学家麦独孤的调查，谓教徒之犯罪者，比常人多）；

3. 外国传教士与拓地者（explorers）；

4. 外国教徒欺压中国平民、包揽词讼的调查。

（五）教义的研究：

1. 基督教义与国家主义；

2. 基督教义与社会主义（意大利社会学家 Lorin 谓基督教者，资本家之宗教也，教贫人忍受资本家的压迫，接交上帝，以企图天堂的快乐）；

3. 基督教义与进化论及科学；

4. 基督教义与回教及佛教教义的比较。

以上不过余一时所想到的研究大纲而已，挂一漏万，自所难免。总之我们须知基督教既成研究的对象，则乃是学者之事，无须强人人以信之；研究基督教乃中国开明人士的责任，则教会诸君更可不必大力招徕征求会员，使得无论智愚贤不肖，尽皆变成教徒而后快。

抵制宗教传播的方法甚多，余非谓研究宗教即抵制宗教传播惟一无二的良法，但此法或许是比较和平切实的一法，无论反对耶教，或信仰耶教者，均不妨平心一试行之。因抵制外来宗教的传播，实爱国的真教徒，与普通中国人民所应一致携手，共同努力的使命。

此外尤有一言所应声明者，即本人之草此文，乃欲趁耶稣诞日的机会，聊述所感，以供商榷。并非有意对某一教堂或某一基督教青年会作局部的批评，或对于一小团体作无谓的政击；区区此心，当能见谅。

（**按**：1925年，基督教大同盟在北平举行会议，赞成和反对的意见很多，此文表示当时清华周刊编者的意见。现在我感到，我十多年后在《思想与时代》上发表的《基督教与政治》一文，就是根据这一想法，在美国所做的一些研究和思考。它表明我当时对宗教与政治问题的一些重要看法。）

基督教和中国的民族主义运动

中国的民族主义运动确是一种革命运动,不应当把它与沙文主义式的和法西斯主义式的民族主义相混淆。中国的民族主义运动外观上是反抗帝国主义势力经济上、政治上和军事上的压迫;其内在意义是反抗保守的军阀和封建主;文化理智方面,它是对过去的传统和习俗的反抗。这场运动,在一种意义上,是民族主义的运动,因为中国要通过这场运动得到完全的独立和统一,而且要废除一切不平等条约。但在另一种意义上,它又超出了民族主义的范围,因为它鼓舞和激励了世界上一切被压迫民族的自信心,它的目标在于建立一种以平等互利为基础的国际关系。

中国当前的民族主义运动,实际上是十九世纪中期(1850—1864)发生的太平天国起义的继续。太平天国起义有三重动机:政治方面,它是要推翻满清王朝;社会方面,它是要使中国社会化,也就是要实行某种国家社会主义;宗教方面,它是要把中国基督教化。太平天国的起义者们力图推翻满族统治,这在某种程度上是受欢迎的,但他们的欠妥当的社会主义措施和他们的假基督教的狂热实践,却使得中国人和外国人都不高兴。因此,打了十五年内战,死了差不多两千万人,三分之二的中国领土受到践踏破坏,太平天国运动还是最后失败了。

现在的民族主义运动已迅速取得了成功。它推翻了满族的君主,于1910年建立了共和国。它成功的秘密就在于革命者放弃了宗教和社会主义方面的反叛,而集中其精力于推翻衰落的满族王朝之单一的较低的任务。

因此,我们可以看到,在近来的中国民族主义运动中,既没有宗教的争端,也不带明显的基督教的动机。但有一个无可怀疑的事实,即作为中国共和国之父和中国民族主义运动(在反对满清的起义和反对帝国主义势力的斗争中)领袖的孙逸仙是一个基督徒,而且没有人否认,孙逸仙是中国前所未有过的最像基督人格的人;①而太平天国的领袖们却把政治口号和基督教的口号相混淆了,他们对基督教实际上根本没有任何理解。所有这些都清楚地说明,中国的民族主义运动和基督教之间有着一种密切的关系。有些人甚至说,中国民族主义运动的开端,也就是现代基督运动在中国的开端。

这篇论文的主要目的是追溯基督教在中国的历史发展;分析基督教为什么和在哪些方面有助于中国民族主义运动的发展,中国民族主义者为什么和在哪些方面对基督教和传教士的工作怀有某些敌意。

基督教在中国的历史分为四个阶段:第一阶段以天主教的基督教为代表,开始于公元七世纪。公元635年,一个叫阿洛彭的基督教僧侣来到中国,成为第一个得到皇帝允许在中国传布福音的人。阿洛彭被皇帝授与精神之主的称号,他的宗教叫做光明教。从那以后,基督教在中国有过二百多年的受欢迎时间。由于某些还不清楚的原因,基督教传教士在九世纪的时候消失不见了,十世

---

① 保罗·林巴格:《孙逸仙和中国的起义》,第二十三章,《孙逸仙和圣经》。

纪和十一世纪基督教在中国无影无踪也还是一团疑云。对这种消失，唯一较好些的解释，是认为在公元945年，中国对佛教徒有过一次大迫害，以抵制其势不可挡的影响。基督教的传教士可能不幸地分担了佛教徒的同样命运。但佛教很快地恢复了，而基督教则完全被清除了。

第二阶段的代表是天主教的圣方济会信徒和新景教的传教士。这个阶段开始于十三世纪，当时是忽必烈时代，他征服了欧、亚两洲许多地方，其母亲是一个基督徒。1265年，马可·波罗打开了通道，他为基督教的普及作了极大的努力。后来方济会传教士随之而来，成千上万的人信奉此教，学校和教堂建立起来了。但到了十四世纪中叶，随着蒙古皇帝的垮台，基督教也变得非常微弱，近于灭绝，基督教传教士又都消失了。历史学家认为，他们的失败是由于他们的"外国习俗"，也就是说，一方面，他们没有能够使自己适应中国人的生活，另一方面，中国人也没有对他们的工作给予积极的配合。

由利玛窦（Mattca Ricci 1552—1610）领导的天主教耶稣会会士开创了基督教在中国的第三阶段，时间上是从1552年到1774年。这些耶稣会士采用了宣教的新办法。他们学说中国话，穿中国人的衣服，注意观察中国人的习俗，通过讲授科学及同中国人真正交朋友，从而逐渐达到了宣传福音的目的。他们成功地和中国学者合作，把欧几里德几何和亚里士多德的逻辑翻译成了中文。此外，他们自己也写了不少数学和科学方面的著作。一些耶稣会士被中国政府任命为观象局的官员，还有一些人被聘用制造战争的枪炮，中国皇帝给了他们很高的荣誉。据说，一个叫施卡尔的耶稣会士，在他的一生中，曾使一万二千人皈依基督教。

可是，到了十八世纪中叶，耶稣会也失败了。失败的主要原因是由于宗教仪式的论争。多米尼加教派和方济会指控耶稣会对佛教、儒教和当地习俗的妥协态度。罗马教皇命令耶稣会不得允许中国的基督教徒祭奠祖宗和儒教。康熙皇帝为此对大主教发表了一个声明："我们祭孔，以为我们的师表；我们祭祖，以表达我们的感激之情。我们在孔夫子和祖先的香案前并不为荣誉和幸福而祷告。如果这些意见不合你的口味，那你就考虑离开我的帝国吧。"他又补充说，"照我看，你们这些人来中国，不是要建立你们自己的宗教，而是要毁掉它"。

不管怎样，康熙皇帝还是很宽容的，他没有采取任何极端的行动来驱逐传教士。但他的后继人雍正皇帝就采取了铁的手腕来镇压传教士。1724年，他发出了一道圣旨，在全国禁止基督教，没收教会的财产，还谴责传教士是公众思想与和平的狂热扰乱者。由于科学知识的原因，北京的传教士算是保留了下来，其他的传教士则皆遭流放驱逐。在这以后约一百年的时间里，基督教在迫害之下衰落了，而且蒙受了极大的苦难，直到十九世纪才开始了一个新时期。

至此，我们已经看到，基督教在中国的前三个阶段都完全失败了，它的影响也是微乎其微。现在我们就来看看基督教在中国的第四阶段的命运。

第四阶段是由现代天主教和新教基督教来体现的。1807年，第一个新教传教士罗伯特·莫里逊博士到达广东，是这一阶段的开端，莫里逊的工作是有划时代意义的。他的开拓性的工作是把《新约》翻译成中文，而且还编了一本汉英词典。全版《新约》于1814年出版，他编的词典的第一卷于1817年印出，整个词典是四开本,六卷,4595页,于1823年出版,费用达12000英镑。

1842年,发生了鸦片战争,在这次战争中,英国首次战胜了中国。在这以后,法国星象学家狄拉格林(M. De Lagrene 1749—1822)于1844年得到满清皇帝信仰自由的圣旨。同时,尽管是在迫害和驱逐的情况下,早在1830年,估计在中国的天主教传教士里,还有四个主教,十九个欧洲的牧师,他们散布于各处传教,甚至在四川省里,他们还拥有二十万信徒。从这以后,中国政府对基督教信仰的自由宣传就不再干预了(偶然发生的反抗和敌对状态表明,传教士对愚昧的群众是无效的,除非是派来更多的军舰及签订另外的条约来保证宗教宣传的自由和安全)。这样,基督教在中国的控制就越来越强,传教士的人数也逐渐增加。1918年,在中国的传教士人数为6395人,1922年增加到7500人,1925年达到8158人,他们代表着西方200个不同的教会团体和组织。[1]

圣经被翻译成中国的文言、白话及方言,总共有42个不同的版本(圣经的标准译本完成于1912年,是中国人和外国人各半组成的一个12人翻译委员会经过25年劳作的结果),一个值得注意的重要事实是,没有任何一个译本是纯粹由中国的基督教徒自己翻译的。据报道,在过去的114年里,在中国的三个外国圣经会共分发了164,963,395本《圣经》,也就是说,在一百多年的时间里,每年都平均分发1,500,000本《圣经》。[2] 据最近的报道,在1928年的11个月里,美国圣经会、英国圣经会、外国圣经会及民族圣经会共分发11,453,783本《圣经》、《圣约书》和分册本。[3]

---

[1] 《中国基督教年鉴》,1926年。
[2] 《中国的纪录》,1928年5月,第332页。
[3] 《中国的纪录》,1929年3月,第179页。

上面我们对基督教在中国的迅速发展作了一般性的探索,下面我们进而看一看中国人民对基督教运动的反应,以及基督教在中国是如何影响政治秩序的,特别是如何对中国的民族主义运动发生影响的。实际上,中国人对基督教的态度存在着很大分歧,下面我用原话摘录的办法选一些有代表性的观点,或许这样会使我们对真正的形势有较好的洞察。

李鸿章的观点可能是最宽容的观点的代表。李鸿章是十九世纪末中国的大政治家,有本他的传略引证过他在1886年给皇帝的奏章,他说:"孔夫子的教导和耶稣的教义看来都是建立在规劝的基础上的,他们的教义被表达和传播是为了整个人类——异教徒和基督徒的改善。我懂得这个道理,如果我的生命是被抛在英国、法国或美国的话,那么我也要称自己是一个基督教徒,因为基督教是这些国家的宗教,一个人如这样安排他的生活,那他就会免遭麻烦且受到尊敬。他不会想到孔夫子,因为对孔夫子及其教导他是一点也不需要的。在中国也是同样道理,只是情况相反"。"他(传教士)现在一点也不可怕,因为他可能是耶稣基督的代理人,或者是那个伟大人物的追随者;作为国家政治和工业独立可能的敌人,他才是可怕的"。①

所谓"中国文艺复兴之父"胡适博士的观点也值得我们注意。虽然就个人而言,我不同意胡适的观点和他的大胆假设的方法,但胡适的观点毕竟是当今中国知识阶层的代表,所以我不嫌冗长,还是把他的话摘录如下:

"基督教信仰的宣传,在这个新中国看来是不会被许可而有多

---

① 布兰德:《李鸿章:十九世纪的标志》,第266—267页。

少光明前途的。恰恰相反,基督教到处都面临反对。基督教占领中国之梦看来很快就破灭了——可能是永远破灭了,这不需要再作进一步的解释了"。

"确实,有一些为狭隘民族主义的攻击所作的论证,把基督教的传教士看作帝国主义侵略的代理人。但我们必须认识到,正是民族主义——一种与过去文化割裂的民族自我意识——曾经在中国扼杀过景教——最早期的基督教、拜火教和摩尼教。正是这同一个民族主义,曾四次对佛教进行迫害,把已完全征服中国逾千年的佛教最后也扼杀了。这同一个民族的意识现在又反抗外来的基督教"。

"比民族主义更难对付的,是理性主义的升起。我们不能忘记,中国哲学开始于两千五百年以前,老子教人一种自然的宇宙观,孔子则是一个坦率的不可知者。这种理性主义和人本主义的传统,在每一个时代,当民族受到迷信和狂热的宗教影响时,它总是要起救星的作用。这种中国原有的文化背景,由于现代科学的方法和结论的增援现在又复活了,而且成为知识阶层反对任何宗教体系欺骗的真正难对付的安全措施,因为宗教的基本教义,尽管加以种种辩解,但总不能经受理性和科学的考验"。[①]

胡适博士对传教士在中国的工作的评论也非常有影响,给人以深刻印象。他说:"在中国的基督教会有帝国主义盼精神,它竭尽全力去愚弄一般民众。传教士们是有不少缺陷的。教会给许多不能对宗教作出选择的婴儿洗礼;教会不应该强迫人们信仰,传教士学校不应该突出哪一种宗教;靠宏伟华丽的建筑物来吸引外面

---

① 《论坛》,1927 年 7 月,第 1—2 页。

的人是教会犯的一个错误;学校不应该是基督教的布道中心;教师对基督教学生和非基督教学生不一样看待也是不合理的。传教学校更不应该限制学生的信仰和言论自由,教师也不需要总是基督教徒"。①

现在我们从中国基督教徒自己进行的客观观察的角度,考察一下中国学生和受过教育的人对基督教的一般态度。下面是两个著名的中国基督教徒的看法。吴先生(Y. K. Woo)在其《现在中国人对基督教的态度》的文章里说,"这就是哲学上的怀疑主义者和那些高度尊重伦理道德的思想体系和中国文明的成就的著名中国学者的态度(轻蔑的态度)。这种类型的人认为,基督教在思想上是粗糙的,形式上是迷信的,方法上是矫揉造作的,结果是贫乏无聊的,因此是不值得他们研究和注意的。有时候,他们从《圣经》里摘录某些论述,或从基督教徒的思想里摘录某些观念,然后用他们所掌握的一切哲学武器对之进行嘲弄。由于基督教在中国很少产生或没有产生出著名学者,普通基督徒大都是智力上平庸的人,他们就由此得出结论说,基督教无论如何也满足不了受过高等教育的人的心灵。当他们看到作为个人的基督徒和作为组织的基督教会做与他们所信奉的教导相背之事时,他们对基督教的憎恶便变得绝对了。确实,他们与基督教的对立不是一种寻衅放肆的行为,但在他们眼里,基督教是把人类生活的一切意义都剥夺了。"②

另一个著名的基督教徒顾子仁博士,在他的《教育的条件和学生生活》的文章里,坦率地指出了中国学生的不同的态度。"第一,

---

① 《中国的记录》,1928年5月,第280页。
② 《中国基督教年鉴》,1926年,第82页。

持民族主义观点的学生反对基督教,他们认为基督教是同外国相联系的。第二,持理性主义观点的学生反对基督教的教条式的假定。第三,持无神论观点的学生自然认为基督教是毫无用处的"。"除上面提到的三种态度以外,我看还得加上两种态度,现在很多学生都表现出这样的态度:一种是对基督教麻木冷漠的态度,这在基督徒学生和非基督徒学生那里都有表现。第二种是对基督教和基督教徒完全蔑视的态度,持这种态度的学生在增加。在他们看来,我们既然为基督的事业献出了我们的一切,那么对基督的名称进行蔑视和责难而不是对他进行颂扬实际上正是为我们所应严肃考虑的问题"。①

现在我们再来看一看极端民族主义宣传鼓动者的态度。1925年12月26日,《北方中国每日新闻》刊登一则湖南长沙反基督教活动的报道。据称举行了游行,有恐吓,有辱骂,还散发了传单,下面就摘录一份重要而且有趣的传单:

"工人们!农民们!学生们!商人们!一切受压迫的人!我们不怕摆弄机关枪、列强的海关会议及不平等条约的帝国主义,令我们害怕的倒是基督教的狡猾的、看不见的文化上的侵略,因为它带着温情和慈善的说教工具。正是这些活动,毁坏了我们国家,削弱了我们在民族之林中的地位,使得我们麻木不仁,以至于我们会认贼作父!在上海的十万外国兵不能消灭我们的爱国主义,厦门的暗杀也不能破灭我们拯救中国的决心。但这种狡猾的基督教,它的帝国主义的、文化的侵略却使我们千百万青年受到了感染。我们的心先死了,我们的身体也要接着死去。基督教是一种迷信,它杀了

---

① 《中国基督教年鉴》,1926年,第273页。

我们的心,但它又杀人不见血。我们当然害怕它!……"

"学校是文化侵略的营地,教会是制造奴隶的工厂,医院也是侵略的中心。在你的眼前,罪恶到处可见!什么学校会省略不读圣经,不搞宗教仪式,不祷告,不施行洗礼,不进行一切教会的事务呀,但就内在本质来说,所有那些进行颂扬和祷告的传教士都是在愚弄国民,在传播资产阶级的影响,在为结伙的匪徒效力,在秘密地输入机关枪!在一些地方,如在湖北省,他们每天都在侵掠土地,都在玩弄我们的善男信女。"

"同胞们!如果我们都变成基督徒,如果中国都基督化了,那么,帝国主义也就成了遍布全国的刽子手的快刀利斧。它就要掠夺我们的田园家舍,就要把我们斩成碎块。我们必须组织起来,联合起来,尽我们的最大力量来反对这股势力。"

"我们的口号是:反对文化侵略;打倒帝国主义的工具——基督教;拯救受压迫的人——教会学校的学生;教会学校的学生们:离开使你们遭受罪恶的学校吧!"①

不管是对是错,极端民族主义民众在上述充满情感的传单里的说法,代表着中国政治家、知识界头面人物和广大学生对基督教的一般态度。这里不需要争辩,也不需要评论,因为这些话语正是反基督教的主观天真的表达。我感到很遗憾的只是,中国广大人民不能够从基督教的崇高理想以及耶稣基督的生活与教导里获得教益。同样令人遗憾的是,基督教在中国受到如此的误解,它已经被某些传教士歪曲了。

基督教在中国,事实上仍面临着危机,因此作些新的调整是必

---

① 《中国基督教年鉴》,1926 年,第 5—6 页。

须的。很多乐观主义的人认为,这种危机和反基督教的活动是一件好事,因为这有助于教会工作和传教政策的改革,也有助于基督教在中国的纯化。因为这种危机将淘汰掉基督教的假信徒,而基督的真正追随者的信仰将由于受到苦难和迫害的检验而愈益增强。一些悲观主义的人,特别是引人瞩目的胡适博士,预言基督教在下一个阶段将再次被灭除。在对基督教在中国的未来前景进行推测的时候,我们须注意两个重要的因素:

首先,我们须明白,民族主义运动总是在某种程度上同外来宗教的宣传相敌对的;传教组织,不管它抱有如何无私和慈善的动机,一般都被看作是与民族发展不相容的。例如在日本的民族主义运动处于高潮时期,日本政府甚至会颁布一道法律,使接受基督教信仰的人处于被迫害甚或被杀害的地位。但日本一获得独立,反基督教的情绪马上就消失了。现在基督教在日本平稳发展,一点麻烦也没有了。我相信,一旦中华民族的危机克服了,那么基督教所面临的危机,会像在日本一样,也会得到克服。而且基督教会越是不受任何政治集团的影响,那就越不会引起怀疑和不友好的反应。

再者,我们必须记住,如我前面所说,中国的民族主义运动本质上是革命的,它不只是以基督教作为自己整个的攻击目标,儒教和佛教也摊上了同样的命运。受过现代教育的激进的学生很久以前就已宣告了儒教的破产。很多佛教的庙宇已经变成了现代的学校,不可计数的佛教神灵偶像被毫不留情地毁成碎片。简言之,最近两个世纪在西方流行的无神论和爱国主义现在已经传到了中国,因此,我们现在正面临着一场普遍的宗教危机,不独基督教如此。

现在我来分析一下,基督教在哪些方面有助于民族主义运动,以及基督教在哪些方面被误解了。

首先,基督教被误认作物质发展的障碍。民族主义者认为,目前中国最为需要的是物质运用、技术装备和工业发展。我们要解救我们的身体,甚于基督教所宣称的对我们灵魂的解救。但实际上,在过去的一百年里,基督教在中国所做之事,既是精神的传教,也是物质的传送。传教士们走到哪里,就在哪里建造医院、教堂和西方类型的学校。从传教士学校出来的学生最为适合在银行、邮局和许多其他企业里做事,中国外交界的绝大多数成员都是传教士学校的产物。此外,基督教在中国的慈善组织,对遭受战祸和水旱灾害的穷苦人民也提供直接的物质帮助。我们由此可以看到,基督教在物质发展方面也起了不小的作用。我想过,基督教在中国的物质基础比它的精神基础更为牢固。

第二,民族主义者认为,民族意识对于中国的复兴是必须的,而基督教关于博爱的世界主义学说会冲淡我们的民族意识和爱国热情。确实,有少数几个中国的基督教徒,他们的英语知识甚于汉语知识,他们身上的外国人成分要比中国人成分多。但从总体上来看,现在外国的传教士一般都意识到了我们的民族意识。大多数的基督教学生也像非基督教学生一样,积极参加民族主义运动和爱国主义的游行示威。另一个重要的事实是,基督教是推动普及教育的一股重要力量,而那些受过普及教育的工农现在已经成了中国爱国主义运动的基本力量。再者,基督教对中国民族主义的有益影响也可用我上面已提到过的事实来说明,就是说,中国民族主义运动的领袖孙中山,也是一个基督教徒,而且曾经在教会学校受过教育。还有,太平天国的领袖们,现代民族主义运动的先驱者,也曾受到基督教信仰的鼓舞。

第三，一些人指控基督教教人的是谦卑的德行和奴隶式的服从，而中国需要的是战斗的精神；任何形式的宗教一般说来都是一种保守力量，而中国极为需要的是革命精神。我们应该看到，基督教是一种复兴的宗教，它在中国造成的效果实际上也是革命的。因为，在基督教国家，旨在价值保存的例行公事的基督教可能是保守的，但它在中国，无疑已是一种生气勃勃的、进步的和革命的力量，就如佛教和儒教在中国可能是很保守的，但当它初被引入西方国家的时候，确也产生了新的或革命的影响一样。不是谦卑之教，而是一些冒险传教士的献身和耶稣基督的不妥协的精神与生活的典范，将永远是鼓舞中国青年的精神力量。甚至中国共产主义的领导人也曾说过，"我们不要基督教，但每一个青年都应有耶稣基督的战斗精神和牺牲精神。"

第四，中国知识分子对基督教所持的最重要的反驳意见是认为基督教与科学相对立。这是因为他们过分夸大了在西方世界里宗教与科学的表面上的冲突及他们对迫害异端的憎恶。他们由此认为，中国最为缺乏的是科学和科学精神，而不是宗教的或神学的教条。但实际上，客观事实告诉我们，传教士是第一批最早把科学知识传送到中国来的，是耶稣教徒教给了我们欧几里德几何和哥白尼的天文学。但对基督教作科学意义上的考察，它是有难以理解的怪事，对此我们要引起注意。由于对科学家的迫害，基督教使科学变成了宗教，即把科学变成了精神上献身的对象，把科学家变成了精神上的殉道士；靠这些与科学正相矛盾的神秘和教条的信念，基督教成了激起科学想象，引起科学的兴趣和研究科学最好的能动之源。对科学家的迫害也说明了教会对科学问题的关注。而在中国，几乎没有人以宗教的热情和献身精神去研究科学或反对科学。我们没有科学,因为我们没有科学的殉道者。我们之所以研究科学,是因为它有用;西方人对科学的研究是为其无私利的内在价值及其宗教的意义(毕达戈拉斯第一个把科学看作献身的对象)。这些稍有离题的话意在说明,在一种怪论的意义上,可以说基督教是科学的庇护者,那些认为基督教与科学相冲突而反对基督教的人是没有根据的,而且,基督教在中国决不会成为科学发展的障碍。

总之,我这里所要阐明的是,基督教或在中国的传教工作,第一,它是有助于中国的物质发展的;第二,它有助于唤醒中国人民的民族意识;第三,它鼓舞了中国青年大无畏的战斗精神,成了中国现代化和充满生机的能动之源,它有助于中国的改革者打破旧的习俗;第四,它鼓励了科学的研究和对技术的追求。换句话说,正如我在别处也已指出过的,自文艺复兴以来,基督教已是这个世界的方向,它把现代西方世界最优秀的科学成果、民主和民族主义,都作为组成部分而吸收于自身之内。这样,基督教的影响在中国的反映本质上是科学的、民主的和民族主义的。

既然基督教对新中国是有裨益的,而且也与新中国的要求是相容的,那么,中国的民族主义者决不应极为愚蠢地采取反基督教的敌意态度。再者说,中国人民本来就是对宗教的东西取容忍态度的。既然佛教和伊斯兰教在很早以前就已传入中国,且根植于中国人民的生活之中,那么基督教也是能够使自己适应这块新的土壤的,中国没有任何理由排斥基督教。偶然发生的反基督教的暴乱,主要是由于政治上的原因,是由于一些无知的民众对传教士和基督徒的外国生活习俗看不惯。所有这些要清除基督教出中国的理由都是外在和无根据的。与此恰恰相反,我相信,就基督教不受政治或帝国主义集团的影响来说,就传教士是以善良意志为动机,他们的传教也被证明确实是精神上和宗教上的传教来说,基督教在中国必定会有一个光明的前途,因为中国人民对真正的友谊和精神价值是很容易感受的。我们过去曾有过佛教的时代,既然基督教一点也不比佛教差,那么我们就有各种理由,想着在中国的未来会有一个基督教的新时代。佛教曾丰富了道教和儒教,它的影响渗透到了中国人的每一种生活方式,如艺术、文学、哲学、社会和政治秩序、家庭及各地习俗等。在过去的几百年里,佛教已经紧紧地吸引了最优秀的中国人的头脑,它已经成了中国文化不可分割的一部分。五千多册佛教文献被译成中文,由于佛教经典的翻译,中国的文学里也增添了新的写作风格。佛教对中国所做之事,基督教现在同样也可以做到。我常想,如果基督教与道教的玄学及佛教相融合,且由儒教的实践伦理学来补充,那么,在中国产生的新基督教将比它过去的历史更加光辉灿烂。

附释:此文作于1929年,完全根据英文材料写成。曾应哈佛大学研究院同学,并在校外某地区任牧师职务的莎提斯特朗君之邀,在他的牧区晚会上宣读过,那年暑假期间我又在芝加哥附近的东方学生会议上宣读过。今加以校订,请杨君游同志译成中文。作者识。

纳粹毁灭与德国文化

纳粹主义试分析起来大约不外三个主要成分构成的：一是种族偏见，一是政治独裁，一是武力征服。种族偏见是违反各民族自由平等的大同思想的，政治独裁是违反民主政治的大潮流的，武力征服是扰乱世界和平的。而这三个成分在纳粹的德国都发展到最猛烈、最极端的发狂程度。因此纳粹主义便成为全世界所深恶痛绝的恶势力，所须竭力隔离消灭的疫菌。

自从纳粹德国无条件投降，德国土地被盟军占领后，纳粹主义的德国总算毁灭了。不过我们所最关心的是德国文化的前途究竟如何？纳粹的毁灭，德国的被占领征服，是否即是德国文化的毁灭？

要答复刚才所提出的问题，首先我们要明白，单就种族偏见、政治独裁、武力征服三种特征而论，不仅德国有之，亦不仅法西斯的意大利及日本有之，其他国家或民族，在某一时期内，或在某种方式下，亦或多或少，或明或暗，难免不潜伏着一些这三种成分的病菌。不过纳粹的德国，特别病症深重罢了。我们打倒了意大利、德国和日本之后，尚须不时提防变相的潜伏的纳粹病菌的复发，才足以确保战后世界的永久和平。

日耳曼人是一个比较新兴而富于野气的民族，正到了"血气方刚，戒之在斗"的壮年阶段。他们对于自己优秀的种族和灿烂的民族文化，素有骄傲的优越感，对于国内的犹太人素有厌恶憎恨的情绪。他们的民族和儿童故事中充满了讴歌战争、崇拜英雄的武勇精神。再加以传统的容克世家培育作战人才,参谋本部筹划作战机构,所以,他们具有种族优越感,反对犹太人,服从独裁的领袖,喜欢战争,是很自然而无足怪的。但是将种族偏见、政治独裁、武力征服发挥到了极端不合理、凶恶毒狠,甚至发狂而自趋毁灭的程度,这却不是日耳曼民族性的自然发展,而是有了病态,走入歧途了。因此我们可以断言,希特勒和他的党徒,乃是日耳曼民族不肖的子孙。他们没有正当地合理地发挥他们民族性中的优良成分。不单是政治外交上,没有俾斯麦治国的明智作风,军事上未作到避免两面作战、加强右翼的祖宗遗训,尤其在文化方面,他们是德国文化的罪人。我们万想不到至中至正、大贤大圣如康德、歌德的后人,会横蛮无理、发狂失性到希特勒及其党徒的地步。

康德的"三大理性批判",发挥人类理性的光辉,永为人类文化进步的明灯。康德强调理性的立法作用,认理性之自立法度、自己遵守为自由的精义。歌德完美健全的人格,是近代完人的典型(当拿破仑晤见歌德时,他不禁高叫一声道:"这才是真正的人")。歌德以老虎保卫其巢穴,形容人应保持其自由。费希特以自由观念为其全部哲学的中心思想,他的告德意志国民演讲,为被压迫的民族反抗侵略,争取民族的自由复兴,奠定精神的基础。黑格尔以人类整个历史为理性或自由精神实现其自身的过程。黑格尔批评黩武主义的拿破仑道:"拿破仑以盖世的天才来争取武力的胜利,实正所以表示徒恃武力之究竟不值一文钱。"总之,德国的先哲蔑视拿破仑的武力,认为一文不值,而希特勒反去模仿拿破仑。德国的先哲尊重人类自由,教人自立法度,自己遵守,而希特勒抹煞人类自由,奴役人民。德国的先哲崇尚理性,发扬文化,而希特勒摧残理性,毁灭文化。德国会产生希特勒这样的败家子,闯下滔天大祸,真是德国文化的不幸。凡是爱好德国文化的人,都应同感悲伤。只有一些无知浅见的人,才会由于见得纳粹的失败,因而根本怀疑德国灿烂时期的文化和哲学本身。

康德和歌德时期典型的纯真的德国文化,早已普遍化,成为世界文化的一部分。德国从康德到黑格尔时期的哲学,其响应早已遍及了全世界,在英、法、美、意各国,皆已有新康德学派或新黑格尔学派的兴起。歌德和席勒、海涅的文艺、诗歌,不仅成为人类欣赏歌诵的公共遗产,且已在各文明国家里掀起新的文艺思潮。贝多芬、巴赫、莫扎特、瓦格勒的音乐,亦早已普遍地震撼了世界各地爱好音乐人士的心弦。至于德国的科学家们对于各部门纯粹科学的贡献,早已为举世各国科学界所共同接受之处,更是不胜缕举。所以,谁也看得出来,纳粹尽管毁灭,而德国纯真的文化决不会毁灭。在当时纳粹统治下的德国人,也许无法发扬德国典型文化的优点,我们相信,德国文化的火炬也会在别的地方或在后几代的德国人里继续燃烧着的。德国的哲人素来注重精神价值,轻蔑商业文明。文化、学养、内心生活、真善美的永恒价值是他们所特别追求爱慕的对象。使人在物质文明的世界中,而仍能保持性灵的高洁。德国的先哲对于纯真文化的贡献,已成为提高人类精神生活的宝藏。即以德国思想家中最偏激,最富病态,最为世所诟病,提倡超人的哲学家尼采而论,谁也不能找出尼采的思想与希特勒的纳粹主义有什么直接关系。然而尼采的著作无论在哪一个国家,也都有热烈爱好的读者,而尼采对于文艺诗歌,在世界各国,亦都有其相当深远的影响。

现在盟军占领德国后,其改造德国人民思想的教育文化政策,当然不外乎是把种族偏见、政治独裁、歌颂战事等纳粹主义的要素予以扫除廓清,而重新灌输以民主主义及自由和平的思想。在我们看来,除了一面灌输新的民主和平思想外,另一面促使德国人回复到他们纯真的典型的康德、歌德时期的重理性、重自由、重文化学养和内心生活的健康正常的思想,使他们鉴于纳粹主义之走入歧途,而回复到原有的正道,鉴于纳粹主义之陷于病态,而恢复其原有的平正健全的思想,亦是使今后德国人在文化上走入新途径,以期将来有新贡献的一个办法。

(1943年写于昆明)

诸葛亮与道家

最近读到《大公报》王芸生先生的《论诸葛亮》上中下三篇,颇多新颖而富教训、令人深思的意思。篇中批判诸葛亮两点:第一,养才与用才皆嫌不足。第二,伐魏的军略有错误。前一点,是多少采取王船山责先主君臣"勤于耕战,察于名法,而于长养人才、涵育熏陶之道,未之讲也"的说法,而加重发挥的。后一点,亦是片面的采取王船山之说以赞助陈寿所谓"应变将略非其所长"的旧说。此两点皆非芸生先生独创的见解,前人论辩甚多,此处我们暂不加讨论。他进而指出诸葛亮事必躬亲,察察为明的作风,最足以使他不放心用才,甚至于猜防人,不轻信人,足以害才而难于养才。他批评道:"诸葛亮本非常人,掌非常事,图非常功,而细碎如此,怎样可以?"是否完全切中诸葛本人的弊病,虽不敢说,然对于王先生之极力揭出治必有体及用才与养才的重要,其针砭时弊,供人借鉴的用意,却值得我们赞佩,也值得政治上的人物反省。

王先生还进一步推究出孔明事必躬亲,察察为明,不能养才用才的原因,乃基于他"法道合抱"的学养。他搜罗了一些事实,表明孔明的学养得力于道家、法家,而于儒却不甚相干。他说:"宋儒拉诸葛亮进孔庙,是牵强附会的。"换言之,他要推翻宋儒认"诸葛孔明有儒者气象"的旧案。提出诸葛是属于儒家呢抑是属于道家及法家的问题。这却引起我许多话要说了。

首先我们要分辨,孔明有道家、法家的学养是一事,孔明是否有儒者气象又是一事。譬如,朱子也有道家的学养,他的确曾经注解过道家的经典《参同契》,然而他不失为集大成的正统儒家的代表,王阳明也曾泛滥于词章,出入于佛老,换言之,他曾有很深的佛老的学养,然而他不失为伟大的儒家。我们即令承认孔明有道家、法家的学养,我们亦不能因此便否认孔明是代表儒家精神的政治家。因为具有法家、道家的学养,也许更足以充实他儒家的学养,增加他学术思想里的新成分,使他超出狭隘迂拘的旧传统,而蔚然成为一个新儒家。

王先生的主旨似乎要特别指出因为孔明有"法道合抱"的学养,所以孔明是道家、法家的代表,不惟他的学养与儒家不相干,而他的人品也不是儒者,不应像宋儒那样牵强附会,认孔明为属于儒家的政治家。因此,问题的关键便不是孔明是否有道法学养的问题,而成为(一)孔明是否道家?(二)孔明是否一申韩式的法家?(三)孔明是否一儒者?兹试就这三方面来分别讨论:

对于孔明是道家,王先生举出三点说明:第一,孔明"淡泊明志,宁静致远"之教,是老子"致虚守静,知黑守白"的意思,这种解释,我们不反对,不过我们认为孔明淡泊宁静之教,不惟道出了儒道两家的共同之点,且亦道出了千古学人应有的生活态度,所谓"平淡的生活与高远的思想"(Plain living and high thinking)实中外学人应有之风致。不能纯认作道家一派的特征。淡泊宁静实以颜渊为最好代表。"致远"如果指曾子式之"任重致远","明志"如果指表明忠贞纯洁之志,无功名利禄、欺人孤儿寡妇之野心,如孔明受托孤后之所表现者,则儒家色彩亦相当浓厚。第二,王先生举出《诸葛集》中有《阴符经序》及《阴符经注》二首及孔明为阿斗写《申韩管子六韬》一通,以表明诸葛之深得力于道家及法家。集中两文是否确出孔明之手,王先生自己也说不可知。至于后一事之果否属实亦是问题。因当时阿斗,仅十六、七岁,孔明平日以宁静淡泊教子,而何以会亲写《申韩六韬》以教愚暗而性情未定的青年阿斗,殊属不可解。且《出师表》明明恳切地以亲贤臣、远小人的儒家的道德训条教阿斗,而他前此何以会以《申韩六韬》的策略教阿斗,不惟前后不一致,而且也无甚意义。即使我们假定此二事属实,亦只能表明孔明对于道家、法家曾有相当研究的兴趣,仍无法证明他整个人品及学术是属于道家或法家。第三,王先生提出"有机心"是道家的特点,且发现孔明用人行事颇具机心。这点或许是王先生全文中最新颖独到之处。不过他对于什么是机心,未加以明白的解释或界说。就前后文的意思揣测,机心大概是指深藏不露,存心阴险,遇着适当时机,用巧妙的计划铲除或陷害所欲铲除陷害的人。这似乎是将道家解释成阴谋家、权术家一流派的人物。王先生这种看法牵扯出两个问题:(一)有机心是否道家的特征?(二)孔明是否有机心?

关于第一个问题,我们承认用阴谋权术去解释道家,特别是用之解释老子的趋势,在中国政治策略思想上相当大,一如将道家认作炼丹修仙的趋势相当大一样。阴谋权术与炼丹修仙乃中国政治上、文化上的黑暗方面,是开明时代、民主社会所须扫除廓清的。这似乎均非老庄的真面目,只代表被歪曲、被丑化了的道家,或误解老子所产生的流弊。从哲学史上,从老庄思想的本身,我们看不出老庄有提出阴谋权术、机心的主张。反之,我们发现老庄思想富于诗意,富于山林隐逸和潇洒超脱的风味,我们也发现注重归真返朴,羡慕赤子婴儿式的天真或天机,保持人的真性情,厌恶人世的繁文缛节、权诈智巧,是老庄的特色。有机心似只是对原始道家的真面目之歪曲误解,恶化流弊,无论事实上或理论上,我们很难说,"某人有机心,故某人必是道家",或"某人是道家,故某人必有机心"。因此我们无法承认有机心是道家的特质。

第二,谈到孔明是否有机心的问题,王芸生先生举出《梁甫吟》中"二桃杀三士"的计谋为极具机心的故事。意谓孔明喜《梁甫吟》,足见孔明有机心。他又举出"裁抑魏延,荣宠李严,都是深疑其人,而故为之阴抑或阳宠,都是机心的运用。尤其他临终时的遗令,使魏延与杨仪相水火,使之一死一黜,而使蒋琬安然继其任,最是运用机心的高峰作品。"这里我们似应分辨计谋策略与机心的区别。用计谋策略以使敌人内讧,以消灭反叛,似乎是兵家政家之常轨,而有机心似指自己内心不诚,动机不纯,用阴谋设陷阱以陷害自己所猜疑忌嫉的人,但这被陷害的人不一定是敌人,也许是自己的亲信或同僚。所以孔子言兵亦主"好谋而成"。阳明作战,亦曾用计谋诱敌。说孔明好计谋策略,无人可以否认,且亦无足诟病。总之,为公为国,为除奸扶正而用计谋策略,绝不能谓为有机心。机心中必包含有私心。说孔明对人存有机心,不啻根本怀疑他的动机之纯正,心地之光明,恐难免深文周纳,陷于以己之机心揣度他人之机心。譬如,二桃杀三士的故事,是说晏子如何用计谋消灭敌人的勇士,谓他有机智可,谓他有机心则不可。

至于孔明之遗令,王先生既断定是他运用机心的高峰作品,又批评他对这事的安排"极尽乱七八糟之能事",似乎是说的太严刻一点,而没有设身处地,细心体谅古人当时的情景。请试引王先生所服膺引用的王船山对此事的论断,以解答王先生的批评。王船山说"武侯遗令魏延断后,为蒋琬费祎地也。……必不可使任蜀者魏延也。延权亚于公。而雄猜难御。……惟大军退而延不得孤立于外。杨仪先入,而延不得为主于中。虽愤激而成乎乱,一夫之制耳。延之乱也,不北降魏而南攻仪,论者谓其无叛心。虽然,岂可保哉?延以偏将孤军,主帅死而乞和于魏,亦司马懿之属吏而已矣。南辕而不北驾,不欲为懿下也。使其操全蜀之兵,制朝权而惟其意,成则攘臂以夺汉,不成将举三巴以附魏,司马懿不得折箠而驭之。其降其否?亦恶可谅哉?杨仪褊小之器耳,其曰'吾若举军就魏,宁当落度如此?'是则即为懿屈而不惭者。令先归而延与姜维持其后,蒋琬谈笑而废之,非延匹也。于是而武侯之计周矣。故二将讧而于国无损。不然,将争于内,敌必乘之。司马懿之智,岂不能间二乱人以卷蜀,而何为敛兵以退也。"足见船山亦称赞孔明预平内乱的巧妙和计谋的周至。这是孔明谋身后国家安全的大计,岂可推测其内怀机心?见杨仪、魏延之不可靠,几乎尽人皆知。史书上有这样一段记载:"费祎使吴,吴主权曰,杨仪、魏延,牧竖小人,后必为乱。祎曰,功以才成,业以才广,若防其后患舍而不用,是犹避风涛而逆废舟楫,非长久也。"诸葛亮号称知人,岂尚不能洞烛其奸。以人才难得,明知其奸,又须利用其才。利用其才,又须预防其变乱。王先生不体谅孔明之煞费苦心处,反而替魏延、杨仪表同情,殊令人不解。至于说孔明之初宠任李严,后以其有罪,而废为民,亦是机心作用,真可谓极尽揣测周纳之能事。孔明死后能使廖立垂泣,李平病死,论者多认为孔明公与诚之感人,令人心服所致(参看习凿齿的评论),真不知从何处见得他有机心?如果说孔明太拘泥法规,不敢放手去破格用人,亦乏使人戴罪图功的权略,我们尚可相当承认,如说他有机心,乃纯是揣测推度他人的动机或心地的工作。惯于测度他人的动机或内心隐微之处,最易陷于武断刻薄,不是以己之机心测人之机心,就是对他人行事的动机,加以最坏的解释,而陷于以小人之腹度君子之心。不惟有伤忠厚,且亦养成自己猜疑之心。评人论事,此最所宜戒。故最好是就事论事,就行为论行为,较为客观,不要去揣测他人的心机或机心。

以上我们简略说明,孔明虽读过《老庄六韬》等道家的书,但不一定即是属于道家,更难说是坏意义的、有阴谋色彩、有机心的道家。至于孔明是否法家和是否儒家的问题,俟有机会于中下篇中再讨论之。

麟按:关于孔明是法家还是儒家的问题,已详于下篇《论法治的类型》一文中,故本文未继续将中篇、下篇写下去,读者试参考该文,即可见得我对此问题的看法。我根本否认儒家不重法治,我只承认儒家不采用申韩之术。我认为诸葛式的法治即顺人情、兼德礼而言法治,为儒家法治的代表。我更进一步认为儒家的或诸葛式的法治,在法治演进的过程上较申韩式的法治应列于较高一阶段。

(1943年写于昆明)

读书方法与思想方法

就人而言,各人的性情、兴趣、才能、需要不同,则各人读书的方法,即有不同。

就读书而言,则不同学科的书籍,应有不同的读法。如读自然科学书籍的方法与读社会科学书籍的方法,必有不同处。又如读文学书的方法,与读史学书、哲学书的方法,亦不尽相同。从前梁任公著《要籍解题及其读法》一书,选出中国几种重要的经书和子书,提示其内容大旨,指出读每一种书的特殊方法,更足见读书的方法,不但随人而异,而且随书而异。

因此,一人既有一人读书的方法,一书也有一书的特别读法。所以贵在每人自己根据他平日读书的经验,去为他自己寻求一个最适宜、最有效率的读书方法。而每遇一种新书,我们也要贵能考查此书的特殊性质,用一种新的读书方法去把握它,理解它。

故本文不能精密的就不同的人,和不同的书,指示特殊的、不同的读书方法。此事须有个别的指导,只能概括的就广义的读书的方法,略说几句。

读书,若不是读死书的话,即是追求真实学问的工作,所谓真实学问,即是活的真理,真的知识。而真理或知识即是对于实在或真实事物的理智的了解,思想的把握。换言之,应用思想或理智的活动,以把握或理解真实事物,所得即为知识、真理、学问。故读书即所以训练思想,应用理智,以求得真实学问。读书并不是求记诵的博雅,并不是盲从古人,作书本的奴隶。书广义讲来,有成文的书和不成文的书,对于成文的书,用文字写出来的书,贵能用自己的思想于字里行间,探求作者言外之意。所谓不要寻行数墨,不要以词害意。至于不成文的书,更是晦昧难读,更是要我们能自用思想。整个大自然,整个人生都是我们所谓不成文的书。能够直接读这种不成文的书,所得的学问,将更为真实,更为创新,更为灵活。须以读成文的书所得,作读不成文的书的参考。以读不成文的书所得,供给读成文的书的指针。这样,我们就不会读死书,这样,我们就可得真的、活的学问。中国旧日的书生,大概就只知道有成文的书,而不知道有更广博、更难读、更丰富而有趣味的不成文的书。更不知道读成文的书与读不成文的书,须兼程并进,相辅相助;所以只能有书本知识,而难于得到驾驭自然,指导人生,改革社会的真实学问。所以无论读哪一种书,关键在于须自己用思想。

要操真实学问,首先须要有一个基本的确切认识。要确切认识:真知必可见诸实行,真理必可发为应用。要明白见得:知识必然足以指导我们的行为,学术必然足以培养我们的品格。有了真知灼见,认识透彻了,必然不期行而自行。一件事,知道了,见到了,真是会欲罢不能。希腊思想史家尝说:"理论是行为的秘诀"一语,最足以代表希腊人的爱智的科学精神。所谓"理论是行为的秘诀",意思就是要从理论的贯通透彻里去求行为的动力,要从学术的探讨、科学的研究里,去求征服自然指导人生的丰功伟绩。我们要见得,伟大的事功出于伟大的学术,善良的行为出于正确的知识。简言之,要走上真学问纯学问的大道路,我们首先要能认识知先行后,知主行从的道理,和孙中山先生所发挥的知难行易的学说。必定须有了这种信念，我们才不会因为注重力行，而反对知识，因注重实用，而反对纯粹学识，更不会因为要提倡道德而反对知识，反对科学。反之，我们愈要力行，愈要实用，愈要提高道德，我们愈其要追求学问，增加知识，发展科学。

求学应抱为学问而学问，为真理而真理的态度，亦即学者的态度。一个人不可因为将来目的在作实际的政治工作，因而把学问当作工具。须知一个人处在求学的时候，便应抱学者的态度。犹如上操场时，就应该有运动家的精神，受军事训练时，就应有军人的气概。因为每一样事，都有其标准，有其模范。要将一事作好，就应以模范作为鹄的。所以我们求学就应有学者的态度，办事就应有政治家的态度。譬如，曾国藩政治上、军事上虽说走错了道路，然而当他研究哲学时，则尊崇宋儒，因为他认为程朱是中国哲学思想的正宗。学文则以司马迁、韩愈为其模范，以桐城古文为其依归。治考证学则推崇王念孙父子。他每做一门学问，就找着那一门的模范来学。一个人在社会上作实际工作，无论如何忙迫，但只要有一个钟头，可以读书，则在那一个钟头内，即须作纯学问的探讨，抱着为真理而学问的态度。要能领会学问本身的价值，感觉学问本身的乐趣。惟有抱着这种态度，才算是真正尊崇学术，方可以真正发挥学术的超功用之功用。

我刚才已经说过，读书，做学问贵自用思想。因为读书要能自用思想才不会作书本的奴隶。能自用思想，则不但可以读成文的书得益处，且进而读不成文的书，观察自然、理会人生，也可以有学术的收获。所以我首先须要很简略的讲一点，如何自用思想的方法。因为要知道读书的方法，不可不知道思想的方法。

关于思想的方法，可分三方面来讨论：

（一）逻辑的方法：逻辑与数学相依为命，逻辑方法大都采自数学方法，特别几何的方法。逻辑方法即是应用数学的方法来研究思想的概念，来理解自然与人生的事实。逻辑方法的目的在能给我们有普遍性、有必然性、有自发性的知识。换言之，逻辑方法要给我们坚实可靠、颠扑不灭、内发而非外铄的知识。必定要这种知识才够得上称为科学知识。

逻辑方法与数学方法一样，有一个特点，就是只问本性，不问效用如何、目的何在，或结果好坏、满足个人欲望与否等实用问题。只问理论的由来，不问事实上的由来。譬如，有一三角形于此，数学不问此三角形有何用处，不问画此三角形之人的目的何在，不问此三角形是谁画的，是什么时候画的，更不问画三角形、研究三角形有何利益、有何好的结果等。数学只求证明三角之合必等于两直角，就是三角形之所以成为三角形的本性或本质，就是一条有普遍性必然性的真理。所以一个人是否用逻辑方法思想，就看他是否能扫除那偶然性的事实，摆脱实用的目的，而去探讨一物的普遍必然的本质。

中国人平日已养成只重一物的实用、目的、效果，而不去研究一物之本性的思想习惯。这种思想上的成见或习惯如不打破，将永远不会产生科学知识。譬如：《大学》上"物格而后知致，知致而后意诚，意诚而后心正，心正而后身修，身修而后家齐，家齐而后国治，国治而后天下平"，一大串推论，就不是基于知识本质的推论，而只是由效果推效果，由功用推功用的方法。这种说法即使是对的，但这只是效果的研究。而效果是无必然性的，所谓成败利钝的效果，总是不可逆睹的。由不可逆睹的效果，推不可逆睹的效果，其所得的知识之无必然性与普遍性，可想而知。但假如不去做效果的推论,而去做本性的探讨,就可以产生纯学术知识。譬如,对于格物的"物"的本性,加以系统的研究,可成物理学,或自然哲学;对于致知的知的本质,加以研究,可成为知识论;研究心或意的本性,可成心理学;研究身的本性,可成生理学;研究家国天下的本性,可成社会哲学或政治哲学。由此足见要求真学问,求纯科学知识,须注重研究本性的逻辑方法,而不可采取只问效果的实用态度。

  逻辑方法的实际应用,还有一特点:可用"据界说以思想","依原则而求知"两句话包括。我们思想不能不用许多概念。我们说话作文,不能不用很多名词。界说就是对于所用的这些概念,或名词下定义。那是指出一个概念或名词所包括的确切意义,规定一个概念或名词所应有的界限范围。每一个界说即是指出一个概念,或事物的本性。据界说以思想,就是要我们思想中所用的概念,都是有了确定的意义,明晰的范围的。如是庶我们的思想可以条理而有系统。界说即是规定一物的本性,则据界说以思想即是去发挥那物的本性,而形成纯学理的知识。一个人对于某一项学问有无学术上的贡献,就看他对于那门学问上的重要概念有无新的界说。伟大的哲学家就是界说大家。伟大的工厂,一切物品,皆本厂自造。伟大的思想系统,其中所用的主要名词,皆自己创造的,自己下过界说的。一个人能否理智地把握实在,对于自然人生的实物的本质有无真认识,就看他能否形成足以表示事物的本性的界说。平时我们所谓思想肤浅,说话不得要领,也就是指思想不能把握本质,说话不能表示本质而言。单是下界说,也就是难事。但这也许出于经验的观察,理论的分析,直觉的颖悟,只是武断的命题。要使其界说可以在学理上成立起来,颠扑不破,还要从各方面将此界说,发挥成为系统。无论千言万语,都无非是发挥此界说的义蕴。总之,要能把握事物的本性,对于事物有了明晰的概念,才能下界说。并且要能依据界说以思想,才能构成有条理有系统的知识。

至于所谓依原则而求知,就是一方面用原则原理作指导去把握事实,另一方面,就是整理事实,规定材料,使它们符合原理。不以原理作指导而得的事实,或未经理智整理不符合原理的事实,那就是道听途说,虚幻无稽,模糊影响的事实,而不是有学理根据的科学事实。先从特殊的事实去寻求解释此事实的普遍的原则,次依据此原则去解释其他同类的事实,就叫做依原则而求知。我们相信一件事实,不仅因为它是事实,乃因为它合理。我们注重原理,乃是因为原理足以管辖事实,以简驭繁,指导事实。总之,有一事实,必须能找出解释此事实的原则,有一原则,必须能指出符合此原理或遵守此定律的事实。单研究事实而求不出原则,或不根据原则而任意去盲目的尝试,胡乱的堆集事实,均不能获得科学知识。科学的实验,就是根据理性的原则或假设,去考验事实是否遵守此原则。

(二)体验的方法:体验方法即是用理智的同情去体察外物,去反省自己。要了解一物,须设身处地,用同情的态度去了解之。体验法最忌有主观的成见,贵忘怀自我,投入认识的对象之中,而加以深切沉潜的体察。体验本身即是一种生活,一种精神的生活,因为所谓体验即是在生活中去体验,离开生活更无所谓体验。体验法即是教人从生活中去用思想。体验法是要人虚心忘我,深入事物的内在本质或命脉,以领会欣赏其意义与价值,而不从外表去加以粗疏的描写或概观。体验是一种细密的、深刻的、亲切的求知方法。体验即是"理会"之意。所谓理会即是用理智去心领神会。此种方法,用来体察人生,欣赏艺术,研究精神生活或文化创造,特别适用。宋儒最喜欢用体验。宋儒的思想可以说是皆出于体验。而朱子尤其善于应用体验方法以读书。他所谓"虚心涵泳"、"切己体察"、"深沉潜思"、"优游玩索"皆我此处所谓体验方法。

(三)玄思的方法:所谓玄思的方法,也可以说是求形而上学的知识的方法。此种思想方法,甚为难言。最简易的讲来,可以谓为"由全体观部分,由部分观全体"之法,也可以称为"由形而上观形而下,由形而下观形而上"之法。只知全体,不知部分,则陷于空洞。只知部分,不知全体,则陷于支离琐碎。必由全体以观部分,庶各部分可各安其分,各得其所,不致争执矛盾。必由部分以观全体,庶可见得部分的根本所寄,归宿所在,而不致执着一偏。全体有二义,一就复多的统一言,全体为万殊之一本。一就对立的统一言,全体为正反的综合,矛盾的调解。全体与部分息息相通,成为有机的统一体。譬如,由正而反而合的矛盾进展历程,即是由部分观全体的历程。反之,由合,由全体以解除正反的矛盾,以复回双方应有的地位,即是从全体观部分的历程。譬如,读一篇文字,由一字一句以表明全篇的主旨,就是由部分观全体之法。由全篇文字的主旨,以解释一字一句应有的含义,便是由全体观部分之法。如朱子之今日格一物,明日格一物,而达到豁然贯通的境界,事物之本末精粗无不到,而吾心之全体大用无不明,就是能由部分而达全体,由支节达贯通,由形而下的一事一物而达形而上的全体大用。又朱子复能由太极之理,宇宙之全,而观一事一物之理,而发现本末精粗,条理井然,"枝枝相对,叶叶相当"。这就是由全体观部分而得到的境界。

总结起来说,我们提出的三种思想方法,第一种逻辑的方法,可以给我们条理严密的系统,使我们不致支离散漫;第二种体验的方法,可以使我们的学问有亲切丰富的内容,而不致干燥空疏;第三种玄思的方法,可以使我们有远大圆通的哲学识见,而不致执着一偏。此处所谓逻辑方法完全是根据数学方法出发,表示理性的基本作用。此处所论体验,实包含德国治文化哲学者如狄尔泰(Dilthey)等人所谓"体验"和法国柏格森所谓直觉。此处所论玄思的方法,即是最平实最简要的叙述一般人所谓辩证法。此种用"全部观部分","部分观全体"的说法以解释辩证法,实所以发挥黑格尔"真理乃是全体"之说的精义,同时亦即表示柏拉图认辩证法为"一中见多,多中见一"(多指部分,一指全体)之法的原旨。这三种方法并不是彼此孤立而无贯通处,但其相通之点,殊难简单说明。概括讲来,玄思的方法,或真正的辩证法,实兼具有逻辑方法与体验方法而自成为寻求形而上学的系统知识的方法。

知道了一般的思想方法,然后应用思想方法来读书,那真是事半而功倍。

第一,应用逻辑方法来读书,就要看能否把握其所讨论的题材的本质,并且要看著者所提出的界说,是否有系统的发挥,所建立的原则是否有事实的根据,所叙述的事实是否有原则作指导。如是就可以判断此书学术价值的高下。同时,我们读一书时,亦要设法把握一书的本质或精义,依据原则,发疑问,提假设,制范畴,用种种理智的活动以求了解此书的内容。

第二,应用体验的方法以读书,就是首贵放弃主观的成见,不要心粗气浮,欲速助长,要使自己沉潜浸润于书籍中,设身处地,切己体察,优游玩索,虚心涵泳。须用一番心情,费一番神思,以审美、以欣赏艺术的态度,去读书。要感觉得书之可乐可好,智慧之可爱。把读同代人的书，当作就是在全国甚或世界学述之内去交朋友，去寻老师，与作者或国际友人交流思想、沟通学术文化。把读古书当作尚友千古与古人晤对的精神生活，神游冥想于故籍的宝藏里，与圣贤的精神相交接往来，即从这种读书的体验里去理会，去反省，去取精用宏，含英咀华，去体验古人真意，去绍述古人绝学，去发挥自己的心得。这就是用体验的方法去读书，也可以说是由读书的生活中去体验。用这种的读书法，其实也就是一种涵养功夫。由此而深造有得，则其所建立的学说，所发出的议论，自有一种深厚纯朴中正和平之气，而不致限于粗疏浅薄偏激浮嚣。

第三，应用全体看部分，从部分看全体的方法以读书，可以说是即是由约而博，由博返约之法。譬如，由读某人此书，进而博涉及此人的其他著作，进而博涉及与此人有关之人的著作（如此人的师友及其生平所最服膺的著作）皆可说是应用由部分到全体观的方法。然后再由此人师友等的著作，以参证、以解释此人自己的著作，而得较深一层的了解，即可说是应用由全体观部分的方法。此外如由整个时代的文化以观察个人的著作，由个人的著作以例证整个时代的趋势，由某一学派的立场去观认某一家的地位，由某一家的著作以代表某一学派的宗旨，由全书的要旨以解释一章一节，由一章一节以发明全书的精义，均可以说是应用由全观分，由分观全，多中见一，一中见多的玄思方法以读书。

此法大概用来观察历史，评人论事，特别适用。因为必用此法以治史学，方有历史的透视眼光或高瞻远瞩的识度。由部分观全体，则对于全体的了解方亲切而具体，由全体观部分，则对于部分的评判，方持平而切当。部分要能代表全体，例证全体，遵从全体的规律，与全体有有机关系，则部分方不陷于孤立、支离、散漫无统纪。全体要能决定部分,统辖部分,指导部分,则全体方不陷于空洞、抽象、徒具形式而无内容。

因为此种玄思的方法,根本假定著作、思想、实在,都是一有机体,有如常山之蛇,击首则尾应,击尾则首应。故读书,了解思想,把握实在,须用以全体观部分,以部分观全体的方法。

总之,我的意思,要从读书里求得真实学问,须能自用思想,不仅可读成文的书,而且可读不成文的书。知道如何自用思想,有了思想的方法,则读书的方法,自可紬绎推演出来。必定要认真自己用思想,用严格的方法来读书,方可以逐渐养成追求真实学问,研读伟大著作的勇气与能力,即不致为市场流行的投机应时,耳食袭取的本本所蒙蔽、所欺骗。须知不肯自用思想,未能认真用严格的方法以读书,而不知道真学术惟有恃坚苦着力,循序渐进,方能有成,实不能取巧,亦是没有捷径可寻的。如果一个人,能用坚苦的思想,有了严密的读书方法,那缺乏内容,肤浅矛盾的书,不经一读,就知道那是没有价值的书了,又何至于被蒙蔽呢?

末了,我还要说几句关于读书的价值,读书的神圣权利,和读书的搏斗精神。

人与禽兽的区别,虽有种种不同的说法,但根据科学的研究,却只有两点:(一)人能制造并利用工具,而禽兽不能。(二)人有文字,而禽兽没有文字。其实文字亦是一种工具,传达思想、情感、意志,精神上人与人内在交通,传久行远的工具。说粗浅一点,"人是能读书著书的动物"。故读书是划分人与禽兽的界限,也是划分文明人与野蛮人的界限。读现代的书即所以与同时的人作精神上的沟通交谈。读古人的书即所以承受古圣先贤的精神遗产。读书即可以享受或吸取学问思想家多年的心血的结晶。所以读书实人类特有的神圣权利。

要想不放弃此种神圣权利，堂堂正正地作一个人，我们惟有努力读书。读书如登高山，非有勇气，绝不能登至山顶，接近云霄。读书如撑船上滩，不可一刻松懈。读书如临战场，不能战胜书籍，利用书籍，即会为书籍所役使，作书本的奴隶。打仗失败只是武力的失败。而读书失败，就是精神的失败。朱子说："读书须一棒一条痕，一掴一掌血"。最足以表示这种如临战阵的读书精神，且足以作我们读书的指针。

（本文是1943年秋天在重庆小温泉给全体新生讲课的讲稿。）

从看外国电影谈到文化异同

在娱乐方面,看电影的人,无论在国内哪一大都市里,远较之看新剧及旧戏的人为多。在看电影的人中,看外国影片又远较看中国影片的人为多,这似乎是不可否认的事实,我不愿意去解释或批评这事实。我要想谈的,就是许多男妇老幼、公务员、学生、军人以及工商界人,常川地看外国电影,他们对于影片中所表现的西洋人的生活方式、风俗人情、思想态度——简言之,文化——总会有所观察、有所了解,于是,有意无意中,总难免要受其影响。那么,现在要问他们最容易受影响的是哪些方面呢?这些影响是好的还是坏的呢?他们最易了解的是哪几方面呢?

因为外国影片十分之九以上都是涉及爱情的片子或穿插有爱情故事于其中的片子,因此我们可以这样答道,中国观众所最易了解,最易受影响的,即是电影中关于男女恋爱这方面的内容。不过我们还可以补充一句话,中国观众,特别是青年观众所受的坏影响,亦以此方面为多。然而恋爱是西洋青年男女生活的核心,任何青年男女差不多都曾作过"情人",为什么中国青年男女看了西洋的爱情影片,就会有坏影响?青年男女自由恋爱,在西洋不见有什么流弊,为什么搬到中国来,就会令许多人堕落呢?

这原因很简单。因为我们对自由恋爱的意义没有弄清楚,男女恋爱的崇高理想,我们没有。男女恋爱的文化背景——社会的、文艺的、宗教道德的背景,我们没有培植好。只在电影中看见些接吻、跳舞、装饰、游玩、宴饮等等作爱的外表迹象,便去模仿,那怎么不发生流弊呢?即以男女恋爱一事而论,在西洋至少有三个精神来源。第一为基督教精神。将基督教仰慕上帝,崇拜上帝的深情,移之于仰慕女性,崇拜女性,将女性神圣化。第二为中古骑士侠义之风。骑士尊重女子,敬爱女子,出死力以保护女子,拯救女子,纯出于侠义之气,决无猥亵淫邪的行为。第三为近代浪漫文艺。尊重女性,以女性为永恒的美的象征,以情人为无限理想的寄托。认女性为艺术的保护者,为灵感的泉源。将女子神圣化、理想化,而加以爱慕歌颂。基督教精神,侠义精神,浪漫精神,三者缺一,决不足以了解西洋人男女恋爱的真意。这样讲来,看外国电影的人虽多,外国影片中,爱情片子虽多,但能真正了解爱情片中所潜伏着许多精神的和文化的背景的人,自然就会异常稀少了。

西洋近代崇拜女性的浪漫精神,在某意义下,实即西洋宗教传统中崇拜上帝的表现。将忠实的基督教徒之崇拜、仰慕、歌颂上帝的情绪和态度,转而崇拜、仰慕、歌颂女性,便恰好不多不少足以代表西洋近代的浪漫主义者对于女性的情绪和态度。新旧约中求神祷神的词句,只消把"神啊"、"主啊"等字,换成"爱人啊",便成了很好的浪漫主义者的情诗。试读《旧约》诗篇中这几句话:"神啊,我常与你同在。除你以外,在天上我有谁呢?除你之外,在地上我也没有可爱慕的。神啊,你是我心里的力量,又是我的福祉。"又如"主,耶和华啊,你是我盼望的。你的赞美,你的荣耀,终日充满了我的口。我年老的时候,求你不要丢弃我。我气力衰弱的时候,求你不要离弃我",类似这样的话头,新旧约中多得不可胜计。假如以爱人或女性的名字去代替"神啊"、"主啊"、"耶和华啊"等字,上面所引这两段话岂不成了男子向女子求爱的情诗了吗？

西洋人生活中、文艺中以及影片中表现的恋爱问题，所以难于为中国人所了解、所模仿，就由于主要地这里面包含有很深厚的基督教背景。一如中国传统的"父母之命，媒妁之言"的婚姻关系中，包含有儒家思想的背景一样。我们可以说，在过去，支配中国人生活最主要的两个权威为君与父。杨墨无父无君，被孟子斥为禽兽。在家庭崇拜父亲，在朝廷崇拜君主，是中国人的纲常名教。在西洋人生活中却从没有取得主要的中心的地位。反之支配他们生活的中心观念，一为上帝，一为爱人，这个观念在他们心中，时激起冲突，时又谐和为一。他们有时为了崇拜上帝而牺牲爱人。如中世纪的节欲苦修的人，修道院中的僧侣及女修道士。他们有时又为爱人而牺牲了上帝，如近代有许多有革命性的无神论者和浪漫主义者。有的人，先崇拜上帝，但感得枯燥空寂，而对上帝起反感，转而追求女性，以求生活的充实丰富（文艺复兴时期之精神）。有的人先追求女性，但于失恋的悲哀中，确证色空，皈依上帝，以求慰藉。总之，当他们崇拜上帝时，仰慕上帝如爱人（宗教家的生活）。当他们追求女性时，崇拜女性如上帝（浪漫主义者的生活）。而社会上大多数的绅士、公民，便力求上帝与爱人，各得其所。崇拜上帝与爱慕女性，并行不悖。（据说在前清康熙时，英国派一位使臣到中国来，欲觐见皇帝。中国方面要他向皇帝叩头，这位英国使臣坚执不允，他说他生平只向上帝和爱人下跪，此外绝不向任何人下跪。结果，他竟没有觐见着康熙便回国去了。这件轶事颇足以表示西方人所崇拜的只有上帝及爱人，而且可以崇拜得并行不悖。）

上帝与爱人是照耀着鼓舞着西洋人精神生活的两个光明的泉

源,有如太阳与月亮。了解西洋人对上帝与爱人的态度,是了解西洋文化和生活方式的关键。我们不一定要模仿他们。但我们应设法了解他们。他们崇拜上帝也曾走入歧途,致演成中世纪的教皇专政。他们崇拜爱人也演了不少决斗自杀的悲剧。一如我们尊崇君父的礼教,也曾妨碍民族的进步,剥夺人民的自由一样。

中国旧礼教之尊崇君父,不过欲达到防止犯上作乱,维持社会秩序的实用目的。至多也不过是定尊卑之分,尽君臣父子伦常上人世间的道德义务罢了。而西洋人之崇拜上帝与爱人,乃是追求宗教上的真,艺术上的美,求精神生活的最高满足和最后的归宿,求尘世生活的超脱,意义似较为深远。记得黄山谷有两句诗说:"人间阅忠孝,世外访英豪"。如能以鞠躬尽瘁、死而后已的精神去忠君王、孝父母,是人世间维系伦常可以钦佩的忠臣孝子。而许多英雄豪杰,不受君臣父子伦常关系的束缚,有其超出世俗、独往独来的特征,也是我们须得访问领教的。由此足见西洋人之崇拜上帝和爱人,虽未必即具备作英豪的充足条件,但的确多少有几分超出尘俗的世外意。至于有上帝监临,有爱人鼓舞,以从军从政,服务社会国家,有世外的襟怀和修养而不空寂出世,发为救世救人的学术事功,更是崇拜上帝和爱人的西洋人所追求的理想生活。

假如你要想真正了解外国影片中爱情的深一层的意义的话,你必得了解他们崇拜女性和崇拜上帝的精神背景。你要想了解西洋文化的根本精神的话,了解他们所谓爱人和上帝,你就可得到两把钥匙。你感觉人事关系的无聊,世间生活的束缚,与争名争利的烦恼的话,寻求爱人与上帝,就是你的解救。假如你寻求爱人与上帝成功了,你的前途、事业和幸福就有了悠久的保障。假如你追求爱人失败了,感得被弃的愁哀,那么,你还可皈依上帝,以弥补你的伤痕,以作你最后的慰藉,上帝是什么呢?上帝就是真理、人民、大自然。

(星期论文,1944年,昆明)

战争与道德

记得美国的一位哲学家及心理学家詹姆士尝自述他在一个名胜地方消夏时的心境：他说，那里的风景是那样优美，同在一处消夏的人们，是那样文雅，生活是那样平安舒适，可以说是再好没有了。然而他住不到几天就感得不耐烦了。他说，那里毫无刺激，没有恶可作斗争的对象，生活太无波澜，如果再让他那样平安舒适地住下去，他非苦闷得发狂不可。所以他只得离开那名胜的风景区了。他称这种心境为"轻视平安，厌恶舒适"的心理。这不仅是詹姆士个人特有的乖僻心情，也不仅是代表西方近代文化的美国人所常有的心情。这代表人类有雄心、有壮志、有生命力的青年的正常心理。只有老弱者和懦夫，才想长过舒适平安的日子，而视冒险犯难战争为畏途。以马革裹尸为荣幸，以髀里肉生为悲哀，和闻鸡起舞的壮心，在中国历史上亦何尝不羡称为可以代表民族精神的美谈。不过照这样说来，则类似战争的行为，似乎就有了根于人生的心理基础，且亦有其光明的、壮美的、含有道德意义的一面了。所以肯说老实话，用以激励国人的哲学家黑格尔，在他的《法哲学原理》一书中，便明言："战争不可视为绝对的恶。战争中亦有一道德成分。战争的深远意义，在于足以保持国家的伦理健康，而扫除个人的自私目的。一如流水可以不腐，战争亦可以防止老沉滞于平安无事的民族趋于腐败"。孟子不是也说过一句长足以使国人警惕的话吗？"无敌国外患者国恒亡"。足见孟子亦承认敌国外患，或对外作战，亦有其防腐作用。不过孟子的话，尚须略加以补充。如果有敌国外患，而国人不能奋起抗战，则国亦恒亡。

战争的破坏力量是很大的。战争之来，如风卷残云，如山洪暴发。它固然可以扫除一些陈腐的污秽，但亦冲坏淹没了不少的无辜的房屋、牲畜和苗稼，且亦带来了多量的泥沙。真正细究起来，它的防腐作用在哪里？它的道德成分又在哪里呢？大概在承平时候，一般人苟安、懒惰、享乐的心理容易滋长。同时由苟安、懒惰、享乐而产生的罪恶和弊病，当然也在滋长。在承平时候，国家无事，大局安定，人民的心理容易忘记了国族，而只知道个人的利益，而从政的人，亦往往党派地域之见发达，缺乏为全国着想的远见。所以自私自利心的发达，党派意见的分歧，同情心的淡薄，都以承平时代为最盛。一旦到了危急存亡的战时，同根生、同种、同族、同胞、同生死祸福的感觉自更锐敏，而同情心自更为浓厚。分意见，分畛域，分利害，分彼我的界限，亦自易打破。故精诚团结，自较容易。而且危难的局势，也不容许继续苟安偷惰，享受平时的安富尊荣。紧张奋发、警惕策励的情绪，亦自易伸张，除非一个民族的民族精神根本斫丧无余，民族文化亦扫地以尽，则对外的战争，总多少可以唤醒其民族精神，促进其人民的团结和文化的复兴。因而由艰苦患难，生死挣扎中，磨练出国人的道德，促进了腐旧势力的铲除，新兴分子的崛起。这或许多少可以说明何以在某意义下，战争对于一个国家有其防腐作用和保持道德健康的好处。

不过谈到战争对于道德方面的好影响，我尚须提出两点补充，第一战争应分为"义战"及"不义之战"两种，（当然这种分别也是比较的，有相对性的。）凡参加义战的国家，则这次战争对于国家和人民的道德,必有增进提高的好影响。而从事不义的战争,以侵略人,剥夺人的生存,毁灭人道,破坏人类共存的文明为目的的战争,则这国的战争行为陷于不义,既不易保持从事不义之战的军队的"士气",亦足以败坏那从事不义之战的国家中人民的道德。譬如,即以德国而论,当十九世纪初年,日耳曼民族反抗拿破仑的侵略时,士气旺盛,民族精神发扬,文化蔚然,对于国民的道德生活确有良好的影响。但当它发动这两次世界大战,便只看见日耳曼民族自毁其前途,谁也看不出这两次大战,对于德国有什么防腐作用和增加道德健康的好处。日本也是一样,它这次侵略中国、偷袭英美的战争,成为国际道德的罪犯,其兵士的奸淫掳掠和残杀的暴行,已经把人类残忍的兽性和战争的罪恶发挥到了极点,而同时也就丧尽了他们固有的大和魂和武士道精神了。所以我们可以得这样一条结论:参加合理的义战,对于道德有良好影响,参加不义之战,必致道德堕落,决不能收防腐作用及道德健康之效。

还有一点须得补充的,在某意义下,战争是一个试金石,是国家兴衰存亡、个人升沉好坏的试金石。有的国家经过战争,赢得胜利,因而兴盛。有的国家,感受战争的风浪,被淘汰而趋于衰亡。就个人言,好人经过战争的锻炼,成为一个新人,道德才能品格学问均得提高发展。坏人则由于遇到战争的危机更趋于穷凶极恶,真相毕露,只有自己揭穿其平时的假面具,而自厕于汉奸卖国贼之列了。换言之,战争可以使好人愈好,使坏人愈坏,足以磨练好人的品格,唤醒好人的潜伏道德意识,使之愈放光明。亦足使潜伏着的病菌显著暴发,而增加机体的危殆。也就因为这种情势,战争可以去掉承平时的掩饰、姑息养痈之遗患,而有冒一次危险,以收到割痈去瘤之效果。

由于战争有合理的建筑在道义基础上的义战与不合理不合道义的不义之战的分别，由于"义战"可以增加从事义战者的道德健康，而不义之战足以败坏从事不义之战者的精神和士气，所以历史上每经过一次坚苦大战，就又增加了世人对于义战终将胜过"不义之战"、公理终将战胜强权的信心。不过我们要知道，足以战胜强权的公理并不只是口头的说词或思想中的意念，而乃是有武力，同时有人类的正义感作后盾的公理。公理战胜强权应解释为公理与强权的结合体战胜了只恃强权而无公理的恶势力，或人类全体基于道义的力量战胜了少数违反道义缺乏理性的力量。战争并不会使人成为盲目强权或武力的崇拜者。战争使人愈益感觉到武德与勇士之可贵，以及武力强权之不可少。但尤其使人更深切感觉到建筑在正义和道德感上面的武力和强权之可贵，因而使人重新认识潜伏在或活跃于人类心灵中的正义感和公理观念之真实无妄，之强而有力。

英国有一伦理学家莱基，于其《欧洲伦理生活史》一书中，将道德分为四大类。第一类为严肃的道德，如庄敬、刚正、虔诚、贞操等有宗教意味的德性；第二类为壮烈的道德，如勇敢、牺牲、忠烈、义侠、热忱等，是作战时所必需的德性；第三类为温和的道德，如仁慈、谦虚、礼貌、宽和等，是使人与人和睦相处的德性；第四类为实用的道德，如勤劳、节俭、信用、坚忍、谦和等足以使事业成功的德性。莱基认为古代重宗教，多战争，尚义侠，故特别注重严肃的和壮烈的诸种德性。但近代文明进步，崇尚和平，尊重人道，故温和的和实用的诸种德性将愈趋于发达。固然，近代的战争是全体性的，需要理智和科学的运用较多，已不全似古代战争之需要少数英雄的壮烈勇敢了，而且要想战争得到胜利，还须动员人类所有的美德,严肃的、温和的、实用的种种德性,皆大有助于作战的胜利。然而在战争中,武德之特被重视,壮烈的道德将大为发扬,为人类历史上增加许多可歌可泣的悲壮义烈的记载,乃是极自然的趋势。在太平的时候,人类的武德或壮烈的本性,只是潜伏着蕴藏着,很少得发扬的机会;在战争时期此种德性便提到前面,而得到高度的发展。

在六、七年来的抗战期中,我全国人民已得到艰苦的磨练,已于困心衡思,动心忍性中,而增益其所不能了。现在战争已接近胜利,我民族精神已相当发扬,我国际地位已大为提高,我们用不着只是消极地诅咒战争(当然也用不着讴歌战争)。我们要设法尽量动员我们的精神力量,发扬我们的民族的固有美德,以从事抗战,使我们在这长期战争中转恶为善,转不幸为幸,转祸为福,将现代化的新中国建立起来。战争不用讳言的是恶,是灾殃,是不幸之事,但我们要明了这种不可避免的恶、灾殃、不幸,善于运用之,也可以"玉汝于成"。

(1944年写于昆明)

宋儒的新评价

我所以要讨论这个题目,是由于最近与一个朋友谈论引起来的。他说中国周、秦、汉、唐的文化都相当健康,宋以后就有了病态。他特别提到周、秦、汉、唐都是文武合一的文化,宋以后文武分离,且有重文轻武之弊,我也很同意他的看法。我觉得孔孟的生活态度淳厚朴茂,有栖遑救世热忱,程朱的生活态度严酷冷峻,山林道气很重,两相比较,前者要康健而近于人情多了。又觉得先秦、汉、唐似都有春夏温厚之气。而宋儒的态度便带有秋冬肃杀之气。我那位朋友,也与许多人一样,尤其抨击程伊川"饿死事小、失节事大"一句话。他痛斥这话不合理,压迫女性,刻薄不近人情,提倡片面贞操,害死不少人等等。对于这点,我却认为应当分别论列了。伊川的错误,似乎不在于提出"饿死事小、失节事大"这一概括的伦理原则,只在于误认妇女当夫死后再嫁为失节。近代西洋观念固不以夫死妻再嫁为失节(美国某一知名的女作家,曾嫁三次,著书立说,各处演讲,作者曾亲聆其宏论。德国一女文学家,亦曾两次离婚,第三次嫁与一少年哲学家。但伊人格高尚,被德国人尊为女中圣贤)。中国即在唐以前,似亦不以夫死妻再嫁为失节,为违反礼教,不过伊川个人的话无论如何有力量,亦必不能形成宋以后的风俗礼教。他的"饿死事小、失节事大"一语,只不过为当时的礼俗加一层护符,奠一个理论基础罢了。至于他所提出的"饿死事小、失节事大"这个有普遍性的原则,并不只限于贞操一事,若单就其为伦理原则而论,恐怕是四海皆准、百世不惑的原则,我们似乎仍不能根本否认。因为人人都有其立身处世而不可夺的大节,大节一亏,人格扫地。故凡忠臣义士,烈女贞夫,英雄豪杰,矢志不二的学者,大都愿牺牲性命以保持节操,亦即所以保持其人格。伊川此语之意,亦不过是孟子"舍生取义,贫贱不能移"的另一说法。因为"舍生取义"实即"舍生守节",贫贱不能移实即"贫贱或饿死不能移其节操"之意。今日很多爱国之士,宁饿死甚至宁被敌人迫害死而不失其爱国之节,今日许多穷教授,宁贫病致死,而不失其忠于教育和学术之节,可以说是都在有意无意间遵循着伊川"饿死事小、失节事大"的遗训。当然凡事以两全为最好,不饿死,也不失节,最为美满,但当二者不可得兼之时,当然宁饿死而不愿失节,宁牺牲性命而不愿失掉人格,这亦是孟子舍鱼而取熊掌之通义。

因为只承认伊川那句最为世诟病的话,在应用方面虽有错误,而在原则上却有永久性与普遍性,且含有深义。所以我就想进一步对于整个宋儒思想学术,加以总检讨、总评价,当然我在这里所谓整个,也只是指宋儒的主潮——程朱的思想,附带包括陆王,也就兼包一部分明儒的思想。

普通批评宋儒的人,大都把宋朝国势的衰弱,和宋明之亡于异族归罪于宋明儒,说宋人议论未毕而金兵已渡江,说宋儒只知道"平日袖手谈心性,临危一死报君王"。甚至于说宋学盛行时期,就是民族衰亡时期。宋明理学,好像是不祥之物似的。在我们看来,这都是只就表面立论,似是而非的说法。宋朝之受制于异族,似乎主要的应该向军事和政治方面去求解释。宋惩于唐朝藩镇之祸,自宋太祖杯酒释兵权以来,立国的大策略就是要削弱将臣的兵力。而且宋开国之初，统一中国，但始终没有平定东北幽燕形胜之区，国都又建在汴京，不在东北或西北，不便控制异族。而且摧残猜忌有功的武将，又成为传统的政策。如狄青、岳飞、刘锜，这般有恢复中原勇略的人，皆或被诬陷，或被屈死。开国时的大政方针有了错误，致国势积弱不振，到了中期和南宋以后，以格物穷理为职志的道学家出来，有什么办法呢？他们没有政权，更没有兵权，而且他们所专门研究的问题，也只是宇宙、人生、文化、心性方面的根本问题，对于军事、政治、财政并没有直接关系。把由开国时国策错误所引起的危机，大政治家如范仲淹、王安石尚无法挽救的危机，强要程伊川、朱晦庵这些道学家负责，恐怕走错了门道吧。

集宋明儒之大成的人王船山，在他的《宋论》一书中，曾痛切论述此点。他把猜忌并贬抑武臣的罪，归在赵普身上。他指出赵普徒侈言"半部论语可以治天下"，然而他对于孔孟之道，并不能身体力行，应用来致修齐治平之功，他只凭阴险猜忌的权谋智术以取相位。他竭力夺削武臣的兵权，思以文臣而居开国的首功，致演成宋代猜忌功臣，武力不竞，幽燕不下，而贻数百年的边患，卒致坏华夷之大防。船山并且进而主张宁可容许权臣篡位，切不可使国家亡于夷狄与盗贼。因此他对于曹操和刘裕相当表示褒扬。因为他们当初崛起民间之时，动机尚相当单纯，颇有英雄本色，而他们平乱御侮之武功，亦足以掩其篡夺之罪。总之，船山指出宋代重文轻武，贬抑武臣，致酿成靖康之祸，追溯均开国时国策有误，而与道学无关，这似乎是很正确平允的看法。今欲以宋代数百年祸患，而归罪这几位道学家，不仅诬枉贤哲，而且太不合事实，太缺乏历史眼光了。

平心而论，这些宋明道学家当国家衰亡之时，他们并不似犹太学者,不顾祖国存亡,只知讲学。他们尚在那里提倡民族气节,愿意为祖国而死,以保个人节操和民族正气。且于他们思想学说里,暗寓尊王攘夷的春秋大义,散布恢复民族、复兴文化的种子。试看宋以后义烈彪炳民族史上的大贤,如文天祥、方孝孺、史可法,皆是宋儒熏陶培植的人才(《宋元学案》列有文天祥的学案,《明儒学案》中有方正学的学案)。

即当国运昌盛之时,这些宋明的道学家,虽有少数受贤明君相的推尊礼遇,但有时也并非他们的本意(如汉武崇儒术,明清两代尊崇朱学,因出于政治利用者多,基于真知灼见者少,孔孟程朱有知,恐亦并不以为欣幸)。至于大多数的道学家,即在盛世,亦是过的山林清简的生活。但一遇专制君主或权奸在位,他们就成了有权势者的眼中钉。他们处处受逼害、受贬谪。如韩侂胄之禁伪书,如魏忠贤之害东林。这些道学家的力量虽弱,但却是唯一足以代表民意的呼声,反抗奸邪的潜力。他们在政治上自居于忠而见谤,信而见疑的孤臣孽子的地位。他们没有享受过国家给予他们的什么恩惠或权利,他们虽在田野里讲学论道,但他们纯全为尽名分,为实践春秋大义,为实现治国平天下的王道理想起见,他们决没有忘记过对民族的责任。他们对民族复兴和民族文化复兴有着很大的功绩和贡献。哪能像一般浅视忘本的人,反加他们以使国族衰亡的罪名呢?

说宋儒的学问不能挽救国族的衰亡,甚或反有以促进国家的衰亡,大概系根本由于认为程朱陆王之学为虚玄,为空疏,为不切实用。说这话的人,如果意思是说程朱陆王之学,只是道学或哲学,不是军事、政治、经济、工程等实用科学,我们可以相当承认。因为他们不是万能的人,用现代分工分科的看法,他们只是哲学专家,谁也知道,哲学的用处是有限度的。同时我们须要记得,程朱陆王四人中,除伊川纯粹是使师道尊严的老师宿儒,只是与少年哲宗讲了几次经,大概因教授法欠佳,无何影响外,朱子曾先后任潭州及浙东提刑,颇有声威;办社仓,亦惠及人民。陆象山曾作过"知荆门军",治绩颇佳。他若不死在任内,在政治上当有更大的建树。至于王阳明平边患、定内乱,皆有军功。所以,说宋儒虚玄空疏不切实用,从创学派这几位大师的学行看来,就不甚切当。在我们用现代眼光看来,以专讲格物穷理、身心性命之学的哲学家,而会有"政绩"、有"军功",较之西洋哲人如柏拉图、亚里士多德、康德、黑格尔之流,已经可称有着惊人的实用了。

试再就宋儒对几百年来中国文化、教育、政治、社会、人心、风俗各方面的实际影响而论,真可说大得惊人(这些影响之好坏,又是另一问题)。中国文化自宋儒起,可以说是划一新时代,加一新烙印,走一新方向。中国边境上的异族,所受中国文化的影响,大都得自汉文化或"汉化"。日本所受中国文化的影响,大都以唐文化或"唐化"为多。而宋文化对于异族虽少影响,但对于国内政治、社会、人民生活的影响,却异常深刻久远。宋儒影响所以会如此之大,因为宋儒掌握了中国近千年的"教权"——包括礼教上的权威和教育上的权威两方面。程朱哲学不仅是影响中国人思想的正统哲学,他们又成为支配中国人信仰和道德礼仪生活的礼教上或宗教上的正统权威,其权威之大,只有西洋旧教的圣阿奎那可以相比。违反程朱的《语录》和注解,不仅得不到科名,受礼教中人的指责,甚至有人相信将遭天神的谴责而得恶报。譬如,清代攻击程朱最力的人如毛西河、程绵庄、颜习斋等人碰巧皆子嗣断绝,大家都相信这是诋毁程朱的报应。其权威之大,可想而知。在教育方面,朱子所编注的书籍，在明清两代都被政府正式颁布作为教科书，他注的四书五经，特别是《四书集注》，成了全民族的《圣经》。他编的《近思录》，不仅成为哲学概论教本，而且成了精神修养的指针。他纂的《通鉴纲目》，不仅成为标准的历史教科书，而且提供一种论人评事、察往知来的历史哲学。他还编有一种小学教科书，叫做《小学》，一种女子教科书，叫做《女诫》。此外还编了一种《朱子家礼》，以规定家庭冠婚丧祭各项礼仪。我们试想，在现时，一本教科书能为全国各学校采用二、三十年，已可算得影响很大很大的了。而朱子编著了许多教科书，每种都被全国采用数百年之久，其影响之大、之深、之久，可以想见了。

试问宋儒之学如果是虚玄空疏无用之学，如何会有如此大的实际影响呢？以叶水心之重功利，陈同甫之倡霸道，总可谓最切实际，最有实用了，然而他们的学说反不如被斥为虚玄空疏无用的程朱学说较切实际，较有实际影响，这又是什么原因呢？何以最重功利、最切实际的学说，反少实际影响？而最空疏虚玄的学说，反有极大影响呢？我们可以这样解释：凡源远者流必长，根深者叶必茂。程朱之学，凡事必推究至天人心性，而求其究竟至极之理，其理论基础深厚，犹源远根深，而其影响之远大，犹如流之长，枝叶之茂。彼重功利的实用主义，根基浅薄，眼光近小，理论基础不固，不能予人以精神上的最高满足，故流不长，枝叶不茂，影响反不甚大。由此足见，凡说功利主义切实用，凡说程朱之学虚玄空疏不切实用者，皆只是表面上的看法。（附注：西洋近代的功利主义，理论基础较之永嘉学派，远为深厚，其影响亦较佳较大。反之，近代西洋的理学或心学，较之程朱陆王亦较虚玄，其影响亦较健康）。

现在试总结并补充一下我们上面所讨论的几点：（一）宋以后

的中国文化有些病态,宋儒思想中有不健康的成分,我相当承认。须校正宋儒的偏蔽,发扬先秦汉唐的精神,尤为我们所应努力。(二)程伊川的错处仅在于误认夫死妻再嫁为失节,与近代人对夫妇及贞操的看法不同。假如伊川生在现代,他也许不再固执那种旧贞操观念。伊川所提出的"饿死事小、失节事大"的根本原则,至今仍有效准。在饥饿线上尚在为教育、为学术守节操的学者们,已经在实行并证实伊川的原则了,更无法去反对他。(三)宋代之衰弱不振,亡于异族,主因是开国时国策有错,宋儒责任甚轻。宋儒哲学中寓有爱民族,爱民族文化的思想,在某意义下,宋明儒之学,可称为民族哲学,为发扬民族、复兴民族所须发挥光大之学。(四)宋儒格物穷理,凡事必深究其本源,理论基础甚深厚,虽表面上似虚玄空疏,而实有大用,故发生极大的影响,说宋儒不切实用,大都是只就表面论,而不明程朱学说之全体大用者。

以上只是消极的对于最常听见的攻击宋儒的言论,略加驳复。至于从积极方面评估宋儒在哲学上以及在一般文化学术上的贡献,只有待于另篇讨论了。

(1944年5月刊登于《思想与时代》第34期)

杨墨的新评价

每当人类遭遇惨绝人寰的浩劫时,一方面大家鉴于到了危急存亡的关头,特别会发挥出本能的自保自利的意志,同时另一方面对于他人的厄难灾殃,也最易流露出感同身受的同情心。自保自利是利己主义的出发点,同情心是利他主义的出发点。这是关于伦理和人生问题上争论不休的两大对立的学派。在大战期间,感受战祸,人人都有流离迁徙,遭受灾难之感的时候,来对利己主义与利他主义,作一番理论的探讨,或许更觉切适。如果我们认"杨子为我"为利己主义的代表,认"墨子兼爱"为利他主义的代表,则我们这一番讨论,便可说是对于孟子所排斥的杨墨,加以新的评价。

首先试就纯理论去考察,利己与利他究竟是什么意思。就一个行为之涉及人与我或己与他的利害关系来说,大约不外下列六种可能:(一)人己两利,(二)利人无损于己,(三)利己无损于人,(四)损己利人,(五)损人利己,(六)人我两损。在这六种不同的行为中,人我两利是最理想最合理的行为,不能认作单纯的利己,或单纯的利他。人我两损是最不合理最恶的行为,同为利己主义者与利他主义者所不取。第二种利人无损于己,亦算不得是利他,此种的行为,只能算作聪明行为,譬如,一个富人将废余的饭菜,给予乞丐,绝不能认作基于利他主义的行为。第五种,损人利己,即是世人所痛恨的"自私",这种利用智巧或地位以图损人利己,是人我关系上最大的恶行,纯就道德立场来说,比人我两损共同牺牲的行为还更坏。因为后者源于愚昧居多,用意或者不恶,每为别人所原谅。惟有损人利己,牺牲别人,甚至牺牲社会国家多数人的幸福以成就个人的私利,才是人类所共斥共诛,而绝不予以谅恕的行为。这种人智能往往很高,且处于优越的地位,但居心恶、动机坏,是道德所不容、社会所共弃的。损人利己,在道德理论上,绝不能成为人人遵循的普遍的原则,因此无法成为伦理上的主义。反之,伦理学上的利己主义,仍不失为一道德的理想、理性的原则。于不损人范围内,讲求真实的利己,不仅不抱损人利己的主张,且较之伪善之流高明多了。

由于上面的分析,六种之中,排开四种,只有第三种"利己无损于人"才是利己主义者的主张,第四种"损己利人"才是利他主义者的主张。因为必须能保持自己的生命、利益或幸福,虽不去有意地作利他之事,但至少不要危害别人的幸福,才可算得利己。且自保自利虽系自然的本能的要求,但亦须有相当的才智学养,方能维护自己的利益;亦须有相当的修养和克制,方能不致损害别人的正当利益。故利己主义,亦有其道德价值。另一方面,虽不一定要忘怀小我,同情人群摩顶放踵;甚或作可歌可泣的牺牲自我救助他人的义烈行为,方可称为真正的利他,但至少个人必须在某种程度内减损自己的利益,牺牲自我的幸福,以谋他人或社会的福利,才可算得利他主义者。如果他自己的福利丝毫不受牺牲,他虽发挥他的才能,于人群福利有所贡献,人群也感谢他,酬劳他,但严格讲来,在道德上也不能算作利他主义者。譬如,英国现在的首相邱吉尔领导英国人民,抵抗侵略,其造福于人群,贡献于英国及各盟邦,不能说没有一定功绩,然而没人称他为利他主义者,他反被称为"太上的个人主义者"(arch-individualist)。

根据上面这种对于利己主义与利他主义的意义和界限的划分,我们便可见得,于六种可能的行为态度之中,独揭出第三种"利己无损于人",坚持之以为利己主义的生活方针;独揭出第四种"损己利人",坚持之以为利他主义的生活方针;而且各执一说,互相对立反对,其武断偏执,谁也可以看得出来。且究极讲来,人与人之间,大都休戚相关、利害与共。天地间的事,不是人我两利,即是人我两损。彼损人以利己者,自以为智,打得如意算盘,但终归非至于人我两损不止。损己利人,如出于愚昧,其结果亦人己两损为多。如出于贤智,符于两害取轻原则,其结果必系人己两利,至于利人无损于己和利己无损于人两种行为态度,不过是较低级或消极的人我两利的办法罢了。所以表面看来,行为的取径,虽可析为六种,但究极言之,只不外人己两利和人己两损的两途。因此就纯理论讲来,利己和利他主义,皆失之武断偏执,其理论基础,皆甚为薄弱。尤其不明人我一体、利害与共的观点,而分别人我,计较利害,不知忘人我、超利害、本天理、依本性而行的境界,为其共同弱点。

但两派学说尽管武断偏执,却亦各有方便有用之处及其所以成立的理由。因为两说皆针对损人利己的自私态度而发,而思有以补救之、校正之。因道德上最大之恶莫过于损人利己,尤莫大于假利国福民之名以谋小己私利(所谓假公济私)。"利己"即所以满足人的自然愿望,不取伪善,不唱高调。"不损人以利己"即所以救治损人利己者之私之恶。"不拔一毛以利天下"即极言其既不损己以利人,以示与损己利人的利他主义相反,亦不损人以利己,以示与损人利己的恶人相反,而取其两极端的中道。至于抱损己利人的利他主义者则痛感损人利己的恶人太多,悲悯为怀,抱我不入地狱谁入地狱之旨，以期感化损人利己者，并思虑多为贫苦无告者及受压迫受剥夺者谋福利，以期抵消或减轻损人利己的恶人所造成的罪恶，这确有为恶人赎罪的宗教精神。不过无论如何，利己主义与利他主义都是针对损人利己的恶人而发，似无问题。而两派最后的目的皆在达到人己两利的理想，似亦不可否认。似亦寓有不得中行，而取狂（利他主义）狷（利己主义）之意。所以依我们用现代的眼光看来，对于为我的杨朱和兼爱的墨翟，我们似乎都应予以相当的谅解和嘉许，而团结起来，集中力量，以对损人利己的恶人发起总攻击。孟子辟杨墨，朱子辟永嘉的事功和金溪的顿悟，都似乎失之狭隘，反而放过了共同的敌人——损人利己的恶人。自道其"一宗宋儒不废汉学"的曾涤生于复郭筠仙书中曾说过，"性理之学，愈推愈密。苛责君子愈无容身之地，纵容小人，愈得宽然无忌。如虎飞而鲸漏，谈性理者熟视莫敢谁何，独于一二朴讷之君子攻击惨毒耳。"足见曾氏虽尊程朱，而于宋儒太苛太狭，攻击君子排斥异己之说，反而纵容了恶人的地方，亦洞见其弊。

　　古代的典型的利己主义与利他主义除了各有其立说的方便和苦心外，尚各有其深厚的文化背景。利己主义者大都是艺术的维护者。利他主义者大都是宗教的宣扬者。在中国，利己主义的杨朱"全性葆真"，"不以物累己"，力求保持天然本性之纯朴，不役于物。接近老庄颇具隐遁山林，超然物外，敝屣荣利的艺术家风味。在西洋则以求个人的身体无痛苦，精神无烦恼的伊壁鸠鲁为利己主义的代表。但他的生活理想亦在于享受有艺术意味的高雅的快乐（参看文德尔班《哲学史》英译本第166、170页）。在中国，利他主义的代表墨子，摩顶放踵，以利天下，无疑是最富于宗教精神。在西洋倡导爱仇敌爱邻如己的普爱主义的教主，耶稣基督，可以说是第一个有力地将利他主义的理想尊崇为宗教的要素、道德的核心的人。

由此足见利己主义与利他主义不惟消极的有救治损人利己的恶人的用意,而且积极的有增进艺术价值与宗教精神的优点。我已经说过,这两说皆有其武断偏执之处,但若认利己主义与损人利己的自私自利之人漫无区别,一并排斥,且若认耶稣、墨翟之利他的宗教精神,为其道太觳高远而难于实行,则对于道德生活的提高,是有害而无利的。而且每当到了殃灾祸乱的时候,人人大概会自然而然地,希望各人皆能自己照顾自己,真正为己,可以独立自存,同时更希望有能力的人,发挥其同情心出来,拯灾救护,所以特别到了衰乱灾祸之时,利己主义就与利他主义并行不悖,为人们所共同企求。

利己主义既以艺术为其文化背景,故利己主义者多诗人、艺术家、隐君子。好以诗酒书画、抚琴垂钓、莳花种菜以资赏乐,寻求观山玩水的清欢,邀约几位气味相投契的朋友,相与往还、忘怀尔我,超然物外,不以世俗荣利、天下国家介怀。有时他们亦可为朋友而牺牲一切,但这既非利他,亦非出于道德动机,乃纯由于意气之相契,出于真性情之不容己。他们之所以走上消极的利己主义的途径,大概由于看透了人世的虚伪险诈,从而对人生失望,而思回返纯朴的自然,特别由于对政治失望,深感到政治的污浊,痛恨贪官污吏的损人利己,并揭穿大奸巨慝假为国为民的美名以自遂私图的假面具,而思过自我享乐的山林高雅的生活。且由于他们爱好个人的自由,不愿受家庭社会国家礼教的束缚和拖累,而走上逃避厌世的途径。像这类的我所谓古代的典型的利己主义者,虽有消极厌世的趋向,但亦有保持个人自由的一面,亦是对于当时污浊不合理的政治的一种反抗,而他们积极努力以贡献于世的就是艺术或有艺术意味的纯学术。曾涤生说:"有尧舜而后可以给天下之欲,有巢由而后可以息天下之求。"这话确是说得相当通达。这种古典的高人隐君子式的有巢由余风的利己主义者,的确多少可以救治一些社会上和政治上贪污奔竞无耻的风气,可以多少使得那些损人利己的恶人,感得自惭形秽。

另一方面,利他主义者则多数为救人于苦海、拔民于水火的宗教家或先知先觉之士。他们自己觉得自己奉天命,尽天职,有拯救世人的神圣使命,他们要领导一切,转变一切,唤醒世人,使知悔改,指点世人,促其再生。他们对于他人精神的解救,生活的苦恼,较之他们本人尤为关切。他们真切的而且深切的有民胞物与,己饥己溺的敏感。他们信仰一种超人的力量,信仰一种神圣的使命,他们希望众人也信仰他们,信仰他们之所信仰。他们要吸收信徒,组织会社,由共同信仰、理想、使命,而产生共同救世的行为。他们不惟不辞劳瘁牺牲,而且即使为救世救民之原因而上十字架、断头台亦死而无悔,视死如生。由此足见利他主义的文化背景为宗教,未有真正的宗教家而不以利他为怀,亦未有持利他主义而乏宗教家舍身救世之精神者。这样的利他主义者大都具有宗教家超世俗脱形骸的襟怀,他自觉他是世外的人,不食人间烟火。他之不慕世俗的荣华,不争世间的权利,就好像成年人乐意赐糕饼给儿童,而不与儿童争食糕饼,又好像父母愿意儿女快乐,而不妒嫉儿女快乐一样。

总之,利己主义者,清高风雅,主张到山林去隐逸,注重艺术欣赏;利他主义者,悲悯为怀,主张到民间去拯救,注重宗教精神,这是两者相异处。两者皆反对人本主义,一归于自然,趋向超道德的艺术。一皈依神圣,趋向超道德的宗教。两者皆注重超脱政治,离开家庭,蔑弃人伦,特别蔑弃君臣父子夫妇(因利己主义者每多抱独身主义)之伦,为其共同之点。抱利己主义,在山林中自享清福,而不为政治上君臣的关系所束缚所烦累,"杨朱为我,是无君也",确是一语中的。抱利他主义,则不知私亲,普爱众人,视四海之内的人,皆亲如兄弟,同时亦视兄弟一如四海之内的众人,爱父母兄弟亦一如爱众人,无有偏私,不觉有等差之别。"墨子兼爱,是无父也",亦确是实话。孟子并没有冤枉他们。即韩退之作《原道》攘斥佛老,其要点亦在指斥佛老之"子焉而不父其父,臣焉无不君其君"。换言之,利己主义与利他主义发展到了极端,同是反对礼教上所予君父的权威,反对家庭私恩,反对参与政治,反对齐家治国、尊崇君父的儒家思想。这是孟子所以要辟杨墨的根本原因,这也说明了受儒家思想支配的文化,所以较为缺乏超脱人世、家庭和政治经济组织之伟大艺术和宗教的原因。

以上我们只是约略讨论古典的维护艺术与宗教的利己主义与利他主义。而西洋近代自霍布斯以来的利己主义及圣西门和托尔斯泰等人所代表的利他主义,其精神面目,均与古典的大不相同,容得便另为文讨论。现在我们可以简单总结几句。利己与利他(杨子与墨子),虽说失之偏执,似应设法调解,而不可一味抹煞。现代的中国,旧的儒家思想,特别关于家庭、国家、礼教方面的思想,业已经过新文化运动以来的破坏摧毁。杨子的思想已随西洋个人主义的输入而抬头,墨子的思想,亦随西洋的宗教思想、人道教以及社会主义思想的输入而复兴。故今后新儒家思想的发展,似亦不得不部分的容纳杨墨的精华,而赋予新的意义。且西洋近代注重社会理想的伦理思想,便是以杨子的为我为出发点,而以墨子的兼爱为归宿点（梁任公称费希特语），以维护个人权益为出发点，以造福于人类社会为归宿点，便可说是得到相当可取的调解，而值得我们的借鉴了。

(1944年12月刊登于《建国导报》第1卷,第14期)

功利主义的新评价

在伦理学上,功利主义是与纯粹义务说相反的一种学说。从人生观看,有人持功利主义的人生观,有人持非功利主义的人生观。这原是在思想史上争论不休的问题,也是在个人生活上常起冲突的问题。尤其近数十年来,中国思想界对功利主义争论时起,有人认为整个西洋文化就是功利主义的文化,其人生观也是功利主义的人生观;至于东方文化,则是反功利的、道德的、纯义务的。所以他们认为中西文化的差别,就是功利主义与非功利主义的差别。民初严又陵、梁任公介绍功利主义到中国来,其功罪如何,大家意见更不能一致。有人认为,今日一般青年的思想中功利主义之毒甚深。这些说法或看法对不对?我们对功利主义究竟应抱什么态度?有什么评价?

先问什么是功利主义?概括讲来,功利主义是把在实际上可感到、可得到的事物认作有道德价值,并认其为生活目的的学说。所以功利主义者,所要求的是看得见、摸得着、感得到的东西。这类东西,大体上可分为四种:第一是快感或快乐,第二是财货或金钱,第三是名誉,第四是权利或权力。凡追求四者中的任何一个或一个以上的人,都可以概括的称为功利主义者。这些东西都是感觉得到的,至于仁义礼智、孝悌忠信,都是不能实际地感觉得到的实物,都只是抽象的道德理想。

功利主义可大体分为两种：一是旧式的功利主义，或个人的功利主义，所求者是个人的幸福、财富、名利或权力。常识上的功利主义，大都指此种个人的、旧式的、极现实的功利主义而言。^(注一)这种主义所求者，是个人自然欲望的满足，如食、色等。个人的自然欲望，并不被人们认为不道德，反之，当求加强、发展和扩充。其方法是运用理智才能。这就与禽兽不相同了。因为禽兽虽有自然欲望、却不能高度运用理智才能去满足其欲望。普通人在名利场中的追逐，在宦海中的浮沉，政治上的急功好利功名才智之士，都是这种功利主义思想的代表。历史上的人物，如商鞅、李斯、韩信，其一生的目的，就在封侯拜相，并无道德观念或为人民谋福利的动机。帝王中也有功利主义的代表人物，如好大喜功的秦始皇、汉武帝。凡被称作霸王的君主，均属于功利主义范围之内。这种旧式的功利主义，人人都可说是沾染了几分，很难完全摆脱尽净，但很少有伟大的哲学家作代表。对于这种旧式的功利主义，有一种旧式的批评。

批评的要点，认为是追求功利者，向外作无穷的追求，而所追求之物，是没有本身目的或内在目的。易言之，他受外界事物不断的引诱，所以是骛外的。他虽是奔波不已，却永远得不到满足，永远在追求之中。他们形容这种功利追求的人，为临死时都伸着双手，张着口，不闭双目，尚在向外渴求，不得满足的可怜状态。如秦皇汉武已经征服了当时的天下，可是仍不满足，还要去求仙长生。非功利主义者则当下就得满足，可以无入而不自得，随处均可见道。颜回箪食瓢饮，乐在其中。艺术家诗人，于发挥其创造冲动时，也能当下得到满足。功利主义的另一个缺点，是利用计算苦乐、得失、利害的方式来估计人生。中国的儒家，从来就反对计算式或算账式的人生,认为这种生活是最无意义、最枯燥无味的生活。像孟子就是非功利主义的最显著的代表人物。他认为今人乍见孺子将入于井,前去救他,并非要誉于乡党朋友,也非要去结好于孺子的父母,得什么报酬,只因为应该救,才去救,这是纯义务的、道德的,要做就做,但求心安理得,而不计较功利。一个人之所以要履行孝、悌、忠、信等德性,都是基于纯义务,纯出于本心或良知之不得已。假使人凡做事待人都要计较功利,便免不了斲丧人情,戕贼人性,因而也就伤害人类伦常的关系了。孔子揭出"汝安则为之"的训诫,便是不计较利害,不向外追求,一以内心的当下满足为依归,所以有人认为,西洋人大都向外追求无餍,而中国人则只求内心的满足。

这种批评,有它的优点,可是也有它的缺点:第一,功利主义者之向外追求,也不一定像批评者所说那样,完全得不到当下的满足。如钓鱼,有的人钓鱼为求得鱼吃鱼之利,其态度固是功利的。但也有非功利态度的钓鱼,即在钓鱼的过程中本身寻得乐趣。又如喝酒,也可以没有做官发财、求名求利的追逐,而能当下得到快乐。假如过分注意当下满足,反对向外追逐,那就容易陷入有禅悦意味的名士风流式的当下满足。(注二)第二,说向外追求者,永远达不到目的,陷于无穷追逐。但不知道其目的不一定在于得到一件东西,而是就在于追求之本身。追求的过程,追求的精神,本身就有价值。至于东西之是否可得到,反而无足轻重。如求知(并不是以有涯求无涯,殆已),其目的就在钻研探讨思辨等爱智的过程里得到满足,至于有无新发明,能否成有名的学问家,反在其次。又如经商,假如一夕之间坐得巨万,决不足乐。经商者的愉快,就在其经营的过程中。求名亦然,军人以上战场为痛快,秀才以上考场为痛快,是否打胜仗,是否考得中,有赖于别的外在条件,非所计较。所以说近代西洋人大都向外追求是对的,说他们永远不能得到满足却是错的。他们的满足,就在追求的过程中。譬如,竞争选举,即在各党热烈公开竞争的过程中,民主政治的精神就发扬了,而不全在竞选之胜利。彼失败之党,亦有其满足,亦有其维护民主政治的功能。批评者的另一个弱点,就在于把功利主义与非功利主义机械地对立起来,认为功利主义者完全是盲目的,利欲熏心的,无理想指导的。非功利主义者则是敝屣功名,轻蔑享乐,过孤寂的生活的。这样一来,功利的热烈追求,无补于道德的发展。非功利的高尚襟怀,无补于社会福利。殊不知功利与非功利(道德的)不是根本对立的,是主与从的关系。非功利是体,功利是用,理财与行仁政,并不冲突,经济的充裕为博施济众之不可少的条件。上面所举的四种功利,当然不是人生的最后目的,而只可说是行为合乎正谊的结果、副产,或达到某种道德目的的手段或工具。我们不能说求金钱是人生的目的。但可利用金钱作为发展个性、贡献国家、服务社会的手段。所以功利与非功利不但不相反,实在是相成的。以名誉来说,名者实之宾,实至则名归,所以名不是最后的目的,而是某种行为所产生的结果。快乐也同样不是追求的目的,而是实现自我、达到道德的目的的副产或跟随之物。至于权利的获得,无非为的要实现理想,理想才是目的,权力决不与此理想根本对立。旧式的批评者,不明白这道理,所以流为极端的反功利而逃避人生,使得整个社会成为死气沉沉、无人生乐趣的社会。真正说来,功利是实现理想、道德所必不可少的条件。为避免消极的,极端抹煞功利的态度,可以提出两个原则:第一,尊重他人的福利,承认每人有求福利之权。同时第二,保持自己的福利。福利是健全的生活所必要的、不可少的。他人侵犯我们的福利,我们是要依法、依理力争的。有人因为自己敝屣福利,乃忽视他人的福利;自愿牺牲福利,便不尊重他人的福利,强迫别人也去牺牲福利。自己逃避人生,便斥肯定人生的人为向外追逐。这是不对的。譬如健康当然是人所不可少的。但亦不能说人生的目的,就在于求健康。但无论如何,我们一方面要尊重别人的健康,同时也要维护自己的健康。对功利的态度,也应如此。换言之,于追求功利、维护功利、分配功利时,也须遵守恕道和公平的原则。这就足以避免孟子所谓"上下交征利而国危矣",及荀子所谓"争则乱,乱则穷"的危险了。

由这两个原则,就过渡到近代新式的功利主义了。近代的功利主义不是个人的功利主义,而可说是社会的理想主义,或社会福利主义。这个主义的要点有三:

第一,近代的功利主义者,把上面所列举的四种功利,归纳成为一种功利,即快乐或幸福。所以这种功利主义,也被称为快乐主义、福利主义。他们确认人生的目的就是求快乐。快乐以外的东西,如金钱、名誉、权力,甚至于德行,或是其本身包含快乐,或是为达到快乐的手段。第二,这种主义所求者是最大多数人的最大快乐。最大多数人的最大快乐,是人生的理想,也是行为的目的,或道德的标准。一切行为,对此标准有利的,即为善。对此有害的,即为恶。判别善恶的等级,也以快乐所涉及的人数的多少,快乐的大小为准。第三,分配快乐的原则,是一人只算一份,没有人可算两份(Every body to count for one, nobody for more than one)。简言之,这是为全体为社会设法谋幸福,为平民求利益的道德理想。其办法有二:一是改进平民的物质生活,谋大众衣食住行的改善,决非口惠而实不至。二是就知识方面去促使学术文化普及于大众,要人人能享受求知的快乐,能获得求知的权利。所以这派功利主义的人,大都注重平民教育和社会服务。近代许多社会改进运动,都在新功利主义的思想背景下进行着。新功利主义是近代西洋的最大思潮,正好与十八世纪到十九世纪的工业革命和民主政治的潮流配合起来,而其与旧功利主义之不同,也正如民主社会与封建社会之不同一样。

这种近代式的功利主义,理论上诚不免有许多困难(《思想与时代》杂志第 20 期谢幼伟先生撰《快乐与人生》一文,对于功利主义心理上、理论上、修养上的困难,有详细讨论,读者可参看)。而且追求最大多数人的最大幸福,已是追求一种远大的社会理想,而有利他的仁爱精神,是否超越其狭义的功利立场,也是问题。此处我们不能讨论。但若加以正当的同情的了解,从社会和时代的需要来看,它也确有不少的优点。第一,打破亲疏贵贱之分。一人一份的福利分配原则,是一种有革命性的思潮。它推翻了封建性的亲疏贵贱之分,公平地承认每一人的一份,不许任何人占两份。照人伦的看法,利益是差等的,照近代功利主义的看法,计算最大多数人的最大幸福时,人人是一律平等的。帝王与平民同样各占一份,父母与外人也无等差可分。这分明是平民主义的分配原则。第二,这原则是一个立法的原则,在法律之前,人人一律平等,而立法的目的,也是为大众谋福利,因这派的倡导者,如边沁等原来都是立法家,所以这种思想足以作为近代法治社会的立法准则。因此,近代功利主义的发展,是与法治主义的发展同时并进的。第三,这派思想,所注重的在于消极的扫除道德障碍,不在于积极的提倡道德,其办法是布置良好的道德环境,如贫穷有碍于道德发展,则设法使民众富有。愚昧有碍于道德发展,则力谋普及教育。

病弱有碍于道德发展,则注重保育,增进卫生。第四,这派思想有增进公德心的优点。既以最大多数人的最大幸福为目标,自然地使人去私心,以立己立人、达己达人为人生的目标了。所以这派思想家,常常叮嘱人不要忘记增进全体的幸福,即是增进自己的真正幸福,自己的生活利益必须安排得与大众福利一致。第五,这派思想足以促进社会进步。在传统的观点下,大家相率消极逃世,使社会停滞不前。新功利主义既肯定福利,肯定社会福利的追求,自然能使社会获得实际上的进步了。

从发展上看,这种新功利主义的思想,是从旧式的内心道德,纯义务的道德思想进化过来的。因为内心的道德思想注重人格修养,不受物质的限制,保持自己的纯洁,这固然很好,但新功利主义则要进一步,从人格的保持到人格的发展;从不受物质的支配,到支配物质;从消极的个人人格修养,到积极的大众福利的增进。总之,从消极道德,进而为积极的道德;从不计算人生利害得失,到彻底计算人生利害得失,用科学统计方法来计算人生的利害得失。由一时的从内心直觉出发的善行,到有组织有计划的公益事业。譬如,以前偶尔见一小孩有危险,便凭良心之不忍,前去救他,现在则要进一步设幼儿园、保育院,使一般小孩减少危险,得到教养。以前只是由一时恻隐之心的发动,偶尔施舍乞丐,现在则设立收容所、感化院,教育他们,栽培他们,使他们有补于社会公共福利。所以我们说新功利主义实在是单纯内心道德思想的进一步的发展。

还有一点,最为人所忽视的,就是以社会福利为着眼点的新功利主义,尚有其非功利的基础,也可说是宗教精神的基础。因为近代新功利主义的发展,实远承基督教博爱的精神、人类的兄弟感和耶稣"己之所欲、则施于人"的金箴,近发挥孔德及圣西门的人道教的精神。^(注三)故对于福利之措施,力求如春风春雨之广被均沾,大公无私,一律平等,不以亲疏贵贱而有所歧视,其理论以杨子的为我出发,而以墨子的兼爱为归宿。即从分析各人各求其自己的快乐的心理事实出发,而达到以最大多数人的最大幸福为前提的利他的宗教精神。其操行虽口口声声不离快乐或福利,而实际着眼全在社会民众的福利,淡然无个人利禄自私之心。

在向着现代化迈进的中国,这种新功利主义的影响似已略见端倪。最显著的是义丐武训的行乞办学,以及最近被称为"伤兵之父"的段绳武先生牺牲一己,为伤兵服务,都是具有非功利的宗教精神,而为社会为民众谋实际福利的好榜样。

近代功利主义在中国之被误解,被贬斥,大概是由于:(一)人们误将近代的重社会理想的功利主义与旧式的个人的功利主义相混,误认为功利主义是为自私自利的人张目。(二)由于不知近代功利主义,乃系从重个人修养的内心道德进展而来。(三)由于不知功利主义须有、亦应有超功利的宗教精神以作基础,因此近代功利主义之在中国,不仅未发挥其应有的良好效用,反而产生了不少的流弊。

〔注一〕 此处所谓旧式的功利主义,不过表示"自古有之,于今为烈",并不是谓此说在时间上已成过去。譬如,詹姆士于其《信仰的意志》一书中说,"人之所以异于禽兽者,在于人的情欲多,而禽兽的情欲少。"显然有主张人应该设法扩展满足其情欲之意。又如培黎教授于其《价值概论》一书中说,"东方民族的人生态度为欲求其所能获得,而西方民族则努力获得其所欲求,"换言之,他认为东方人因所能获得者有限而限制其欲望,西方人则尽量发展满足其欲望。他显然认为西方人的态度更健全。杜威指出人类对外界环境有两种态度:一是改变自己的内心,以求顺应环境,并和外在力量协调。一是应用理智,创造技术,以征服外界环境。他极力提倡后一种态度。单就他们几人这一方面的态度和思想而论,都可说是属于我所谓旧式的功利主义。当然再补充修正之以科学方法、道德规范、社会理想和宗教精神,便与中国旧式的急功好利的功名富贵的思想殊途了。

〔注二〕 此处所谓有禅悦意味的名士风流式的当下满足,我隐约中系指伊壁鸠鲁主义而言。伊壁鸠鲁派的人生态度有山林意味、中古意味,目的在求精神无烦恼、身体无痛苦的内心宁静和当下满足。与急功好利追逐功名富贵的旧式功利主义迥然不同。此种有禅悦意味的伊壁鸠鲁主义,境界相当高,但有衰世麻醉效力。中国南北朝时,此种态度最盛,就人生态度言,是不健康的。最有趣的,当急功好利、好大喜功式的功利主义盛行时,如战国、汉、唐,往往是个性伸展,国力发扬之时。或亦因其出于自然,肯定人生,有以使然。近代功利主义与伊壁鸠鲁主义,态度隔得很远,意味全不相似。近人谈功利主义者,每以其自伊壁鸠鲁发展而来,甚或将伊壁鸠鲁的快乐论,边沁、穆勒的最大幸福论混为一谈。实只看见"快乐"一名词之相同,而未见其根本态度之相异。

〔注三〕 近代功利主义之注重宗教,特别是注重宗教精神(因在某种意义下功利主义者是反对传统独断的宗教的),可以下列三人之说为证。(一)边沁认为应鼓励人求最大多数人的最大幸福,而裁制人使勿违反此功利原则,有四大因素:(1)物质的条件,(2)政治的条件,(3)道德的条件,(4)宗教的条件。这种条件,也叫做 Sanctions。足见他认为宗教有保证人实践功利原则的功能。(二)穆勒·约翰说:"就个人的幸福与别人幸福的关系说,功利主义要求他严格抱公平态度,像一个无私心而仁惠的旁观者一样。在耶稣的金箴(Golden rule)里,我们寻得功利主义伦理学的全部精神。待人像你愿人待你一样,并且爱你的邻人如你自己,这类教训构成了功利主义道德的最完善的理想。"(见穆勒著《功利主义》一书,《人人丛书》本,第16页)这是耶稣的仁恕之道,而穆勒认为它代表了功利主义的最高理想和精神。他又说:"我们常听见功利主义被指斥为无神的学说。但如果相信上帝志在增进人类的幸福,是一个真实的信仰,那么,功利主义不仅不是一无神的学说,而且比别的学说更富有宗教精神"(见同书,第20页)。他还想用教育与舆论的帮助,使人人皆养成休戚相关、利害与共的联想,"使人我一体之感(亦即基督所欲教导的人类的兄弟感),深植根于我们性格之中,并意识到它完全是我们天性的一部分"(同书,第25页)。他又表示赞同孔德的人道教。他完全同意孔德所说的,服务人群,即使没有神意的协助,亦可得到宗教所有的实际力量、社会效验和高度的权威(同书,第31

页)。西吉微克也说过:"就功利主义之要求个人为人类全体的幸福而牺牲其自己的幸福,较之常识所要求者尤为严厉言,则功利主义可以说是严格地遵循着基督教的最特有的教义。"(见西吉微克所著:《伦理的方法》,第504页)。我想,上面所引这些功利主义最重要的代表人物的话,可以证实近代功利主义实有其超功利的宗教精神、基督教精神的基础。

(1944年11月刊登于《思想与时代》第37期)

宣传与教育

（一）

  一个人处在一个新时代，必须要有新的思想来指导他的行为，也可以说一个人现代化的生活与行为，必须与现代化的思想平行发展，假如时代已经到了一个新的阶段，而支配人的行为的观念，仍是原来那一套陈腐的东西，或是处在一新时代，顽固拒绝新时代应有的新思想，都足以障碍时代的进步，增加社会的纷扰，引起个人生活的矛盾与不安。我们对于传统的旧观念，必须取批评修正或重新解释的态度，对于符合新时代的新观念，也要取一种勿囿于成见的虚怀态度，加以明白的承受，合理的解释，如是亦可达到思想与时代的谐和。

  有许多西洋很好的名词，一到了中国，就成了很坏的名词。如像"浪漫"在西洋本来代表无限理想的追求，也就是英国诗人雪莱在《云鸟歌》一诗里所讲的"寻求在实际上没有存在的东西"（Plying for what is not）。杜甫诗的名句"蓬莱玉女回云车，指点虚无是征路。"也足代表真正浪漫的情绪。但现在中国一般人，都认为浪漫就是颓废狂放！又如"宗教"在西洋代表文化上很重要的一种价值,主要的意义系指信天,希天,知天,事天等求安身立命之所的精神努力而言。但在中国一提起这一个名词,大家就联想到迷信、怪诞、反科学等坏现象。所谓"桔逾淮而为枳",许多西洋名词,本来很像是桔,到中国都变为枳了。

"宣传"这一个名词也是一样。在西洋并没有什么坏的意思,在中国却处处受士大夫阶级的鄙视和轻蔑。宣传最初发源于宗教。宗教家因为要传播福音,所以必须要说教宣教,《圣经》中所谓 Evangelist 就是宣传福音的人。所以说没有一种宗教不注重宣传,也没有一种宣传,最初不多少包含有一些宗教家感化人、救助人的精神。中国人素来就缺乏希伯来宗教的精神,因此一般人也每每不知道宣传的意义与价值。

宣传在西洋近代特别盛行。盛行的原因,除了基于受宗教精神的影响外,主要地或许由于印刷术的发明,使得书籍、报纸、刊物可以大量地发行。最近由于无线电、播音机的进步,宣传的效率更能普遍推广。印刷术的发明使教育易于普及——一般平民都能够读书识字,求知欲也因而提高。有了接受宣传的广大群众,宣传也易于获得很快很大的效果。所以宣传成为任何大众化或社会化的运动所不可少的凭借。近代社会化的运动,也可以说是一种扩大宣传的运动。每一种新思想或知识的产生,不仅是少数人的赏玩品或专利品,必须要使之普遍化、社会化,使人人都能共同领受,被其影响。因之宣传事业便有了迫切的需要和盛大的发展。现在中国要想成为一个真正统一的国家,则一切新思想新学术最需要普及于群众,一切新事业也需要社会化、大规模化,庶可由共知共信而产生共同的行为。而且今后中国识字的人日渐增多,教育日渐普及,印刷出版事业日渐发达,社会化运动日益兴起，则宣传事业之在中国，将有盛大的推广与发展，乃是无人可以否认的事实，亦是无人可以阻抑的潮流。而国内有一些知识分子承袭士大夫阶级的旧习气，加上西洋自由主义的美名，误认宣传与教育是不能并立的。他们想站在教育学术的立场来反对宣传，这不但违反现代的精神与潮流，而且对于教育学术本身发展也有极大的妨碍。所以我们觉得亦有从教育学术的立场，在这里加以客观检讨的必要。

（二）

要明了宣传的性质，先要明了宣传的目的。宣传的目的，在使知识普及于大众，引起大多数人的共同行为。换言之，宣传是在近代国家社会里求知识的普及与行为一致而形成道一同风的社会生活的必要条件。为着要求知识的普及，宣传的材料必须要通俗、简单、直切。为着要引起共同行为，宣传不但要使人"知"，而且要使人由知而达到"行"。所以宣传乃是由少数人的"知识"，过渡到集体的行为的一种媒介，也就是以先知觉后知，以先觉觉后觉，引起社会广大的运动，在多数人的行为上，发生伟大的影响所必须经历的过程。因为宣传的目的，在于引起行为，所以作宣传工作的人，不但自己要"知"，而且自己先要"行"。行为引起行为，是社会行为的起源，也是宣传最好的方法。宣传的人，自身必定先要有诚意，有真实的信仰，尤其要能够以身作则，他的宣传才能够发生实际行为的效果。

宣传不仅是由知而行，而且也注重由行而行。所以真正的宣传家,决不是开张口头支票,空口说白话的人,必须是一位以身作则的实行家。只知道花言巧语,煽惑群众,徒以口舌取胜的人,应认作是宣传事业里的败类,终会为"事实胜于雄辩"的铁则揭穿其假面具。在某种意义之下,宣传和教育是正相反对的关系。宣传是通俗的、简单的、直切的;教育是高深的、复杂的、系统的。教育的工作,本来就是从通俗到高深,从简单到复杂,从直切到系统。而宣传的工作乃是将高深的通俗化,将复杂的简单化,将系统的直切化。但同时宣传与教育也正是相辅的,宣传是教育的初步工夫,教育是宣传的最高成就。宣传的工作愈宽广、愈普及,教育的工作也愈深刻、愈提高。教育由民间拔识天才到学府去;宣传鼓励在学府里受过高深教育的人,回到民间去工作与服务。所以提倡宣传即是注重"到民间去"服务的意思,一般旧时士大夫只知由学而仕,由学府进朝廷去做官,脑子里只有在上的皇帝与上司,而忘记了在下的大众。只知到朝廷去做官。而不知到民间去宣传,只知做游说国君与诸侯的策士,而不知做教导民众、感化民众的宣传家。旧式士大夫既没有到民间去的理想与怀抱,当然不会有向民众宣传服务的热忱与伟绩。

在实际生活上,当然有的人只是宣传家而非教育家;有的人只是教育家而非宣传家。但是伟大的教育家也有同时是伟大的宣传家的。德国费希特在国家危急存亡的时候,对德国民众作有名的演说,奠定德国民族复兴的精神基础。他总算得一位极有功效的宣传家了。同时他的哲学,影响谢林、黑格尔、希莱玛哈,造成德国理想主义光荣的历史。他又是一位成功的教育家。

所以,有了宣传,教育家对于政治社会,才有直接的影响。有了教育,学术界才可以一代一代地传授得人,宣传家固不能废弃教育,教育家更无须鄙视宣传。

(三)

宣传有其正确的假定。一般人的误解宣传,由于假定宣传是要民众作党派争夺政权的牺牲品,宣传者大都在作强人从己、自私自利的勾当,民众完全是被动的,宣传是从外面去支配他们的行为,转变他们的思想,而不是从内心去启发他们的性灵。根据这一种错误的假定,宣传自然在鄙弃之列。

真正的宣传是假定人同此心,心同此理,假定求大众的共同理解、共同行为是应该的,也是可能的。也可以说假定智识与信仰,在人与人之间是可以分有共享的。老子说:"既以与人己愈有,既以为人己愈多"。我之所知,须使他人知之,我之所解,须使他人能之,他人不知不能,于我有损,于国家社会有损,所以我有启导他人的责任。我启导人,帮助人,于我不仅无损,而且反"愈有""愈多",总之,宣传是假定人我本属一体,社会是个休戚相关的有机体。即如别人不知道爱国,不知道道德的原理,不但别人受损失,我也要受损失,全体、社会、国家都要连带受损失。所以宣传者实多少具有救人即所以救己的苦心,先知有觉后知,先觉有觉后觉的责任。宣传者的目的应是唤醒大众,引起他人的交感与共鸣。接受他人的宣传,也并不是埋没性灵,纯全处于被动的地位。因为任何人对于他人的宣传均有批评的反应和自由去取的权利。实际上,宣传之所以普遍有效引起众人的同情、赞成和共同行为,乃因宣传的内容，正大有理，足以唤醒众人的潜伏意识。捏造事实，歪曲理论，损害大众以图少数人或特殊集团的私利的宣传，诚可以蒙蔽煽惑思想意志薄弱的人于一时，但决不能收永久普遍的效果。因为民意即天意，民视即天视，决不是虚妄的宣传可以强奸或蒙蔽的。

（四）

宣传有各种不同的类别，兹试分别略加检讨：

第一是个人宣传。中国人之反对宣传，老实说大都是反对个人宣传，多半从道德修养立场来说话。《礼记》说："礼闻来学，不闻往教"。宣传似乎就是"往教"，这当然不合中国的礼貌。而且个人宣传，往往是因为好名、自夸自炫，更为虚怀君子所不取。韩愈有一首诗叫做"知名箴"，开首便指出个人宣传之无聊与无须："内不足者，急于人知；需焉有余，厥闻四驰。"他又说："汝非其父，汝非其师，不请而教，谁云不欺？"宣传就是"不请而教"的工作，当然容易使人怀疑你的动机。这都是从个人道德修养的立场，去反对个人宣传。其实韩愈本人平日最喜欢自我宣传。坦白直爽，自我表扬，肯定人生，差不多是唐朝士人的风气。韩愈常常抄写他自己的诗文，送给达官贵人阅览，引起不少轻蔑和怨憎的反感，所以特作这一首《知名箴》以自示警惕和悔艾。足见作个人宣传，不但不合礼貌，事实上有时于个人不仅无利，而且会有害。因为宣传愈甚，别人忌刻愈深，有时甚至遭杀身之祸。所以世故很深的人，绝不愿作个人宣传。有处世聪明的人决不肯轻易表现自己。但是另外一方面，有一些人对自己的长处，故意讳莫如深，像宋朝的隐士林和靖，诗成后，往往自己烧掉稿纸，作的文章故意秘不示人，使人莫测高深，使他的诗文带一种神秘性。这一种行为，始终是一种不可为训的乖僻行为。其实个人的学问、思想、行谊、事业在适当的时候，遇着适当的人，作一种适当的宣传，一方面可使之成为社会的公产，一方面也可以得着有价值的同情和援助。这正是中国古代诗人所谓"求其友声"，实是一种正当合理的行为。不然就会独学无友，无有知音，为人误会，不能够得人的同情和帮助。所以正当的个人宣传对于个人、对于社会都是有益的，不仅不可少，而且也不应当无故反对。

第二是学术宣传。学术宣传这一个名词，似乎有点矛盾。通常大家只听说"学术研究"，很少听说"学术宣传"。然而学术研究可以使学术提高，学术宣传可以使学术普及。研究和宣传是教育活动的两方面。学术研究是主，学术宣传是辅，学术研究是本，学术宣传是末。最好意义的学术宣传，就是孔子诲人不倦，苏格拉底在雅典街头上盘问青年遭杀身之祸而不悔。假如单有学术研究而没有学术宣传，那么学术的力量，就不能够影响及于大众，就不能在实际行为上发生广大的效果。大体上讲来，学术研究者与学术宣传者须分工合作。学术研究者专心于深邃专门的研究，无暇作宣传工作，每由其学生朋友代作宣传扬播的工作。所以学术研究每为少数先知先觉之事，而学术宣传则为后知后觉之事（学术宣传家，每每都是自动的义务宣传者）。惟有时先知先觉之士，精神洋溢，浩气内充，每每愿意自己亲身说法，自己宣传自己的"道"或"主义"，虽受群众的反对逼害而不顾。

第三是商业宣传。近代的商业，非常注重宣传，特别在美国，商业宣传的费用达到骇人听闻的数目。商人宣传的目的，是在牟利,所以一提到商业宣传,都会发生鄙视之心。但是平心而论,假如商人不登广告,不事宣传,那么顾客一定会感觉很不方便。而且没有大规模的宣传,顾客必定稀少,货物不能畅销,就不易有大规模的商业。所以风行全国、普及全社会的商品的推销,也是近代的工商业化的社会成立所不可少的条件。并且商业宣传,也不是完全出于自私自利的企图。商业繁荣,货物流通,对于社会操其他业务的人,亦有好处。商人亦有服务社会国家尽其公民天职的地方。一味肯定商业宣传为自利,根本抹煞商人人格的偏见,于近代化的社会之建立,是大有妨碍的。在非工业化的社会里,一种货品的销行,只能借"有口皆碑"、"口碑载道"式的宣传,因为没有印刷,没有报章,没有广播电台,只能够用人用口作宣传的工具。近代的商业宣传,固然也有言过其实的地方,但是却并不能说是完全虚伪。照例顾客们对于商业广告上所说的总要打些折扣,假如打了折扣,还不真实,那么顾客也不会永远受骗,虚伪为人揭穿,商业信用一失,以后就不能发达了。

　　第四是宗教宣传。宗教的目的,本来在济世救人。假如一位宗教家不能够苦口婆心,宣传教义,那么他根本就没有达到"信道笃而自知明"的境界,便失其所以为宗教家了。西洋的传教士,往往抛弃家庭,离别故乡,到风俗不同、语言不通的异域,过极困苦的生活,冒生命的危险,虽然有其一定的政治侵略的炮舰作前锋,为爱国主义运动所攻击,但也不能不承认他有传播文化,宣传福音的神圣使命。他们的宗教,我们尽可以不一定赞成,但是对于他们宣传的精神,我们却不能不肃然起敬。中国人最缺乏宣传的精神。宗教的宣传,是宗教决不可少的条件,宗教宣传的精神,尤其是志士仁人所不可少的精神。宗教宣传的精神,简言之,就是"到民间去"的精神,就是到民间去博施济众的服务精神。

第五是政治宣传。政治宣传最为人所诟病。因为一般人都以为政治宣传,每每捏造事实,歪曲理论,以作争取政权的手段。但须知这样的宣传并不是正规的政治宣传,我们不能因噎废食,因常遇着坏的宣传便根本反对宣传。况且空口反对宣传,也并不能阻塞恶劣宣传的流行。只有正确的事实,才能够纠正捏造的事实。只有正确的理论,才能够推翻歪曲的理论。所以补救的方法,不是根本反对政治宣传,而是提倡正规的政治宣传。我们常常听见有以"自由主义"相号召的人,出来反对政治宣传,其实据我看来,一位真正的自由主义者,似只能够提倡正当的宣传,而不应当根本反对政治宣传,甚至于反对任何宣传。他似乎只能够强调接受政治宣传的态度宜加审慎,他也甚或可以提倡对各党各派的政治宣传取放任容忍的态度。根本反对政治宣传,认之为与教育水火不相容,似乎不仅有失民主政治的精神,而且亦不合西洋近代自由主义的原则了。

就民主政治而言,政治宣传不仅不妨害民主政治,而且是发达民主决不可少的要素。假如一个政府,不把它的主义、政策、政纲宣传普及,使民众彻底了解,反而抱"民可使由之,不可使知之"的态度,独断独行,这岂不是独裁政治吗?宣传的目的,就是要使人民知之,求人民的赞成拥护,而产生举国一致的共同行为,这也就是民主主义的特色。政府因为尊重人民,所以特别向他们宣传政府的主义、政策、政纲,希望由共同一致的政治见解和信仰,而产生共同一致的团结行为。这正表示政府有意向民主的前途迈进,使政府建筑在大多数人民的共同信念和团结行为上面。有些染了传统士大夫习气的人,对于政府这一番善意,每加误解,蔑视政府,难道他们甘心愿意接受独裁政治,不愿接受民主主义吗?或甘心让国家因政治信念的纷歧而陷于四分五裂吗？还有一些士大夫阶级中人，或假借学者清高的美名，或借口专家不问政治的信条，对于政府的主义、政策、政纲毫不理会，毫不了解，对于政府一切设施活动，冷嘲热讽，袖手旁观，这一种人，简直是普及公民教育和推行民主政治的障碍。难道这一种人之反对政治宣传，尚有丝毫意义和价值的吗？

中国政治的缺点，似乎不在政治宣传的过多，而在政治宣传的过少，以及一般人士对于政治宣传之漠不关心与漫不理会。在国外，中国的政治宣传不及西洋近代任何文明先进国，早为识者所忧虑。在国内，政府的政治宣传是否能深入民间？主义是否得有充分发挥？政策政纲是否能够昭示大众？宣传工作是否有远大的方针和一贯的政策？宣传的方法是否良好？宣传的组织是否健全？这些似乎才是深识远见的爱国之士所应严肃考虑的问题。不此之图而徒事空洞地反对宣传，甚或反对一切类别的宣传，只是表现其未能把握着时代，对于政治问题作隔靴搔痒的议论罢了。

中国一般人民，缺乏公民教育和政治教育，乃是显著的事实。如果完全要靠正规的学校的教育来补救，恐怕时间不够，力量太小，产生的行动也会缓不济急。所以除开正规的学校教育之外，必须有良好的有力的政治宣传来弥补这一个缺陷。如是我们才可以加速地走上民主政治的大道，实现民主主义的理想。

（五）

我们并不否认宣传有其不可免的流弊，亦不否认我们的思想界和出版界常为恶劣的宣传所充斥。但我们不能向时代开倒车，主张根本摒绝一切宣传，只能向前努力去提高宣传的素质。所以我们主张不可离开教育而从事宣传，也不可仅仅热心教育而忽略宣传。宣传家应当以宣传为主，教育为辅，教育家应当以教育为主，宣传为辅，离开教育而言宣传，宣传就没有内容，离开宣传而言教育，教育就没有广大的影响。

同时，我们也不可离开行动而言宣传。宣传和行动不可分离。一位宣传家，如果自己没有实行的能力与勇气，也就没有资格作宣传。不到民间去服务，宣传也是空话。所以最好的宣传方法就是宣传的人以身作则，让自己的行动引起别人的行动。如像明末耶稣教士利玛窦之到中国来作宗教宣传，他自己先学养成良好的教育技术，天文、医学无所不通。他又能够真正为中国人服务，开医院，救灾难，而且在服务之余，生活同中国人完全一样，穿中国的衣服，说中国的语言。他诚恳的态度，坚定的信仰，服务的精神，专精的学术，使当时好些朝野的人士都尊敬他，佩服他，受他的感动。在当时风气那样闭塞的困难情形之下，他的宣传，居然产生了伟大的效果。

宣传的方法，需要艺术化。诗歌、戏剧、图画种种的表演，都是宣传决不可少的条件。宣传的方法是拿真挚的热情来感动人或感化人。枯燥乏味的宣传，纯粹注入式的宣传，宣传者本身就感觉勉强，听众自然更感觉无味。不过我们说宣传要艺术化，并不是说艺术应该宣传化，或说拿艺术来作宣传的工具。我们只是说宣传应当受艺术的陶冶以感人于无形。这样的宣传，才能给人以具体美化的印象，而不只是呐喊些空洞抽象的口号，以致引起旁人的反感。

凡是缺欠诚意，毫无正大光明的方针政策，只知道开些空头支票,欺骗人民,搞阴谋诡计,封锁消息,当然不会把宣传行动化到民间服务。他们不仅不能够发生良好的效果,而且反而会使宣传为世所诟病。这种人当然不能够代表真正的宣传家。中国近代政治上第一个先知先觉同时也是第一个典型的宣传家应推崇为孙中山先生。他是第一个认识宣传的重要意义,打破传统轻视宣传观念的人。他宣传的精神,感人的态度,坚卓伟大的人格,终身从事革命的伟绩,和他的好学不倦、手不释卷的学养,使他的政治主义的宣传,在中国政治运动史上开一新纪元。

中国今后政治宣传,应当以孙中山先生为典型,宗教宣传应当以利玛窦为模范,学术宣传应当以苏格拉底、费希特为代表。如是庶几学者、教育家、先知先觉,可以离开学府或象牙之塔而到民间去。而一般民众亦可以受先知先觉者、教育学家的感化与启迪。如是庶宣传与教育,可以收分工合作,同时发达,携手并进的效验。

(1944年写于昆明)

漫谈教学生活

"教",我认为是发抒心得于人的意思。前辈把他自己所思所学所经验的心得讲授给后辈学生,便是我所了解的"教"。后辈学生将他所思所学所经验的心得,呈献给前辈或老师,请求指正,便叫做"请教"。

学有心得,如商之赢余,农之有收获,精神上感得一种充实、快愉、活泼、自由、发展。发抒心得乃是极自然舒畅的历程,如日之发光,如春雨之润物,如清渠之溉稻。内充实自然表现于外,有心得自然愿意发抒给人。教既然是发抒心得,所以教的生活应是很快乐的生活。

"学",我认为是吸收精神养料的意思。一个人需要培养其精神,犹如花木需要土壤、空气、雨水、日光的培养,方能生长一样。教既是发抒心得的意思,所以学就是接受他人所发抒的心得的意思。接受他人所发抒的心得,就是我这里所谓吸收精神的养料。有人说,"三日不读书,便觉面目可憎"。其实三日不饮食,已定会形容憔悴、饥饿不堪,三日没有吸收精神上的养料,精神上缺乏营养,精神上就会显得贫瘠不健康。精神敏感的人,哪能不感得面目可憎呢?

有学然后能教。且学且教,离学不足以言教。不仅无学问的人不胜任"教"职,而且即使有相当学问而学不进步的人,亦不能对神圣的教职胜任愉快。真正讲来,我们须透彻明白,任教即求学之另一方面。学校要你教某一门学科,一方面固然是表示你对某一门学科已有相当学问,要你发抒你已有的心得以教人。同时另一方面即是要你对这门学科继续精进,继续研究俾有新的心得,以发抒出来,授给学生,贡献给学术教育界。教不是机械地照本宣科,毫无自学的心得可以发抒。教更不是像商贾之抛售存货,只是输出旧日蓄积,而毫无新的收获。教的主要目的是不断地精进研究,求学问之日新不已。

照上面这样说来,学与教学,其差别只是职务上名义上甚或年龄上的差别。一位教员,他只是名义上职务上是某校的教员,他的年龄也许比学生为大,然而他求学的努力和需要,却与一位在校的学生,毫无差别;一位教员,他更能认识学问的重要,他更能感觉学问的兴趣,因而他对于学问的努力,他所吸收的精神养料,每每要比那名为求学的学生为多。同样,一个精进不已的学生,如果他学有所得,文思焕发,那么,他对于他的朋友,他的弟妹,以及别的与他接近的人,每每能发生很大的感化力和教育力。一个学生,受他的同学的益处和影响每每超过教师对他的益处和影响。对于此点,还有一个事实可作证明。许多人在学生时代,学有进益,每每愿意作义务的教师。如姐教妹,兄教弟,老同学教新同学,或任平民学校教师,在学生时代时,总觉得作教师是极荣誉极快乐之事(现在的学生也许很少人有此感觉。但从前确有我所述的情形)。而有许多缺乏研究机会使学问有新的进步的教师,倒反以任教为苦事,为机械地轮回讲授。总之,照我们的看法,任教包含有求学于其中,似乎只有显隐的差别。教师任教显,求学隐;学生求学显,任教隐。

但教与学二者比较看来仍以学为重要。学是主,教是从。有学自然能教。学有心得,自然不期教而能有教的效果。学不进步,虽名为教师,而终无以符教师之实。不但学生须求学,教师亦须求学。不但教师学生须求学,任何有教化、有精神修养的人,不论其是为农、为工、为商、为公务员还是军人,皆须求学。教是为人,学是为己。教人是做教师的天职,求学是做人的天职。《学记》说,"学不可以已",朱子说:"世间万事,须臾变灭,皆不足置胸中,惟有格物穷理,为究竟法耳。"这些虽是老话,但细玩味起来,却颇有味。

(写于1945年)

陆象山与王安石

一九四四年的夏天美国副总统华莱士先生来访中国，发表了不少有深远意义的宏论（希望他的言论尚没有完全为健忘的招待他只图敷衍场面的人所忘记）。最有兴味的一点是他特别赞扬我国宋代厉行新法的大政治家王安石。我们除对他异国异代去尚友千古的风度表示钦佩外，想借此来谈一谈王安石的思想。因为他在政治上的措施是植基于他的学术思想的。此外附带还引起我们关于文化交流的一点感想。华莱士先生似乎隐约感觉着王安石之行新法与他和罗斯福总统之行新政，有了精神上的契合，他赞扬王安石，不啻于异国异代求知己、找同志。换言之，他推尊王安石不是鄙弃自己，舍己从人，而是自己卓然有以自立，进而虚怀求友以赞助自己。因此我感觉得到我们之学习西洋文化，也不外是在异国异代去求友声、寻知己，去找先得我心，精神上与我契合者而研究之、表扬之、绍述之而已。假如自己没有个性，没有一番精神，没有卓然可以自立之处，读古书便作古人的奴隶，学习西洋文化便作西化的奴隶。所以顽固泥古与盲从西化，都不过是文化上不自立、无个性的不同的表现而已。我不相信无自立自主的精神与个性的人，读古书时会得到古人的真意，治西学时会得到西学的精华。

本文的目的不在讨论王安石的新法与华莱士所倡导的新政的比较，也不在讨论中西文化问题，而是借华莱士之推尊王安石作引子,欲进一步去探究一下王安石的基本思想。这种基本思想是他的政治上的措施,以及他的德行文章的基本出发点。因为他的基本思想在哲学上和陆象山最接近,而且在中国所有哲学家中也只有陆象山对于王荆公的人品与思想,较有同情而持平的评价。所以我就把陆(象山)王(荆公)二人,在思想史上第一次加以相提并论。因为他们的关系,最为人所忽视。

《朱子语类》上载有一个人问,"万世之下,王临川当做何品评?"朱子答道:"陆象山尝记之矣,何待他人说?"足见朱子与陆象山学术虽有不少的异同,但于象山对荆公的品评,却推许为可以代表万世之下的公平议论。朱子所指的,就是陆象山所作的《荆国王文公祠堂记》中的话。在这篇《祠堂记》之中,象山感于"是非不明,议论不公"。特地出来替王荆公说几句公道话。他指出当时反对新法的人,大都意气用事,攻击个人私德,不能"折之以理",不能使安石心服,所以他们与荆公应平分其罪。他很持平地说:"熙宁排公者,大抵极诋訾之言,而不折之以至理。平者未一二,而激者居八九。上不足以取信于裕陵(指神宗),下不足以解公(指荆公)之蔽,反以固其意成其事。新法之罪,诸君子固分之矣。"批评政治家最忌个人攻击,而象山首先排斥个人攻击而提出纯从政见和根本思想上着眼,去加以评价,足见他能见其大,识解自是不同。他指斥当时攻击荆公的人道,"而排公者,或谓容悦,或谓迎合,或谓变其所守,或谓乖其所学,是尚得为知公者乎?"他根本认定荆公之受知于神宗和政治上的事业,完全是他的人格、思想、志趣一贯的表现,并非出于偶然。他很同情地表扬荆公道:"英特迈往,不屑于流俗。声色利达之习,介然无毫毛得以入其心。洁白之操,寒于冰霜,公之质也。扫俗学之凡陋,振弊端之因循。道术必为孔孟,勋绩必为伊周,公之志也。不祈人之知,而声光烨奕一时,钜公名贤,为之左次,公之得此,岂偶然哉"。他这段简要公正的话,真不愧为荆公千古知己。

站在学术的立场,他最心折最感契合的是王荆公的"道术必为孔孟,勋绩必为伊周"的理想主义。他认为唐虞三代以来,"道"、"仁政"、"天下为公"的理想政治,久已衰微,而代以重私利现实的政治。他叹息道:"人私其身,士私其学。老氏以善成其私,长雄于百家,至汉而其术益行。……自夫子之皇皇,沮溺接舆之徒,固已窃议其后,孟子言必称尧舜,听者为之藐然。不绝如线,未足以喻斯道之微也。陵夷数千百载,而卓然复见斯义,顾不伟哉。"所以他对于荆公之以伊周为职志,以尧舜期许神宗,以及荆公之主张变易祖宗成法,皆不仅不说他狂妄,不说他以大言欺人,反而特别予以嘉许,称为卓伟。他似乎隐约以荆公为孔门中之狂者,在政治上足以复兴理想政治,抵制重现实政治的老氏。他对于荆公的批评或惋惜之处,只有一点,即认他学问思想上有所蔽,缺乏穷理格物的功夫。换句话说,他认为荆公法尧舜变法度的根本主张、理想或志趣是对的,问题只在于法尧舜的实际措施是否得当,新建立的法度本身是否合理而无弊病。所以他说:"惜哉,公之学不足以遂斯志,而卒以负斯志,不足以究斯义,而卒以蔽斯义也"(斯义指尧舜之道,斯志指法尧舜之志。)又说:"典礼爵刑,莫非天理,洪范九畴,帝实锡之。古所谓宪章法度典则者,皆此理也。公之所谓法度者,岂其然乎?"他认为荆公之行新法,恐有穷理未精,不免以己之意见为是,而未必尽契于天理。所谓未必契于天理,亦即未必尽合于人心之所同然的意思。

以上所引皆出于《祠堂记》,他《语录》中有一段批评荆公的话,似比较更明透:"或问介甫比商鞅何如? 先生云,商鞅是脚踏实地,他亦不问王霸,只要事成,却是先定规模。介甫慕尧舜三代之名,不曾踏得实处,故王不成,霸不就。本原皆因不要格物,模索形似,便以为尧舜三代,如是而已。所以学者先要穷理"(见《象山全集》三十五)。足见在象山眼里,荆公是一有高远理想的政治家,因为缺乏格物穷理功夫,所以理想未能实现(王不成),又因为不是商鞅式只图功成名就的实际政治家,所以霸也不就。又足见从象山对于荆公的批评里,他要指出两点教训:第一,法尧舜的理想政治是应该提倡的,不可因荆公之失败,而根本反对儒家法尧舜行仁政的王道理想,而陷于重私利的实际政治。第二,单是理想是不够的,必须格物穷理,辅之以学问,庶理想方可真正实现出来。从这里我们对于象山的学说,也可有一点新的了解。象山虽注重本心,注重理想,然而他仍与朱子一样地注重理、天理、学问、格物穷理。不过象山根本认为理不在心外,且比较在行事方面在实际生活方面(而较少在书本章句方面)去求学问,去格物穷理罢了。

说到这里,我又想到朱子评论荆公的一段话了。朱子说:"新法之行,诸公实共谋之。虽明道先生不以为不是,盖那时是合变时节。"又云,"新法自荆公行之,有害,若明道行之,自不至恁地狼狈。"照这样说来,足见这里面,除了主张,理想外,还有一个"人"的问题。盖处理政治问题,知"人",应付"人","人事处理得好",实极关重要。荆公新法之失败,简言之,亦可谓"人事失调整"而已。但一个政治家人事处理得不好,大约不外两因:(一)性情方面先天的有缺陷,如刚愎任性等。(二)学问方面后天的缺乏格物穷理功夫。但性情方面的弱点,大部分亦可由学问和涵养矫正之。故象山惋惜荆公之欠缺格物明理功夫,不仅甚中肯綮,且亦寓有深意。

其实，荆公自己对于他行新法的动机之纯，理想之正，办法之利，均颇有自信。于《上五事劄子》中，他说："免役之法成，则农时不夺而民力均矣；保甲之法成，则寇乱息而威势强矣；市易之法成，则货贿通流而国用饶矣。"且于实行诸法成败的关键，他亦洞若观火。他再三着重地说："窃恐希功幸赏之人，速求成效于年岁之间，则吾法堕矣。臣故曰三法者（指免役、保甲、市易三法），得其人缓而谋之，则为大利；非其人急而成之，则为大害。"哪晓得他所约集合作以行新法的人，尽是些"希功幸赏迅求成效"的人，换言之，他厉行新法，实系"非其人急而成之"，其必不免于失败，恐怕也早在他的洞察之中。即就荆公本人而论，他也是一性急的人。他平日最缺乏雍容的度量和从容不迫的风度。以性急的人去担负须缓图的事业，似已包含有失败的内在矛盾。

以上约略讨论象山对于荆公的人品和政治上的理想与事实的欣赏和批评。以后有机会将再来讨论荆公的学术思想之接近象山、启发象山的地方。

（写于1945年）

人心与风俗

凡是伟大的政治家或教育家，必然要在移风易俗上用功夫。杜甫有"致君尧舜上，再使风俗淳"的诗句，表示了大政治家应有的胸襟。要改良政治或教育，必须从养成良好风俗下手。有了良好的风俗，庶几对于民众和青年学生，才能熏陶感化于无形，施之以无言之教，如春风之普被，如细雨之滋润，不知不觉中，可以陶冶出许多人才。足见转移风俗与陶铸人才，实是一事的两面。所以曾涤生有一篇著名的文章，名为"原才"，揆其内容，实亦可以叫做"原风俗"。曾氏"风俗之厚薄自乎一二人之心之所向"的学说，反对和赞成的人，似乎都很多。但从没有人提出充分坚实的理由去证明它或推翻它。我素来就很赞成曾氏这种说法，觉得是先得我心之同然。但直至最近我才想到一些理由，以解释、发挥、并补充曾氏"风俗之厚薄自乎一二人之心之所向"的说法。

曾氏这话可以分作两层来说：第一，一二人的人格足以影响风俗之厚薄。这无异于说，风俗起源于少数领袖人物的人格。或是说一个地方或一个时代的风俗，就是那个地方或时代的少数领袖人物的人格所造成的。他这话的第二层意思当然是说，风俗之厚薄起自一二人的"心向"。但人格建筑在心向上面，心向构成一个人的人格。心向乃是精神的集中，意志的趋向，代表一个人整个人格所企求的方向。偶然的意见或感想，憧憧往来、时起时灭的念虑,决不是曾氏这里所谓心向。足以影响风俗的一二人的心向,应是知情意的谐和动向,亦可说是知行合一的动向,这种心向应是基于理性的思考抉择,由学养、体验、阅历所得的教训因而形成的方向。此种心向之所以能影响风俗,第一,由于所存者神,故所过者化,因而化民成俗。第二,由于所志者诚,至诚感人,人皆受其感动,因而与之同其趋向。第三,由于预见几先,先见众心之所同然,先见众人的潜伏要求和时势的必然趋向,登高一呼,响应者众,遂逐渐蔚成风俗。此一二领袖人物之心向,其所以能移动风俗甚且形成良好风俗者,应从其心向之神、诚、几,以解释之。虽与社会历史环境,和工业、农业、商业、交通等经济条件有密切联系,但正由于它能利用厚生,培育滋养,仍能保持其心向之主动性。

总之自由、自主、自动的人格,诚、神、几的心向或精神,才是风俗所自出的源泉。

由一二人人格的感召或精神的健动,遂无形中在其四周养成一种"空气"。所谓空气是指当时当地之人的共同意识与心态而言。这就是首先由一二人在其左右前后,随时接触的少数人之间制造成一种空气。空气不仅是起于一二人言论的鼓吹,有时一二人的声音笑貌,态度暗示,生活行为,均可有一种示范作用,均足引起一种空气或气氛,使人受感染影响于无形。由存之于心而发挥于外,当下即笼罩或影响最接近的少数人,形成一种空气,这是形成风俗的第一步。第二步便由"空气"进而蔚成"风气"。由一地空气的播荡,进而普遍弥漫于整个团体或社会,成为该社团共同的意识和心态,是为"风气"。"空气"起于一二人最初的吹嘘,"风气"则起于义务广告者或宣传者的宣扬。风气的扩大和加强,便成"潮流"。一二人之心向既由空气进而为风气后,则四方响应者有之,随声附和者有之,中途加入者有之,借名利用者有之,于是力量强大,成为潮流,成为时势,汹涌澎湃,沛然莫之能御。改变整个社会,震荡整个时代的大运动,都由是而起。但此种大潮流,有如长江大河,清浊不分,纯杂不一,利弊兼半,洗净不少污浊,带来不少泥沙,亦冲坏不少苗稼。终会引起反动,被扬弃,被推翻,而归于平静消沉。与潮流平行的,而又系得风气之先基于一二人之心向的,另有一种"潜流"。"潜流"有如涧底之水清澈晶莹。又如山间之泉,活泼净洁,浸润泥土,温泽草木,汇入江河。如三国时的管宁,如明末的顾亭林、王船山、黄梨洲等人,超世绝俗,维学统于不堕,而实所以纲维人纪,保存国脉,继往开来。

风气影响及于实际生活,具体化为典章制度,深入人心,积久而不变,是为风俗。故风俗有四种特点:第一,必表现在典章制度中,支配人民实际生活。第二,必系积久而成,非一朝一夕之故。第三,深入人心,形成人的习惯,构成人的第二天性。第四,风俗每活动于人的下意识里,人每不自知其来源。风俗无潮流的显著汹涌,亦非如潮流的猝起猝灭,风俗较潮流为稳定潜蕴,而有深透经久性,风俗又无潜流之孤高自赏、净洁无瑕,因为风俗也有隆有污,有须得转移改革的地方。

总结上面一番分析的结果,我们可以说,风俗起自一二人人格的感召,精神的动向。其演进的步骤,为由人格或精神发而为"空气",进而由空气播而成"风气",风气加强与扩大为"潮流",风气深刻化、升华化为"潜流",风气之积久而附著子典章制度、浸润人心于不自觉者,是为"风俗"。风俗既起源于一二人之人格或心向,故风俗必有其范成者。范成风俗的少数人即一时一地的真实领袖。伟大的军事领袖,是良好军风军纪的范成者,伟大的教育家是良好学风校风的范成者,民族导师如孔孟,可以说是国风的范成者。风俗有好有坏,有隆有污。好的风俗之范成者在古时叫做圣贤,圣贤诚神几的心向,便是范成淳厚良好风俗的动力。坏的风俗的发生,有时无有一二人为其范成的领袖,而是基于自然的演变,盲目的转移,没有精神的推动力量。但坏的风俗的形成,有时亦系起自一二人的心向。就是曾涤生所谓"此一二人之心向利,则众人与之赴利"的意思。这一二人或是奸雄,或是怪杰,或是无品德而居高位的人,均可以败坏风俗,所谓"是播其恶于众也"。范成良好的风俗,则不知不觉中潜移默化,即可陶铸良好的人才。形成污下的风俗,不仅不能陶铸人才,而且由于近墨者黑,习俗移人,反足以败坏人才,戕贼青年。这是我由发挥曾氏之说,附带提出来的一点补充。曾氏认为不论风俗之厚薄好坏皆起自一二人之心之所向。我则以为风俗的淳厚良好,必系起自一二人的心向,以其必基于一自觉的理性的动力之故。至于风俗的浇薄败坏,有时或许起自一二元恶大憨的心向,有时或系由于自然演变,盲目推移,环境影响,或物质条件有以致之,而不必一定有此一二人者为其负责的领袖。

风俗既然系于人心,故可以随人心之转移而转移。具有深识远见的政治家、教育家,是应以转移风俗、陶铸人才为己任的,甚至"凡一命士以上,皆与有责焉"的。转移风俗、陶铸人才的关键,在于一二人之心之所向。这也是古往今来凡讲国本讲政本的人的共同信念。

(1943年,先给中央政校讲过,后写成论文,交重庆《中央日报》,作为"社论"发表。)

树木与树人

（一）

我们在纪念一个学校或一个教育家的场合，常常看见有人赠以"百年树人"的颂词。"十年树木，百年树人"，这是一个很古老亦很普遍的箴言，我们对此话一向认为很有深意，因为这表示办教育要有远大眼光，须要长期培育，不可求近功速效，且表示从事教育的人须有"终身以之，老而弥笃"的精神。此外还含有办教育须培养良好悠久的研究传统和学术空气。不过近来却引起我一个另外的看法。在年前我曾回到家乡一次，我差不多已十年没有回家了，正好合乎"十年树木"那样一个时期。但我看到我儿童时最喜欢去摘取果子来吃的溪边的柑子树和山坡上的枇杷树，这么多年来似乎并没有长大多少，再看庭前屋后的松树和柏树，还是差不多它们十年前的老样子。而在人事方面呢？看见旧日的族人、亲戚和邻居，老的已经死了，年青的结了婚，小孩子已添了许多，有的染上嗜好成为废人，有的因贫穷至于为非作歹，干犯法纪。当然也有些旧日小学的朋友兴家立业服务桑梓的。总之令人大有沧桑变幻，面目全非之感。而十年内，他们之变好变坏，所受教育之良窳，实为主要因素。因此使我想到,"十年树木,百年树人"这话或许应加以修正,我们毋宁说"百年树木,十年树人"。一个良好的学校,教育学生,十年内可能培育出许多人才。一个大教育家或政治家十年尽力教育,亦往往可以有深远伟大的效果。最古的如越王勾践,想要光复国土,亦只需要"十年生聚,十年教训"。又如王通河汾设教,不过三年,便为唐初培植了不少开国的人才。最显著的如曾国藩,为了反对太平天国起义,在十数年内就曾培植出许多人才,在政治军事以及其他各方面都曾发生很大影响。又如蔡元培先生任国立北京大学校长,前后才不过六年,便培育出许多新文化运动的人才,其后果之大,更是人所共见。总之,我想以"十年树人"的新说法,代替"百年树人"的旧观念,并不是要在教育大业上欲速助长,急功好利,意思无非要指出教育功效之速,远非如一般人之所想象。这样一方面可以给我们一种鼓励,知道教育不是迂阔难期实效的事,一方面亦可以给我们一种警惕,使我们知道若办教育不认真,或方针办法有错误,其坏影响短期内即可立见。处在建设战后新中国这样一个千载难逢的伟大时代,极好机会,万不能轻易放过,我们的工作是如此伟大而艰巨,一切决不可因循迟缓。顾亭林《日知录》里有这样的几句话:"禁郑人之泰侈,奚必于三年,变雒邑之矜夸,无烦乎三纪。"他所说的风俗改变之速,正可以应用来说明培养人材之速。

(二)

对于教育的性质和意义,我亦愿意将从个人的一些经验里所得到的一种新的启示,提出来说一说。有一个从前学哲学的朋友,他学哲学的成绩很好,得过哲学博士,他的论文还曾受过外国有名的学者和科学家的称赞。但他后来却主持兵工事业,而他在这方面亦复卓著成绩。有一次我在一个宴会席上遇见他,他说他早已抛开哲学,他现在是一个"铁匠"。他这话引起我很奇特的感想。诚然,他是办兵工的,以制造枪炮为职志,在某种意义下确实是个铁匠,但他那超卓的学养、识见和才能,与我们普通所看见的铁匠又显然不同。因此对于"铁匠"的观念,在我的脑子里可以说起了一个革命。我又有一位朋友,曾在外国专治农学,回国之后一直在办理农业育种等事业,常常自己到农场里操作,但他很讲究品德修养,待人接物真诚不苟。他常自己说他是一个"农夫"。他诚然是一个"农夫"。但这农夫与我们一般所见的农夫却大不相同,因此我对于"农夫"的观念又有了改变。还有一个同学,他过去很喜欢照相,他的照相很富艺术风味,他曾在外国专门学过印刷术和工厂管理。他后来任一个印刷厂的经理,他的艺术兴趣对他的印刷事业很有帮助,有一次我同他谈话,无意间我与他说笑道:"你这个商人,颇善于打算。"我说了这句话,颇觉得有些失言。因为有专门技术,为文化服务的印刷公司经理,与旧时一般人所了解的"商人",似乎大有差别。给我印象最深的,是我有一位学兽医的朋友。普通我们所见的替牛马之类看病的"牛太医",好像是一种肮脏的操贱业的人。但我这位朋友却在外国作了五、六年的专门研究。他是兽医学博士,中国某大学兽医教育的主持人,他又信基督教,喜欢读哲学书,亦重道德修养。一天他同我一起去参观一个艺术学院,一路谈些关于艺术和哲学的问题。一回到他家里,家人报告他说家畜保育所养着的母牛正在生小牛,而且是难产,一支腿先出来了。这位刚和我谈着艺术和哲学的朋友,立刻就穿上工作服,带着器械去为牛接生,那些学兽医的助教学生都站立在旁学习,我亦在旁参观。只见他弄的满身血污,汗渍淋漓,劳苦了三四个钟头才把小牛接出来。等接生完了,他又和我闲谈,说他特意亲自为牛接生,使那些助教学生们知道学兽医不是容易的事,须得亲自动手,吃苦耐劳。言下颇有以此为非常神圣的事业之感。这使我过去对于那种污秽的下贱的"牛太医"的观念,又大大地改变了。由以上各种经验,使我得到下列的几点感想:

一,学问的观念已根本改变了。从前以为学问全在书本,求学就是读书,以后我们可以看到书本之外的学问还很多,求学不仅在于读书,尤需要肢体的活动。而手足的操作又需要随时用思想,且需有专门学术的基础。从前以为求学是劳心的,今后则不但劳心,亦需劳力。从前以为劳力的人大都很愚昧下贱,现在才知道更有高贵且需学识技艺的劳力。故今后的教育趋于接近自然,以求征服自然,要从实际的劳作或服务中,去求得真实学问。

二,"士"或"学者"的观念亦根本改变了。从前以"士"为一特殊的阶级,今后则此种特殊的与农工商分开的士将逐渐减少,而可以产生许多"农士"、"工士"、"商士"、"兵士","士"同时亦就是"农"、"工"、"商"。从前说"耕读传家",今后亦可以说"工读传家"、"商读传家",即当兵的亦可以是有学问的人,可以"兵读传家"。换言之,一切职业的人,都同时是书生,一切职业都将学术化。

三,教育的观念亦改变了。从前的教育,是专门教一班读书的人,读了书只有两条出路,一条就是做官。如果做官不得意就做隐君子,或做以诗酒浇愁、吟风弄月的名士或者诗人。而读了书不能做官就是不得志。今后则不再专门教育一班这种似乎无所不通而其实空洞的特殊的"士",而趋向于专业教育,要造就专业人才或各种专家。农工商要专家,从政的亦是一种专家。今后的教育或可名之为"文化教育",学术、工商、政治、艺术等等,都是文化的一个方面,做学问就是求对于文化的某一方面有所贡献,今后的教育,亦可名之为"价值教育"。价值约可分为四:一曰"真",二曰"美",三曰"善",三者为纯粹的文化价值,第四为"用",即求社会大众的实际的效用,对衣食住行育乐的实际生活有所改善,以后凡受教育的人,即须求对此四方面有所贡献,这样把旧观念改变之后,我们求学的目的不再只是做官或做隐君子,读了书不能做官,亦不是不得志。我们只要对于"真""善""美""用"的价值任何一方面有所贡献,都可以是达到我们教育的目的。从前因为凡读书的就想做官,这样不仅书读不好,甚至连政治亦办不好。使得各方面亦都缺乏真正的人才。以后受教育的人不必都向政治一条路上钻,而向各方面去发展,把政治让给对政治有特殊的能力和兴趣的人去办。这样政治可望上轨道,各方面都有专门人才去努力,而教育的出路亦就大大地开展。例如在美国,做官的每非头等人才,头等人才往往从经济实业上去发展,这是值得我们参考反省的。这种新的看法,或许可以多少将麇集在仕途或官场的人才尽量向各项学术和专业方面疏散,免得奔竞钻营,使得政治不清明。

(三)

其次拟略谈小学、中学、大学三个阶段的关系。我依旧先说一点个人的经验。近来常常听得友人的子弟进小学,都很愿意到学校去,而不愿留在家里。甚至身体不大舒服或者下雨,父母叫他不要去学校,他亦一定要去,或至于哭着闹着要去。我自己的小孩也有同样的情形,他总觉得在学校里比在家里还好玩些。这现象是以前所没有的。在从前,小孩子进学校大家叫做"进牛圈","穿鼻子"。"逃学"是很普遍的现象,和现在大不相同。而在中学方面,我记得我过去进的中学是全省最好最严格的中学。一个班上被淘汰的学生有时达一半以上,总可算是很认真的了。但是,一般同学打牌、喝酒、抽烟等种种妨害学业、损害健康的习惯却多半是在中学里养成的。我现在尚记得从前有一个同学因星期六出校,一连打了两个通宵的牌,到星期一早晨,赶回学校上课,就昏倒在教室里,后来竟因此而得病夭折。但我后来在德国,看见他们的中学则确实是极其严格,中学八年,对一般学生是一个很不易过的难关。无论功课和生活管理训练都严格万分,和我们过去中学的散漫荒诞大相径庭。至于大学,我们以前在国内大学时往往动不动就哄走教授,驱逐校长,以致时常闹学潮。而后来到了外国,非但没有看见驱逐教授的事,也从来没有人梦想着要驱逐教授。即或要谒见教授,使教授知道他的姓名也很不容易。并且能听懂教授的演讲,读通教授的著作,甚至能选上某教授的课都已经自己感觉非常荣幸。假如教授能约你到他家里去喝一次茶,谈一次话,更是终生不忘。这实是不期尊师重道,而师自尊、道自重。这类的情形,在现时我们中国较优良的大学里,也时常可以看到。这和我以前在大学时的情形,又成一个对照。以上的各点经验,对于办理各级学校应取的不同途径,似乎又引起一些启示。

我认为小学须注重生活。进小学主要的目的就在生活本身,读书识字等等都不过是有意趣的生活的一方面。中学当重严格训练,大学则须真正注重学术,纯粹的求真理、求真学问。小学生活求其活泼天真,中学生活须当严肃规律,而大学生活则要在学术上求精神的活泼快乐,大学的训练不是中学的纪律训练,而为学术上、精神上、思想上的训练。小学重感觉、直观,使他接近自然,观察实际能感觉得到的事物,不必教以抽象的理论。中学则可重抽象的理智训练,尤当重记忆、背诵。凡社会国家需要你学习的,或历史文化方面需要你学习的,都需要切实地学习,且当能熟记。而大学则重悟性、理性,要能自动推理,能自行领悟、体味、思想。在师生的关系方面,小学当如父母子女,或兄弟姊妹,教师对学生须亲爱关切,常接触,重感情,如在家庭里一样。中学里的师生关系须多少有如军队中的长官与士兵,纪律严格,训练认真,绝不苟且宽假。而在大学里则师生之间有两重关系:一方面教师道高德重,学生对之如泰山北斗,可望而不可即,景慕赞仰,崇敬备至。而另一方面则教授与学生之间又可相对论道,或至相互批评辨难,亦可烟酒晤谈,有如朋友。小学是天真活泼的自然生活。中学是纪律严明,道德规范,不自然的军队式的生活。大学则为科学的艺术的生活,以艺术上欣赏美的精神,来探讨各方面的科学,自由中而仍含有规律,自然而不陷于粗野。换言之,小学里要过一新的家庭生活,所以人数不宜过多,班次应少。中学里要过一新的团体生活,一切求其规律化,齐一化,只要能守秩序,重纪律,人数可不嫌其多。经过这种团体生活的训练,才有做国家公民的资格。大学生则是过新的自由的理想的生活,求个性的充分发展。专心为学术而学术是可以的,一面任职服务一面在大学求学也是可以的;信仰此种宗教可以,信仰彼种宗教或不信宗教也可以;政治上信仰此种主义可以,信仰彼种主义或对政治毫不表示意见、不参与任何活动也可以。总之,各人当能随其性之所适,按照各人自己的理想,来安排其合宜的生活,一切思想及生活上不要受外力的拘束。各级学校,就潜移默化、暗中熏陶的方法方面来说,小学当重"乐教"的陶冶,以音乐来转移启发儿童的品性,中学可用"礼教"的约束,以纪律规范汰除学生的不良习惯,养成健全的公民道德;大学则重"诗教"与"宗教"的熏沐,从艺术得情感上的安慰,从宗教得信仰上的寄托。礼教是团体的,须求生活上的规律齐一,而宗教则主要的是个人的,各人可凭其个性思想去选择。信仰某种宗教,完全由于个人内心自动的要求,而不是外力的强制。所以宗教实在可以帮助个性的发展,求个人精神上安身立命之所。

由以上的看法,三级教育有分工、有联系、有发展的层次,而暗合乎辩证进展的阶段。可以说小学教育,是自然的、自由的,但尚在朦胧的无知状态。中学教育,是前者的否定,不自然、不自由,是严格的强求、重理智的训练。大学教育则为两者之合,自由中有自己内心的约束,自然而有丰富的精神内容,包含前两阶段的好处,而又超出前两阶段。

(四)

总括以上所说,第一点主张修正"百年树人"的旧观念,而代之以"十年树人",是对教育效能的一种新的看法,使我们得到鼓励和警惕,而不致因循迟缓。第二点主张教育的目的不是在专门养成一些文弱的特殊的士大夫阶级,而要造就各种有学术修养的专业人才,对教育的意义和性质提出一个与旧日不同的看法,使我们受教育的人不以从事政治或"做官"为惟一出路,而能向各种事业及文化价值的各方面分头努力,然后政治可以清明,而各方面也都可以进步。第三点主张小学、中学、大学当各有其特点,对各级教育的关系和目标提出一个依次发展的看法,然后能有层次,有进展,有步骤,可不致单调也不致混乱。

(写于 1946 年)

学术与政治

(一)

"入国问禁,入境问俗",是我们先民提出来表示走进了一个文明的独立的国境里,为尊重该国的礼俗起见,所应取的态度。我觉得应用这个原则来表示尊重学术的独立自主所应取的态度,实在再好不过了。因为每一门学术亦有其特殊的禁令,亦有其特殊的习俗或传统。假如你置身于某一部门学术的领域里,妄逞自己个人的情欲和意见、怪癖和任性,违犯了那门学术的禁令,无理地或无礼地不虚心遵守那门学术的习惯或传统,那么你就会被逐出于那门学术之外,而被斥为陌生人、门外汉。一如寄居在一个独立自主的文明友邦里,假若你违犯了友邦的禁令,不遵守该国社会上共遵的礼俗,就会被驱逐出境一样。不幸学术上的独立自主之常受侵犯,一如弱小国家的主权之常受侵犯一样。宗教要奴役学术作为它的使婢,政治要御用学术作为它的工具。贵族资本家也常想利用学术作为太平的粉饰、保持权利的护符。所以学术的负荷者要保卫学术的独立自主,以反抗外在势力的侵凌,就好像有守土之责的忠勇将士,须得拼死命以保卫祖国一样。

最易而且最常侵犯学术独立自主的最大力量,当推政治。政治力量一侵犯了学术的独立自主,则政治便陷于专制,反民主。所以保持学术的独立自由,不单是保持学术的净洁,同时在政治上也就保持了民主。政府之尊重学术,亦不啻尊重民主。

(二)

所以一谈到学术,我们必须先要承认,学术在本质上必然是独立的、自由的,不能独立自由的学术,根本上不能算是学术。学术是一个自主的王国,它有它的大经大法,它有它神圣的使命,它有它特殊的广大的范围和领域,别人不能侵犯。每一门学术都有它的负荷者或代表人物,这一些人,一个个都抱"鞠躬尽瘁,死而后已"的态度,忠于其职,贡献其心血,以保持学术的独立自由和尊严。在必要时,牺牲性命,亦所不惜。因为一个学者争取学术的自由独立和尊严,同时也就是争取他自己人格的自由独立和尊严,假如一种学术,只是政治的工具、文明的粉饰,或者为经济所左右,完全为被动的产物,那么这一种学术,就不是真正的学术。因为真正的学术是人类理智和自由精神最高的表现。它是主动的,不是被动的,它是独立的,不是依赖的。它的自由独立,是许多有精神修养、忠贞不二的学术界的先进,竭力奋斗争取得来的基业。学术失掉了独立自由就等于学术丧失了它的本质和它伟大的神圣使命。

同时在某种意义下,政治也是独立自由的,它也有它特殊的领域,神圣的使命,它有它的规矩准绳,纪纲律例,它也需要忠贞不二、"鞠躬尽瘁死而后已"的英雄豪杰之士来争取保持它的独立自由。政治没有独立自由，便根本不能指导、统治、推动整个社会国家的经济、行政、教育、外交、军事等一切活动。

学术事业不是随便一个人可以担当的，政治事业也不是随便一个人可以胜任的，学术需要特殊的天才和修养，政治也需要特殊的天才和修养。长于政治的人，不一定长于学术，同样，长于学术的人，也不一定长于政治。许多专门学者，学问尽管很好，但在政治上，却不一定会有伟大的表现。有时甚至有学问愈好，而政治能力愈坏的人，因为知与行、知理与知人、治学与治事，虽不无相互关系，但究有不同，需要两套不同的本事。大体上说，须得分工合作，而不易求兼全之才的。柏拉图在他的《理想国》里主张哲学家做国王，如果他的意思是说伟大的政治家必须是有科学、哲学陶养的通才，倒不失为很有深意的说法，如果误解他的学说，以为最好的学问家，一定是最好的政治家，那么在实际上政治恐不免贻误于书生迂阔之见，而理论上，也就忽略了学术与政治各有其独立自主的范围了。

（三）

学术有学术的独立自由，政治有政治的独立自由，两者彼此应当互不侵犯，然而学术与政治中间，又有一种密切的联系，失掉了这一种联系，就会两败俱伤。

通常一个上了轨道、自由独立的政府，一定会尊重学术的自由独立，一个自由独立的学术也一定能够培植独立自由的人格，帮助建树独立自由的政治。因为学术是政治的根本、政治的源泉。一个政府尊重学术，无异饮水思源，培植根本。假如政府轻蔑、抹煞、鄙视学术，那么这个政府就渐渐会成为"不学无术"、"上无道揆、下无法守"的政府，恐怕不久也就会塌台的。

由此足见学术和政治的关系，也可以说是"体"与"用"的关系。学术是"体"，政治是"用"。学术不能够推动政治，学术就无"用"，政治不能够植基于学术，政治就无"体"。我们说学术推动政治，并不是说单是学术界少数学者教授先生们，就可以担任这一个伟大的任务，我们的意思是说，学术的空气、学术的陶养，必须要弥漫贯穿于所有政治工作人员的生活之中，就是说每一个政治工作人员都曾经多少受过学术的洗礼，并且继续不断地以求学的态度或精神从事政治，以求学养的增加、人格的扩大。政治是学术理想在社会人生的应用、组织和实现。也可以说，政治是学术的由知而行，由理想而事实，由小规模而大规模，由少数人的探讨研究到大多数人的身体力行。政治没有学术作体，就是没有灵魂的躯壳，学术没有政治作用，就是少数人支离空疏的玩物。

因为这种关系，我们可以说，任何建国运动，最后必然是学术建国运动。离开学术而言建国，则国家无异建筑在沙上。学术是建立国家的铁筋水泥，政治上所谓真正的健康的"法治"，或者儒家所提倡的"礼治"、"德治"，本质上皆应当是一种"学治"。"开明的政治"就是"学治的政治"。离开学术而讲法治就是急功好利、残民以逞的申韩之术；离开学术而谈德治，就是束缚个性、不近人情、不识时务的迂儒之见；离开学术而谈礼治，就是粉饰太平、虚有其表、抹煞灵性的繁文缛节与典章制度。

学术既然成为政治的命脉，所以中国学者有所谓"学统"、"道统"与"政统"、"治统"的分别（参看王船山《读通鉴论》卷十三）。

各人贡献其孤忠以维系他自己所隶属的"统纪"。有时二者不可兼得，深思忧时之士，宁肯舍弃"政统"的延续，以求"学统"、"道统"的不坠。譬如孔子最初也未尝不想作一番武王、周公的政治事业，然而时势已非，他就退而删《诗书》、定礼乐、著《春秋》，以延续学统、道统，担负"素王"的工作。顾亭林说："天下兴亡，匹夫有责"，他真正的意思是说，一朝一姓的兴亡或统治者的兴亡是食一朝一姓之俸禄的当政者的责任；而有关天下的兴亡，亦即学统、道统的兴亡，人人都有责任。他这种思想，当明朝灭亡，满人入主中原的时候，特别有其苦心与用意。和他同时代的王船山，以民族的命脉、学统的维系自命，因此有同样的抱负。王船山说："天下不可一日废者，道也。天下废之，而存之者在我，故君子一日不可废者，学也。……一日行之习之而天地之心昭垂于一日，一人闻之信之，而人禽之辨立达于一人"（见《读通鉴论》卷九，下同）。足见在一切政治改革，甚至于在种族复兴没有希望的时候，真正的学者，还要苦心孤诣，担负起延续学统、道统的责任，所以王船山又说："当天下纷崩，人心晦否之日"负延续道统学统的使命就是"独握天枢，以争剥复"的伟业。从学统、道统的重要以及其与政统的关系看来，我们就可以知道，政府尊重学术，就是培养国家的元气，学者自己尊重学术，就是小之尊重个人的人格，大之培养天下的命脉。

（四）

学术的独立自由，不仅使学术成为学术，亦且使政治成为政治。因为没有独立自由的学术来支持政治，则政治亦必陷于衰乱枯朽，不成其为政治了。所以争取学术的独立与自由，不只是学者的责任，而尊重学术的独立与自由，亦即是政治家的责任了。一个学者求学术的独立与自由，有时诚应洁身自好，避免与政治发生关系。特别避免为奸雄霸主所利用，而陷于扬雄、蔡邕的命运。故有时学者必须超出政治方能保持学术的独立与自由。但须知独立自由和"脱节"根本是两回事，求学术的独立自由可，求学术和政治根本脱节就不可。学术和政治不但须彼此独立自由，还须彼此分工合作，就好像许多独立自由的公民，分工合作，形成一个健全的近代社会。假如学术和政治脱了节，就好像原始时代老死不相往来的小国寡民，不能收分工合作团结一致的效果。这样，决不能产生近代的学术，也不能产生近代的政治。

　　学术界常常有一些人，逃避政治，视政治为畏途，视政治为污浊，惟恐怕政治妨碍了学术的清高。这种态度足使学术无法贡献于政治，政治不能得学术的补益，因而政治愈陷于腐败，学术愈趋于枯寂。这种与政治绝缘的学术，在过去的中国，颇占势力，如像乾嘉时代的考证，不过是盛世的点缀，南北朝的玄谈，也不过是末世学人的麻醉剂，无补于治道，也无补于世道。这种学术，表面上好像是超政治而自由独立，实际上并没有达到真正自由独立的境界。真正的学术自由独立，应当是"磨而不磷，涅而不淄"。学术到了这一种程度，它就能够影响和支配政治社会，不怕政治社会玷污了它的高洁。假如我们奉考据玄谈为学术独立自由的圭臬，那就离真正的思想自由、学术独立太远了。最奇怪者就是有许多人，他们所操的学术，尽管与政治绝缘，与社会民生两不相干，然而他们的生活，却并不与政治绝缘。他们为争权夺利的功名之念所驱使，一样也可以凭个人私智和申韩之术，去作不择手段的政治活动。

反之，如孔子、孟子、顾亭林、王船山等人，他们的学术维系政治的命脉、民族的兴衰，然而他们的生活却是超出政治，高洁无瑕的。

　　学者维持学术的尊严，须在学术创造的自身上努力；而不在放任乖僻的性情，抱虚骄的态度。轻蔑政治，笑傲王侯，本来是文人习气。许多人都误以为这种习气，就是维持学术尊严的正当态度。我并不是说学术本身的价值不如政治，我也不是说学者尊严神圣的使命，超世绝俗的造诣，没有足以睥睨一切、笑傲王侯的地方。我的意思是说，学者表面上绝不可显露出笑傲王侯、轻蔑政治的虚骄态度，因为这只足以表示乖僻任性带有酸葡萄意味的文人的坏习气，而不足以代表纯正的学者态度，如像陶渊明"不为五斗米向乡里小儿折腰"。普通都引为轻蔑政治的美谈。其实陶渊明辞官归田另有他的苦衷。那时他看见晋室将亡，刘裕将篡，他不愿意作贰臣，他实有"不可仕，不忍仕"之苦衷，而并没有根本轻蔑政治、助长文人傲气之意（这是采取王船山独到的看法，见《读通鉴论》，卷十五）。杜工部诗："本无轩冕志，不是傲当时"，王右丞诗"古人非傲吏，自阙经时务"，足见中国正统的大诗人，深知各人的志趣能力每有不同，诗人天才与政治天才有别，自己解释自己对于政治，并没有取虚骄轻蔑的态度。又如周濂溪不卑小官，然而这并不损害他"胸怀洒落光风霁月"的高洁风度。

　　轻蔑政治的文人习气，既然为诗人高士所不取，所以现代的人更不能够袭取这种态度，作为保持学术自由独立的护身符。而且轻蔑政治比反对政治还要坏。政府措施如有失当，你尽可批评，贪吏的行为，你可加以攻击，奸贼的黑幕，你不妨去揭穿，你均不失为一个正直勇敢的公民。现在那些有轻蔑政治习气的人，对于一般从事政治的人，尖酸刻薄，嘲笑讥讽，而对于贪官污吏大奸巨憝，反而取幽默纵容的态度。像这样的态度，于学术的前途、国家的前途，恐怕两皆有害而无利。这种脱离政治、轻蔑政治以求学术自由独立的传统风气，在学术上是不健康的空气，在政治上，也不易走上近代民主政治的道路。

好在自从新文化运动以来，在中国大学教育方面，总算稍稍培植了一点近代学术自由独立的基础：一般学人，知道求学不是做官的手段，学术有学术自身的使命与尊严。因为学术有了独立自由的自觉，对于中国政治改进，也产生良好影响。在初期新文化运动的时代，学术界的人士，完全站在学术自由独立的立场，反对当时污浊的政治，反对当时卖国政府，不与旧官僚合作，不与旧军阀妥协。因此学术界多少保留了一片干净土，影响许多进步青年的思想，培养国家文化上一点命脉。学术界这种独立自由的态度，可以说是为腐朽残暴的北洋军阀作了釜底抽薪的反抗，使他们不能罗致有力的新进分子去支持陈旧腐败的局面；间接有助于国民革命军北伐的成功。此后政治虽然有不少纷乱，学术的自由独立，仍然保持相当的水准，但是学术界的人士，对于尚未真正实现统一的国民政府，态度似乎不能一致，冷淡、超脱、不理会是学术界当时普遍的现象。到了七七事变，抗战建国的国策确定以后，学术界的人士，也就进而对政府取尽量辅助贡献的态度，政府对于学术界也取咨询尊重的态度，我们希望我们中国渐渐有自由独立的政府，来尊重自由独立的学术，同时也渐渐有自由独立的学术，来贡献于自由独立的政府。

（写于1946年）

政治与修养

兴趣的发生,大都是随着人对于价值的认识为转移的。兴趣之所趋,即价值之所在。价值所在的地方,也就是足以引起人的兴趣的地方。假如你认为一件事体,毫无意义与价值,则你决不会对那件事体发生兴趣。固然,有时兴趣与价值是相左的。极有价值之物(如高深学术),不会引起众人的兴趣。有时毫无价值甚或很坏的事物(如吸鸦片烟、赌博),会引起许多人很浓厚的兴趣。不过就大体说来,我认为价值与兴趣永远是平行一致的。伟大的价值,必能引起人伟大的兴趣。永久价值,必能引起人悠久的兴趣。低级价值,必能引起人低级的兴趣。真正绝对没有价值之物,终久会被淘汰,不会长久吸引世人的兴趣。

假如对于凡是健康的心灵,都感觉兴趣的有价值之物,如属于真方面的学术,美方面的艺术,善方面的道德等,漫不感觉兴趣,这个人算是患了"价值盲"(Value-Blind)的病,即精神上某方面有了病态,一如患了"色盲"(Color-Blind)的人,是生理上视觉方面有了病态,看不见众人都能识别的某种颜色一样。

世间有价值的事物,真是无有穷尽,美不胜收,许多人,因有多方面的兴趣,于是陷于博杂而不专精。一个人假如对于凡有价值的事物,都要感觉兴趣,那无异于逛烟花世界、入百货公司,令人头晕目眩,不知何所适从,抑且疲于奔命。这就会因"嗜欲深"而致

"天机浅"。然而有许多正当普遍的价值，有如清茶淡饭，为日常生活所不可缺，只要心灵健康，没有"障蔽"（Complex）的人，没有对它不会感觉兴趣的。对这些价值感觉兴趣并不是私欲的放任，而正是人性天机的活泼流露，不惟不致使人头晕目眩，而且可以增进人的官感，启导人的心思，锻炼人的品格。这类的兴趣，是应加以利导培养，而决不可加以阻碍的。政治兴趣无疑的应列入这类正常普遍健康的兴趣之中，而须加以培养利导的。

对于治理公共的事体的兴趣，就是我所谓政治兴趣。认为治理公共的事体有价值，而欣然愿意去研究、讨论、过问、参加，就是有政治兴趣。这里须得特别注重的，政治兴趣既是治理公共事体的兴趣，则对于政治有兴趣，与对于世俗一般人所谓做官有兴趣，应大有分别。对于政治有兴趣的人，也许从政做官，但普通公民及自由职业者，也可以对政治有浓厚兴趣。而少数做"官"的人，也许志在谋一家一身的温饱，在求个人的权利，他的兴趣是为私的，而不是为公的，是为个人切身的事体，而不是为治理公共的事体，而且有少数作官的人，只知道逢迎某一权贵，为某一权贵而奔走，他终身投入于宦海升沉之中，只有个人的得志与失意，他却不能算是有超出个人利害的客观的政治兴趣。

在这种情形下，一般平民，自然更是不识不知顺帝之则，只知个人身家之事，而不知公共事体为何物了。如是在下者，则由于愚昧，对公共事体无有认识，因而不能发挥其政治兴趣。而在上的许多官僚政客，由于自私，假公以济私，不仅自己缺乏真纯的政治兴趣，而且反足以沮丧他人的政治兴趣。似此正常的政治兴趣，不能培养起来，国家不能成为近代的国家，政治亦决不能走上民主政治的正路。

政治的兴趣可试分为超然的政治兴趣，与介入的政治兴趣两种。具有介入的政治兴趣的人，他愿献身于公共事业过一个纯正的政治生涯。一如艺术家之献身于艺术，科学家之献身于科学，作其终身鞠躬尽瘁的生涯一样。一个人之愿意直接参加政治、献身政治，具有此处所谓介入的政治兴趣，其原因大要不外：（一）怀才求售，施展抱负。他具有治理公共事体的才能，或具有治理公共事体的理想，颇思上政治舞台，一显身手，以求实现其理想。（二）报答知己，所谓"士为知己者死"，及陆放翁所谓"古来贤达士，初亦愿躬耕，意气或感激，邂逅成功名"，皆是由于受了师友的接引，而参加政治。这或因激于侠义之情，或因笃于友谊而放弃隐逸，献身政治，虽不尽合于民主政治家风度，但因究属有道义之感，而非基于私利之心，亦可算作正常的政治兴趣。（三）实现本性，因为人是社会的动物，他有仁民爱物，为公家服务的本性。他献身政治，乃所以成己成物，尽己性，尽物性。

此处所说的介入的政治兴趣，乃古今中外政治家所共有的兴趣，尽人皆知，无待烦言。惟最为人所不注意，最须加以阐明，且为实行民主政治所最宜培养提倡者，乃是我所谓"超然的政治兴趣"。直接参加政治，争取政权，有利禄的引诱。热中之徒，夺竞之人，比比皆是。故介入的政治兴趣，即不加如何提倡鼓舞，亦可油然兴起，但贵在加以教育、监督、训练，俾导参加政治的兴趣于正轨。但要想培养并引导人民的超然的政治兴趣，却是难事。

所谓超然的政治兴趣，即是指一般的公民及自由职业的人，无政治野心，且不以从政服官为业，但对于政治却表现一种纯正的兴趣。一方面，他不在其位，管理政治不是他业务内之事，处于"旁观者清"的地位。一方面他是国民一分子，他亦有其政治上的权利与义务，政治的污染得失，与他本人休戚相关，他有他本分内的关切。他拥护某一执政当局，并非由于私恩，或由于他是他的私人。他反对某一执政者，亦非有何私怨。完全视他的政见政策是否为他所赞成，道德文章是否为他所钦佩，施政效果是否令他满意。他对于政治人物的兴趣，有点近似观众之于舞台上的演员。他对于政局得失的批评和反应，有似观众对于剧情的感想与关心。他对政治的确感到真切的兴趣，然而他的政治兴趣却又是相当超然的。他对于政治的观察、意见、批评，就是逐渐形成健全舆论的成分。这种政治兴趣，其出于人的本心，基于人的本性，其普遍性与必然性，简直与人皆有之的是非之心，或羞恶之心相同。这种人皆有之的共同的兴趣，若受阻碍堙塞，不得畅通，则政治必然会没有生气，公共的事业，必不能发达，亦必不能走上民主政治之途。

阻抑人民的政治兴趣，使政治不能走上民主政治的途径。大约不外下列几个原因：第一，或因政治太腐败，执政的人太无能，使政治成为藏秽纳污之所，大家厌恶政治如恶恶臭，避之惟恐不远。第二，或因政治为少数人所独占，所包办，当局钳制舆论不许他人置喙过问。第三，或因失意的政客，怀有酸葡萄的心理，故意对政治表示厌倦。或念佛以表示消极，或吟诗以示清高。或暗中勾结，阴谋反叛，不用公开合法的手段，以夺取政权。换言之，在野者不能循正轨发挥其政治兴趣，以监督政府，亦是使人对政治失其应有兴趣之一因。但以上三点，都只是表面上的原因。使人民的政治兴趣不得正当发挥的根本原因：第一是愚昧，第二是缺乏培养政治兴趣的组织。所谓愚昧，是指人民的知识程度不够，昧于个人与国家的关系，对于公共事体，无论对内政、外交、军事、财政、经济各方面，皆缺乏知识。政府亦不尽量公开政情，尽宣传晓喻之责，破除人民对于政治的愚昧无知。兴趣生于认识和了解,人民对于政治既然无识无知,当然不会发生兴趣。所谓缺乏培养政治兴趣的组织,当然是指缺乏代表民意的机构,健全的舆论机关,研究政治各方面的教育学术团体,以及训练政治能力、培养政治人才的良好学校等。

知道了阻抑堙塞政治兴趣的原因所在,则如何培养政治兴趣当可不言而喻了。如加强政治教育,开放言论,设立民意机构,公开政情,鼓励各种合法的政治社团之组织等,自不待言。

总之,良好的政府,一定是足以培养人民的政治兴趣的政府。伟大的政治家,一定是足以鼓舞人民的政治兴趣的导师。人民对于政治有兴趣,表示人民愿意贡献其力量于政府。政府能够培养人民的兴趣,表示政府能够吸引人民的向心力。

(写于 1946 年)

王船山的历史哲学

王船山是王阳明以后第一人。他在中国哲学史上的地位,远较与他同时代的顾亭林、黄梨洲为高。他的思想的创颖简易或不如阳明,但体系的博大平实则过之。他的学说乃是集心学和理学之大成。道学问即所以尊德性,格物穷理即所以明心见性。表面上他是绍述横渠,学脉比较接近程朱,然而骨子里心学、理学的对立,已经被他解除了,程朱陆王间的矛盾,已经被他消融了。

船山的历史哲学可以说是他的纯粹哲学的应用与发挥,乃是对中国历史哲学的空前贡献。他的《读通鉴论》和《宋论》二书,大约是他晚年思想成熟时的著作。执一中心思想以评衡历史上的人物与事变,自评论历史以使人见道明理而入哲学之门。书中透出了他个人忠于民族文化和道统之苦心孤诣的志事,建立了他的历史哲学、政治哲学和文化哲学,指示了作人和修养的规范,可以说他书中每字每句都是在为有志做圣贤、做大政治家的人说法。

何谓历史哲学?太史公所谓"明天人之际,通古今之变,成一家之言",可以说是对于历史哲学的性质与任务最好的诠释。简言之,历史哲学即是要在历史上去求教训,格历史之物,穷历史之理,穷究国运盛衰、时代治乱、英雄成败、文化消长、政教得失、风俗隆污之理。换言之,历史哲学即在历史中求"通鉴",求有普遍性的教训、鉴戒或原则。古往今来第一流有气魄有见识的历史家,如司马迁、司马光之流，绝不仅供给我们以历史事实，而乃要指示一种历史哲学。一如伟大的科学家之不仅是科学家，而自有其哲学，有其宇宙观。

然而历史家的历史哲学只是潜伏的、隐微的、暗示的，只是寓哲学义理于叙述历史事变之中（一如诗人之寓哲学于诗歌中），究只是史而非哲学。哲学家的历史哲学是以哲学的原理为主，而以历史的事实作为例证和参考，因此它是哲学而非历史。历史哲学家将历史家所暗示的潜伏隐微的教训发挥出来，批评历史家写史时所抱的根本主张及其所假定的前提。譬如，太史公书中有许多地方，都是有作用的偏见，王船山直指出来而斥之为"谤史"。又如太史公与班固皆注重史书的文学性，喜为诙奇震耀之言，亦为王船山所指责。又如太史公在《伯夷列传》里，大发议论怀疑天道的公正，而船山整个历史哲学的中心思想，即在指明天道的公正不爽。太史公根据历史事实以证天道的不公正，王船山亦根据历史事实以证天道的公正。足见两人对于历史的看法、解释和哲学之不相同。至于司马温公的《资治通鉴》所隐微暗示的历史哲学，无疑是"有德者兴，失德者亡"的道德史观。而王船山的《读通鉴论》主要地也就是将温公的道德史观加以深刻化、系统化地发挥。他又因为自己身处于国族大变局中，而特别注重夷夏之辨的《春秋》大义，以唤醒人们的民族意识。不过，我们不仅要注重他借历史事变所发挥的道德教训和民族思想，而特别要揭示他的哲学思想、历史哲学的思想。

首先拟略述王船山研究历史哲学的方法。他的方法可以分作三点来说：第一，因为他是先有了哲学的原则，然后才应用这些哲学原则为基础来观察、解释、批评历史事实，所以他有时可以说是纯自一根本原则或中心思想出发,采取以事实注理则,以理则驭事实的方法,借历史事实以说明哲学原理,将历史事实作为哲学原理的例证或证成。他要用历史事实以例证或证成的根本原理,就是儒家的天道、仁和体用合一等观念。这在以后将再阐述。他这种方法可以说代表哲学家治历史哲学的一般方法。其好处在于使他的理论富于哲学识度,贯通而少矛盾。其弱点在空洞而不亲切。然而他又能辅之以现象学的方法及体验方法,使他的理论丰富有内容而亲切感人。

第二,所谓现象学的方法,就是即用以观体,因物以求理,由部分以窥全体,由特殊以求通则的方法。换言之,现象学的方法应用在理解历史方面,即是由看得见的古人的言与迹这些现象,去探求那看不见的心与道。"因言见心,因迹见道"是船山达到他的历史哲学的又一钥匙。他说:"知言者,因古人之言,见古人之心。尚论古人之世,分析古人精意之归。详说群言之异同,而会其统宗;深造微言之委曲,而审其旨趣"(《宋论》卷六)。因"言"去见"心",由尚论古人之"世",去求古人的"精意",由比较"群言"的异同,去会通其"统宗",由"微言"去深察其"旨趣",都表示我所谓即用观体,由现象求本质的现象学的方法。《读通鉴论》卷十六,复有"千载以下,可按迹以知心。义不义决于心,而即征于外"的话,更足以见他"由外知内""按迹见心"的方法。

第三,体验方法。王船山复用设身处地、同情了解的体验方法去得到他的历史理论。在《读通鉴论叙论》四里,他说:"设身于古之时势,为己之所躬逢。研虑于古之谋为,为己之所身任。取古人宗社之安危,代为之忧患,而己之去危以即安者在矣。取古昔民情之利病,代为之斟酌,而今之兴利以除害者在矣。得可资,失亦可资也。同可资,异亦可资也。故治之所资,惟在一心,而史特其鉴也。"他这段话,知的方面教人虚心,设身处地,以体察古人的事迹;行的方面,求得其教训,以资自己立身处世的鉴戒。这正好表示了体验方法的两个方面。因为体验方法不是单纯的求抽象知识之法,而是知行合一之法。

我们前面业已提到,船山是先钻研经学,得出他的哲学原则,然后再将之应用于历史方面,以完成他的历史哲学。现在我们要进而简要地介绍他的基本哲学思想。

概括讲来,王船山的基本思想是一个不偏于一面的一元论或合一论。在各种对立的双方中,他要力求其偏中之全,对立中之统一。他的一元论,不是孤立的单一的一元论,而是一种谐和的调解对立、体用兼赅的全体论或合一论。而他的合一论也并不是漫无区别的混一论或同一论,而自有其体用主从之别。大体说来,他的思想是以理为体、物为用的理学,以心为体、物为用,知为主、行为从的心学。兹加以分别的论列:

（一）王船山的道器合一论。他承认"无其道则无其器",但他特别注重"无其器则无其道"之说,以补救王学末流之弊。他指出:"器之虚寂,即道之虚寂"。他并且力言:"未有弓矢而无射道,未有车马而无御道。"(见《周易外传》卷五《系辞上传》)。足见他力持道器合一而不可分离的说法,且已预斥近人离开器而侈言抽象的道,如"未有飞机之前,已有飞机之理"的说法。他的着重点是道器合一,不可离器而言道,以陷于空寂。亦不可离道而言器,致陷于无本。钱穆先生根据船山"天下惟器而已矣,道者器之道,器者不可谓之道之器"的说法便释船山此说为"唯器论",那不啻说船山只知用而不知体。这似乎不足表示船山哲学上的根本立场。就船山的时代来看,大概他处于王学末流之世,离器言道陷于空寂的弊病比较大。为补偏救弊计,他比较注重不可离器而言道,或器外无道之说,诚所不免,但是他从来没有离开他的道器合一论。

(二)王船山的体用合一论。道即体,器即用,道器合一说即体用合一说。不过分开来说,或可较易了解。他说:"天下之用皆其有者也。吾从其用而知其体之有。体用胥有,而相需以实。善言道者,由用以得体,不善言道者,妄立一体,而消用以从之。不可说空道虚,而强名之曰体。求之感而遂通者,日观化而渐得其原,如执孙子而问其祖考"(《周易外传》卷二《大有》)。他这里"体用胥有,而相需以实"一语,说体用合一之理甚精。意思是说,体有用而体真,用有体而用实。反之体用分离,则两者皆虚妄不实。至于此下各语,正昭示我前面所说的现象学方法的真义。"善言道者,由用以得体","从用而知其体之有",意即谓须用现象学方法,即现象以求得本体,不可外现象以妄立本体。"求之感而遂通者,日观化而渐得其原。"亦是即流行(感通,化)见本体(道原)之意。子孙喻用,祖考喻体。执子孙问祖考,亦即比喻我们所说的现象学方法的切实妙用。因为现象学方法的本质在于"即用求体",而现象学方法,就是以体用合一的原则为前提。

(三)王船山的心物合一论。心属体,物属用,持体用合一说者自必持心物合一说。船山说:"心无非物也,物无非心也"(《尚书引义》卷一《尧典》)。"一人之身,居要者心也。心之神明散寄于五脏,待感于五官。肝脾肺肾,魂魄志思之藏也。一脏失理,一官失用,而心之灵已损矣。无目而心不辨色,无耳而心不知声,无手足而无能指使。一官失用而心之灵已废矣。其能孤挖一心以绌群用而可效其灵乎"(《尚书引义》卷六《毕命》)。他这里前两句虽稍欠透彻发挥,然而他持心物合一说,自无可疑。后面一段说身心合一之理,这使我们想起斯宾诺莎的身心平行论。在中国哲学里,讨论身心问题,有这种见解,实新颖可喜,足以引起人研究生理学及心理学的兴趣。可惜他未能详细发挥。

(四)王船山的知行合一论。船山生于王学盛行之时,自不免受阳明知行合一说的影响。且知属心,行属身属物,他既持心物合一说及心身合一说,他自不能不一贯地持知行合一说或知能合一说。他论知不可废能道:"夫能有迹,知无迹。故知可诡,能不可诡,异端者于此,以知为首,尊知而贱能,则知废。知无迹,能者知之迹也。废其能则知非其知,而知亦废"(《周易外传》卷五)。他这里以行能为知之迹象,则知是体、行是用,知是主、能是从,自不待言。但为救王学末流之失,他特别注重不可离用以求体,不可废能以求知。

他又论知行关系道:"且夫知者固以行为功者也。行也者不以知为功者也。行焉可以得知之效也,知焉未可得行之效也。……行可兼知,而知不可兼行。……君子之学未尝离行以为知也"(《尚书引义》卷三《说命》)。据我们解释起来,原则上船山仍然赞成知行合一、知行不可分离之说,不过他要矫正尊知贱能,重知轻行的偏弊,他特重不可离行以为知,亦即注重即行以求知,不行不能知之说。这便多少带有美国皮尔士、杜威、詹姆士等人的实用主义的色彩,而与王阳明之说法相反。阳明持"知是行之始,行是知之成"的说法,而船山便持"行是知之始,知是行之成"的说法。阳明认真知、良知即包括行。而船山则认行可兼知,而知不可兼行。

(五)王船山的物我合一论。一般中国哲学者一读到物我一体,都认作是一种神秘境界,惟船山对于物我合一之说,能根据经验加以切实发挥。他说:"且夫物之不可绝也,以己有物。物之不容绝也,以物有己。己有物而绝物,则内戕于己。物有己而绝己,则外贼乎物。物我交受其戕贼,而害乃极于天下。况乎欲绝物者,固不能充其绝也,一眠一食而皆与物俱,一动一言而必依物起。不能充其绝,而欲绝之,物且前却而困己,己且龃龉而自困"(《尚书引义》卷一《尧典》)。他这种物中有己,己中有物的物我合一论实与他的心物合一论相贯通。盖准此说来,则心中有物,物中有心。格物即可明心,用物即可尽知。饰外即可养内。一方面保持合一论的根本观点,一方面采取平实的即用以求体,下学而上达的方法。

他这种合一论的根本思想又如何应用在历史哲学方面呢?历史哲学上有两个重要概念,一是天道,一是人事,前者为理,后者为事。船山的思想就认为历史上事理是合一的,天道与人事是不分离的。天道并不空虚渺远,人事亦不盲目无理。他的方法是由人事以见天道,由事以明理。

王船山的天或天道,第一具有理则性。是灵明而有条理的,是历史上事物变迁发展的法则或节奏。第二天道具有道德性。天道是公正的,大公无私,赏善罚恶。这一点与老子的天地不仁的看法相反,而代表正统儒家思想。第三,天道复具有自然性,不息,不遗,无为,不假人为,无矫揉造作。第四,天道具有内在性,即器外无道,事外无理。天道并不在宇宙人生之外,而是内在于器物事变中,主宰推动万事万物。第五,天道有其必然性,真实无妄,强而有力,不可抵抗,人绝不能与天道争胜。凡此特点,均儒家的天道观应有之义。我们这里拟另外特别提出船山的两点独特贡献,加以阐发。一是天道不外吾心,理不在心外的心学观点,亦即集理学、心学之大成的观点。一即船山对于天道的矛盾进展或辩证法观点,默契于黑格尔理性的机巧的历史观。

于《读通鉴论》卷七里,船山对于天与事物及天与心的关系,有精要的说明:"无以知天,于事物知之尔。知事物者,心也;心者,性之灵、天之则也。"这明白应用他即用求体的方法,即由事物以求知天。但由事物所认识的天,却不在心外,而心即是天的法则。他这里所谓于事物知天即含有朱子所谓即物而穷其理之意。"天者理也"是船山秉承宋儒一贯的看法。于下面一段话中,更可见出:"天不可知,知之以理。拂于理则违于天,必革之而后安。……以理律天,而不知在天者之即为理。以天制人,而不知人之所同然者即为天"(《读通鉴论》卷十四)。"拂于理则违于天","在天者即为理",是代表"天即是理"的理学的说法。根据陆王"此心同此理同"的说法,则"人之所同然者即为天",即不啻说人之心同理同者即为天,这又符合陆王心学的趋向。由民意即天意,天视自我民视的古训,更可以见得"人之所同然者即为天"的义蕴。"君子之所贵于智者,自知也,知人也,知天也。至于知天而难矣。然而非知天则不足以知人,非知人则不足以自知。天聪明,自我民聪明;天明威,自我民明威。即民之聪明明威,而见天之违顺"(《读通鉴论》卷十四)。这段话有三点值得特别注意:第一,"非知天则不足以知人",是根据非知全则不足以知分、欲知人不可以不知人之本源的原则。历史哲学如欲知人事,则不能不进而探知天道。第二,"即民之聪明明威,而见天之违顺",即是由用知体的现象学方法。天不可知,于事物之理知之,于人之同然之理,人之民意、民心、民情、人之聪明、明威或理性以知之。第三,天理、天道、天心,不外于我民之"聪明明威"。天不在外,天人不二,这又代表心学的看法。

在《宋论》中,船山论天与道时,心学意味尤其浓厚:"论期于理而已耳,理期于天而已耳。故程子之言曰,圣人本天,异端本心。

虽然是说也,以折浮屠唯心之论,非极致之言也。天有成象,春其春,秋其秋,人其人,物其物,秩然名定而无所推移,此其所昭示而可言者也。若其密运而曲成知,大始而合至仁。天奚在乎?在乎人之心而已。故圣人见天于心,而后以其所见之天为神化之主"(《宋论》卷六)。又说:"道生于心。心之所安,道之所在"(《宋论》卷八)。程子尚析心与天为二,而船山却超出程子,合心与天为一,明白宣称,天即在人之心中,心之所安,即道之所在。非深有得于陆王心学者,决不敢出此语。由此我们可以看出,船山不离理而言天,由事物以求明理知天,处处不离理学规范。然而他又不离心而言理,不离心而言天,处处鞭辟近里,一以心学为宗主。所以我们敢断言他是集理学与心学之大成的人。他格物穷理以救心学的空寂。他归返本心,以救理学的支离。据说他的父亲,曾受学于江右王门之邹东廓。而江右王门代表王学中最平正一派,且亦最足以调解程朱与陆王之矛盾者。船山承家学,自亦得王学学脉。所以,船山似乎是最能由程朱发展到阳明,复由阳明回复到程朱。

以上我们指出船山虽然注重格物穷理的理学,虽然力图补救王学的偏蔽,然而他仍能返本于心学,不离心而言理、言天、言道。现在,我们要进而指出他在历史哲学上的独特贡献,这就是他的辩证的历史观,亦即他从天道之表现于历史而发现了其中的对立统一、相反相成的原则。譬如,当他说:"天下之至狠者无狠也,至诈者无诈也"(《读通鉴论》卷二十)。又如他所说:"其失也,正其所以得也。其可疑也,正以其无不可信也"。"奚以知其为大智哉,为人所欺者是已"(皆同上,卷二十四)。"得道多助,创业者不恃助。不恃也,乃可恃也"(同上,卷九)。诸如此类的话,都与老子"大智若愚","上德不德"等话相似,含有对立统一的道理,是船山在历史过程中所发现的辩证观。这些道理，在船山那里，不是老庄的玄言，而是历史上、人事上体验有得的实理。他尤其注重伟大的人格，但不是其片面的智、片面的仁、片面的立言立功，而乃是智与不智、仁与不仁、功与无功、言与无言之对立方面的谐和统一。譬如，他形容郭汾阳的人格道："天下共见之，而终莫测之。……不言之言，无功之功。回纥称之曰大人，允矣其为大人矣"（同上，卷二十三）。足见他所了解的汾阳的伟大所在，不在于"莫测"，而在于天下共见中的莫测，不在于有言有功，而在于无言之言，无功之功。这足表示他深有见于矛盾中的谐和的妙谛。

此外，他还从矛盾统一中深悟到不偏于一面的宏量和持中的道理。他说："生之与死，成之与败，皆理势之相为转圜，而不可测者也。既以身任天下，则死之与败，非意外之凶危。生之与成，抑固然之筹划。生而知其或死，则死而知其固可以生。败而知其可成，则成而知其固可以败。生死死生，成败败成，流转于时势，而有量以受之。如丸善走，不能踰越于盘中"（《读通鉴论》卷二十八）。这足见他把握住辩证的观点，在能窥见事物之全，要能见到死生成败之互相过渡的整个历程（理势之相为转圜）。见其大，得其大，则量自宏。如果只知生而不知死，只知成而不知败，则只知偏不知全，知一不知二，则胸襟褊狭，器小易盈。这样，辩证法在他那里已不是呆板的法则，而是生活的智慧了。

在《读通鉴论》卷七里，他说："刚柔文质，道原并建，而大中即寓其间。因其刚而柔存焉，因其文而质立焉，有道者之所尚也。"这里由刚柔文质之并建，而悟大中持中，相成相济，不可偏废的道理，将玄远的老子式的辩证观平实化、儒家化。大概凡纵观历史的人，都趋于注重时间的过程。而历史的过程总不免表现出一正一反一合的节奏,或矛盾进展的过程。船山是我国最伟大的历史哲学家,同时也是最富于辩证法思想的人。

船山的历史哲学之富于辩证思想,最新颖独创且令我们惊奇的,就是他早已先黑格尔而提出"理性的机巧"(The Cunning of Reason)的思想。王船山(1619—1692)生在黑格尔(1770—1831)之前约一百五十年,但黑格尔哲学中最重要创新的"理性的机巧"之说,却早经船山见到,用以表示天道或天意之真实不爽,矛盾发展且具有理性目的。黑格尔认为,理性是有力量的,也是有机巧的。理性的机巧表现于一种曲折的或矛盾进展的历程里。理性一方面让事物遵循其自身的性格与倾向,让它们互相影响、抵消、平衡,而自己并不干涉其行程,但正所以借此以达到理性自身的目的。黑格尔还进而指出,在这种意义下,天道或天意(divine providence)之于世界历程,可以说是具有绝对的机巧。上帝或天(God)让世人放任他们的情欲,图谋他们的利益,为所欲为,但其结果不是完成他们自私的企图,而是完成上帝的企图。而上帝的企图,大公无私,纯出于理性,决然与世人自私的企图不同(参看黑格尔著《小逻辑》第二〇九节)。黑格尔于他的《历史哲学》中,描写理性凭借并扬弃情欲和暴君或英雄的野心以实现其自身的机巧道:"情欲的特殊利益的满足是与普遍原则的发展不可分的。由于特殊的特定的利益与情欲的满足及其否定,而普遍原则因而实现。个别情欲与个别情欲斗争,互有得失,互有损害。但普遍的理念并未牵连于其中而自冒危险。它(指理性,天,或普遍理念)高高乎在上,隐藏在后面,毫无动摇,毫无损伤。这可叫做理性的机巧。理性凭其机巧,使情欲为它自己工作。而具有情欲的个人受处罚、受损害。理性所利用以完成其目的者为现象存在。普遍理念以个体事物,个人情欲的牺牲受罚,为实现其自身的代价。"

理性的机巧表现在历史上或人物方面,就是假个人的私心以济天下的大公,假英雄的情欲以达到普遍理想的目的。黑格尔还将此概念应用来解释自然历程和量变质变的关系。他指出假借自然的事变(如机械历程、化学历程及有机历程等)以达到精神的目的,假借迟缓的量变以达到突然的质变,都是理性的机巧的表现。理性一面假借非理性的事物(如私心、情欲、自然历程等),一面又否定非理性的事物以实现其自身。这表示理性不是空虚的,而是有力量且有机巧、有办法以实现其自身。但历史上非理性的事物尽管互相抵消平衡、受损害、受处罚,而理性却静观无为,既不干涉其行程,亦不牵连于其中而蒙损害、冒危险。这就是说,理性复能保持其空灵性和超脱性。黑格尔这一种看法,在王船山的历史哲学里,我们只消将黑格尔的理性或上帝换成王船山的天或理,便不惟得到印证默契,而且得到解释和发挥。

在《宋论》卷一的篇首,船山首先指出:"天无可狃之故常"。又说:"天因化推移,斟酌曲成以制命。"这里说天无可狃之故常,不啻谓天不是呆板不易的,而是能随机应变的。天、天道或上帝的命令不是直线式的,而是"因化",凭依实际自然和人事上的变化,而加以推动或否定,斟酌实际情形,取曲折的途径依矛盾进展的过程,以求完成其目的。细察他上下文的本意,不过谓宋太祖无功无德,且无门阀资望的凭借,而能得天下,实乃因天于缺乏神武圣哲的开国人才时,无可奈何,姑假借宋太祖以达到和平统一,以符上天仁爱之心而已。总之,这已充分表示船山所谓天的辩证性和有机巧。在《读通鉴论》卷一的篇首,船山首先指出天之假借秦始皇的私心以行大公的机巧道:"秦以私天下之心而罢侯置守。而天假其私以行其大公,存乎神者之不测,有如是夫!"船山所感叹的存乎神者之不测,实无异于说,天的机巧、天的辩证性,不是一般的常识可以理解的。因为辩证的道理,每每是违反常识的。他于《读通鉴论》及《宋论》的第一节,开宗明义即提出天的辩证法或机巧性,足见辩证的历史观在船山思想中所占的主导地位了。

船山在提示理性的机巧一观念时,都是举出秦皇、汉武、武则天、宋太祖一类黑格尔所谓具有大欲(master passion)或权力意志的英雄,以作例证。除上面所引述的论宋太祖、秦始皇的话之外,对于汉武帝之开边,船山尤其有富于辩证哲思的见解:"天欲开之,圣人成之;圣人不作,则假手于时君及智力之士以启其渐。以一时之利害言之,则病天下;通古今而计之,则利大而圣道以宏。天者,合往古来今而成纯者也。……时之未至,不能先焉。迨其气之已动,则以不令之君臣,役难堪之百姓。而即其失也以为得,即其罪也以为功,诚有不可测者矣。天之所启,人为效之,非人之能也。圣人之所勤,人弗守之,则罪在人而不在天"(《读通鉴论》卷三)。这段话仔细玩味起来,颇有几点契合黑格尔的意思:第一,天或理性代表全体。批评历史应当"通古今"或"合古往今来"而计虑,不可囿于一时一地的意见。这含有黑格尔"真理是全体"的意思。第二,他注重圣贤英雄,或时君及才智之士在历史演变上的地位。但他又不陷于"英雄主义"的历史观。因为他认为历史上的重大事绩如统一、开边等,皆由于"天之所启"及时已至、气已动,人只能"效之",而"非人之力也"。而且皆由于天之"假手于时君及才智之士以启其渐",换言之,英雄伟人不过是天假借来完成历史使命和理性目的的工具。这与黑格尔对于英雄在历史上的地位的看法,简直如合符节。黑格尔说:"英雄的目的虽在满足自己,非满足他人,但他们却满足了众人的潜伏要求。他们是世界精神的执行人(agents)。他们的生活并不快乐,毫无安静享受。一生为其大欲所驱使。及其使命终了,亦被废弃。早死如亚力山大,被刺如凯撒,幽囚如拿破仑。终于成为世界精神的工具。"英雄、时君及才智之士被天或黑格尔的世界精神所假借利用,作为达到理性目的工具。即由英雄之"失败",而达到理性的"得"或收获。即由英雄之有"罪",被处罚,而天或理性却有"功"了。这表示理性的机巧和天道的公正不爽,不惟不表示英雄的万能,而且表示了英雄之为人作嫁的悲剧的命运。第三,一般宋明理学家都持狭义的道德观念,指责秦皇汉武之好大喜功,残民以逞。而王船山却能超出这种偏见,认为"通古今而计之,则利大而圣道以宏",这使得他的思想不惟具有深远的哲学识见,而且又富于近代精神。第四,他所谓"天",虽仍不外是理,是民之所同然的心或意,但却颇富于有人格的有神论意味,甚接近黑格尔所谓上帝或天意。

船山还循着同样的思路,指出"天"如何假武则天以正纲常,假巨奸之私以济国家之公的机巧。他说:"自霍光行非常之事,而司马懿、桓温、谢晦、傅亮、徐羡之托以售其私。裴炎赞武氏废中宗立豫王,亦故智也。……而武氏非元后,炎非武氏之姻戚,妄生非分之想,则白昼攫金,见金而不见人。其愚亦甚矣。自炎奸不售,而授首于都市,而后权奸之诈穷,后世佐命之奸无有敢借口伊霍以狂逞者。……炎之诛死,天其假手武氏以正纲常于万世欤"(《读通鉴论》卷二十一)。又评肃宗自立一事道:"肃宗自立于灵武,律以君臣父子之大伦,罪无可辞也。裴冕、杜渐鸿等之劝进,名为社稷计,实以居拥戴之功取卿相。其心可诛也。……肃宗亟立,天下乃定归于一,西收凉陇,北抚朔夏。以身当贼而功不分于他人。诸王诸帅无可挟之功名,以嗣起为乱。天未厌唐,启裴杜之心,使因私以济公,未尝不为唐幸也"(同上,卷二十三)。这里显明表出船山所谓"天",不惟能假权奸的私以济公,且能假手淫乱的武则天以正纲常。足见这万能而有机巧的"天",实在有假借任何恶势力坏材料以达到理性目的之能力。

船山于评论刘崇、翟义等死于王莽,而莽亦旋亡一事,借以发明理性的机巧的道理,尤具深意。他说:"陈涉、吴广败死而后胡亥亡;刘崇、翟义、刘快败死而后王莽亡;杨玄感败死而后杨广亡。徐寿辉、韩山童败死而后蒙古亡;犯天下之险以首事,未有不先自败者也。乱士不恤其死亡,贞士知死亡而不畏其死亡也,乃暴君篡主相灭之先征也。……然则胜、广、玄感、山童、寿辉者,天贸其死,以亡秦、隋;而义也、崇也、快也,自输其肝脑以拯天之衰而伸莽之诛者也"(《读通鉴论》卷五)。这一段话有两点重要意思,第一,以毒攻毒,恶人与恶人斗争,两败俱伤,而天道以明。这正表出了黑格尔所谓"个别情欲与个别情欲斗争,互有损害,但普遍理念并未牵连于其中……且毫无动摇"的道理。且表达出了黑格尔所谓"普遍理念以个体事物个别情欲的牺牲受罚,为实现其自身的代价"的理性机巧。船山所谓"天贸其死以亡秦、隋",意即指天以胜、广、玄感等人之死作为灭亡秦隋的代价或交换条件。实黑格尔理性的机巧说的最好的注释和例证。第二,在船山看来,胜、广、玄感等之叛乱是基于自私,他们的死是被"天"利用或假借作为达到灭亡秦、隋的理性目的之工具。他们的死是被动的。但翟义、刘崇等起义诛莽则不然,他们是基于自己的自动自发,他们的死,不是被天假借利用的工具,而是"自输其肝脑以拯天之衰",使正义伸张出来,使衰微的天意,得明白表现出来,得一支持,得一拯救的助力。换言之,前者是理性用机巧假借他物，曲折以求实现。后者是理性自身的支柱，直接的表现。这也就是船山于另一地方所说的负延续道统、学统之使命的人，"当天下纷崩，人心晦否之日，独握天枢，以争剥复"（《读通鉴论》卷九）的伟业。所以凡是基于理性的道德律令而自发的行为，不惟不是被动的为天所假借利用并加以否定的工具，而且乃是绝对的自身肯定，"独握天枢"，"拯天之衰"的刚健的行为。一种人是天理、理性的负荷者、把握者，甚至当天理晦否微弱、天下纷乱无真是非之时，他们又是理性的拯救者、保持者，其自身即是目的。一种人只是工具，被理性利用假借之，同时又惩罚之、废弃之，以达到理性的目的。这两种人的差别是很大的。

以上只就船山历史哲学中最有创新的部分，亦即默契于黑格尔的部分，也就是他的辩证观和对理性的机巧的看法，略加发扬，以见船山在哲学上的贡献之大、地位之高。至于他以道德之隆污决定国运的盛衰的道德史观，注重礼乐以移风易俗、熏陶感化人于无形的礼乐史观，以及他注重《春秋》大义，严辨夷夏之防，足以激发人的民族意识的民族史观，我们此处均略而不述了。

（1946年10月刊登于《哲学评论》第10卷，第1期）

附王煜语：贺麟先生《王安石的性论》介绍王荆公一首最富于哲理与识度的诗："风吹瓦堕屋，正打破我头。瓦亦自破碎，岂但我血流。我终不嗔渠，此瓦不自由。众生造众恶，亦有一机抽，渠不知此机，故自认愆尤。此但可哀怜，劝令真正修。岂可自迷误，与渠作冤仇。"贺氏称赞此诗充分表现出斯宾诺莎的定命论，代表安石晚年静观宇宙人生，胸怀洒落，超脱恩怨友仇成败悲欢荣辱的高远境界，及他学佛后宽恕一切、悲悯一切的菩萨心肠（详见《思想与时代月刊》第四十三期）。按《庄子·山木》"有虚船来触，虽有惼心之人不怒"；《达生》"虽有忮心者不怨飘瓦"启发安石。贺氏《文化与人生》的突破性论文《王船山的历史哲学》指出,王夫之早有黑格尔"理性(上帝)之狡狯"那种概念。我很高兴找到更早的苏轼诗《和陶咏荆轲》:"秦如马后牛,吕氏非复嬴。天欲厚其毒,假手李客卿。功成志自满,积恶如陵京。灭身会有时,徐观可安行。沙丘一狼狈,笑落冠与缨。……杀父囚其母,此岂容天庭。……"天道相当于黑格尔的 Reason(理性)借李斯深化秦始皇的恶毒使他尴尬地死于归途。东坡此意浅于船山的——天托始皇消灭封建制度,托武则天整顿纲纪。然而我感到理性狡狯说足以解释一切恶魔的历史地位,例如,可以说天假希特勒以辩证地复兴德国。

(见香港中文大学文化研究所学报1981年,第11卷,第9期。作者王煜,系香港新亚书院哲学系教授。)

论哲学纷无定论

一部哲学史显得是派别复杂,思想纷歧,对于里面的问题,几千年来,此亦一是非,彼亦一是非,好像是得不到确定的结论。科学上的问题,都是一个一个可以得到解决的。科学上的问题可以日新月异而有进步,科学上的发明亦可以日新月异而有进步。而哲学上好像老是那几个旧问题,对于这些陈旧问题的解决,又复纷歧而没有定论,因此少有进步。有的人便以此诟病哲学,觉得哲学不值得研究。

我们的意思以为哲学纷无定论,在某意义下,确是事实。以此诟病哲学,却又可不必。

真理也许只有一个。然而我们考查此真理的角度或出发点不同,我们所得的结论也许就互异。对于同一个问题,由于性情、环境、时代需要以及个人学养、文化背景的不同,也许就会产生不同的看法。所以古人尝说,"道一而已,仁者见之谓之仁,智者见之谓之智。"诗人也咏过:"横看成岭侧成峰,远近高低各不同"。这些说法似乎都可多少说明哲学纷无定论的事实。

还有一层,科学上的问题,每每只涉及部分,本身是可以有定论的解答的。而哲学上的问题,每每涉及全体、根本,难于得到解答,更难于得到有定论的解答,譬如一般人常说,"盖棺定论",但历史上许多伟大人物,盖棺已千百年,而论犹未定。同样,伟大的问题，也是千百年不易得到定论。即在较高深的科学里，如数学、物理、心理学里，亦有派别的分判，亦有彼此辩争未得定论的重大问题。何况在哲学领域里，有许多哲学家以发出千百年无人能解决的大问题，以提出千百年无人能证明的大假设自豪，这种问题何能容易得到定论呢？所以有时即当哲学家提出问题之时，他本来就不希望求得到一致的或定于一尊的千古不移的定论。

尤其我们须知，哲学重在思想的训练和理智的活动，重研究、怀疑、讨论、辩难、探求思索的过程，而不一定重在问题的根本解决和所得的结果。犹如我们习体操，或爬山旅行，我们重在体育活动的过程和身体的锻炼，而不重实际的收获和问题的解决。在这意义下，哲学也是只问耕耘（思想研究）不问收获（得到结论、结果）的。哲学家只是"爱智者"，追求真理的人，而不是"智者"，自命已经有了智慧、得到真理的人。

而且从另一方面来说，哲学有了定论，正是哲学的末路。一个哲学家自命为有了定论，则他便会陷于独断而不虚怀求进益。一个社会或国家，认某一哲学家的体系为定论，定于一尊，而认违反此定论的学说为异端邪说，则那个社会或那个国家，就会陷于政治不民主、学术不进步和思想不自由的厄运。汉武帝认孔子的学说为定论，尊崇儒术，罢黜百家，其妨害思想自由、学术进步和政治民主的恶影响，真是难于计量。西洋在中世纪，教会方面认亚里士多德的学说为定论，违反亚氏思想的人，有被迫害、被处死的危险，其对思想自由、学术进步和政治民主妨害更大。近年来弥漫世界的一种有宗教性和独裁性的政治运动，在哲学上亦有定于一尊的趋势，一定要崇奉某某哲学家为惟一先知，某种典籍为圣经，而提出一套哲学的公式，作为政治运动的信条。这与汉武之尊崇儒术，教会之尊崇亚理士多德，同是扼杀哲学思想的正常进展，亦同即为妨害思想自由、学术进步和政治民主的逆流。其错误似亦在于认为哲学应该有定论，且应该定于一尊。

我常说，就对于哲学之有无定论的态度而言，我们不妨约略把哲学家分为两类，一类是善于发问题的哲学家，一类是善于答问题的哲学家。发问题的哲学家，喜欢批评、怀疑，反对旧传统，提出新问题、新方法，指出新方向，大都是开风气、创学派的哲学家。西洋哲学史上的苏格拉底、笛卡尔、洛克、休谟都可说是属于此类。我们虽不能说他们在哲学思想上没有得到肯定的结论，然而他们的思想特富于暗示性、启发性，有待后人的讨论、补充、发挥、解释处特多。答问题的哲学家，大都善于综合融汇，折衷各派而求其至当，集各派的大成而创立博大的体系，使人有百川归海，叹观止到顶点之感。如亚里士多德可说是答复苏格拉底、柏拉图的问题的哲学家，斯宾诺莎是答复笛卡尔的问题的哲学家，黑格尔是答复康德的问题的哲学家，惟有康德的地位比较特殊：他一方面答复休谟的问题，一方面又提出新问题给费希特、黑格尔等人来答复。发问题的哲学家注重怀疑批评，自身就不愿意执着什么定论。答问题的哲学家好像是有了定论，但亦大都只承认折衷众说，集其大成，而不敢以独创独断自居。总之，在哲学领域内，不论有无定论，都是富于自由空气的。

说哲学纷无定论，目的在注重哲学的自由和创新方面。并不是说哲学里纷乱如麻，使人无所适从。更不是说，学哲学的人，可以信口开河，胡言乱说，漫无是非真伪标准。哲学有其神圣的使命、完整的领域、森严的律令、谨严的方法，亦有其公认的标准和典型的权威。这种种特点都是使得哲学成为一专门学问的条件。说哲学上没有定论可,说哲学上任何定论都可以批评反对更可,但说整个哲学史只是庞杂的思想的记载,漫无头绪却不可。因为如果加以贯通的整理,我们就可看出哲学史上的派别和论辩,皆是脉络分别,源流清楚。如众山之有主峰,如众流之汇归于海,使人感觉到哲学上派别之多,思想之杂,而仍不违悖于"道一而已","真理只有一个"的根本原则。

还有一点,须得补充的,说哲学史或哲学界纷无定论,并不是说每个哲学家没有他自认为苦思力索深信自得的真理。每个哲学家总觉得有需要他发挥阐明的真理,也有须得他鞠躬尽瘁,生死以之,去坚持、去维护的真理。王阳明说:"尔自己心中一点良知,就是尔自己的准则",有准则就可说是有定论。有准则有定论,行为就有了指针。对于真理有了明觉精察的定论,对于生活就会有真切笃实的力行。于是我就可以说,说哲学无定论,是注重哲学的批评怀疑,以求思想的自由创新。说哲学有定论,是指出由对于真理的认识可引起信仰而指导行为。所以要呆板地执着地说哲学无定论或有定论皆不可。"哲学纷无定论"这句话并不是定论。认哲学有了定论,真理百世不惑四海皆准的说法,也不是定论。于是我这篇短文说来说去也没有定论,尚待对这问题有兴趣的人的讨论和指教。

(写于 1946 年)

文化、武化与工商化

文化可说是精神的文明,武化是武力的文明,工商化是物质的文明。

文化是名词,同时也是动词;化字含有改变的意义;文要化,要影响其他的一种东西,要感化或支配别一种东西;譬如教育,譬如诗歌,可以使人向善,可以使人有优美的情操,这就是文化之一。武化就是要以武的事物去感化或支配别的人或物,譬如在我们附近放着许多枪炮,堆着一些沙包,我们的精神就会紧张起来,这也就是武化的一例。文可以化,武可以化,工商业也可以化。古人说:"与善人交,如入芝兰之室,久而不闻其香。"香可以改变环境,可以支配其他的东西,正可解释"化"字的功用。

中国一般人的旧看法,认为文化与武化是对立的、不相容的,文人主张文化,武人主张武化,提倡物质文明的人就反对精神文明。另外有些人就以为精神文明一定是高尚的,其他的文明一定是比较低级。本人以为这是不对的。这是旧的看法,这种看法会影响到文化的发展。

我今天要提出一种新的看法:第一点,我以为文化必不是纯粹文化,而必定以武力和物质为其因素;文化失去这两者就会变成空虚;例如我国,凡是文化最发达的时代,必定是精神文明与物质文明同时发达,如春秋战国时代,乃是文化最盛的时代,当时的士除了学习礼乐诗书数以外，还要懂得射御，并且工商业也很发达，太史公作过一篇《货殖列传》，可证明当时商业化是被人注重的。其次，汉朝、唐朝也是如此，元朝初年也是如此，由历史看来，可知三者是同时发展的。在魏晋南北朝与南宋时代离开武化和工商化，而专事清谈与玄学，所以受外族侵略，这乃是不健全的文化。在印度、希腊亦有同样表现，当它们专讲空疏的文化而不努力于实际的武化和工商化的时期，它们是不免受异族侵凌的。所以三者不可分，一个真正文化的总体是包括武力和工商业与技术等等在内的。

第二点，武化或工商化并不低于文化、精神文明。普通俗话说："七十二行，行行出状元。"我们也可以说："各界出圣人，"即是军事上有军事上的圣人，工商业上有工商业上的圣人，各界有各界的特点，各种事业有各种事业的伟大之处，不能说某界比某界要卑下。

第三点，精神文明、物质文明和武力三者是互相影响、互相帮助、互相充实而互相联系的。譬如一有战争，其胜利得之于文化和工商业的帮助是非常大的。那就是说，工商业与教育发生密切关系，军事可影响学术，学术又可影响工商，三者联系起来成为一个有机体。

过去若干年来，一般人都认为文武不相容，精神文明与物质文明有高下的分别。那是什么原故呢？那是一般人的错误观念，一般人只知道某种东西的坏处，而不知道其好处，譬如讲到文化，或者讲到书生、学者、文人，一般人就会连想到文弱。儒者素来被人认为懦弱的象征，"儒"字本来就含有"懦"字的意思。又有人认为文人乃是不事生产者，文人乃是虚文而不切实际者。再说武化，一般人听到"武"字就会联想到野蛮、横暴、动武、行凶、兵灾、匪祸、暴君、专制、恶魔、霸王等等。这都是错观念，而非正面意义。这也是很坏的习惯。因为,凡是看见一个名词,都向坏的方面想,即令是极好的一个名词也向坏的方面想,那岂不是一种危险思想么?我再讲下去:又如工商化,所谓工商,本是一种职业,是人生不可或缺的。但是一说到"工",一般人就会联想到苦力,奴隶,被剥削者等等。一说到"商",一般人就会联想到什么"学校商业化"等等名词。如果说到商人,就会联想到投机、市侩、自私、势利等等名词。固然有少数商人是不免有这些坏的行为,但大多数商人决不是如此,一般人却往往把坏的解释作为普遍的现象,这确是一种不健康的思想习惯,一种坏的思想方式。如果任这种坏的思想方式发展下去,那么就没有人愿意作商人了,也没有人愿意作工人了。而且文人看不起武人,武人也看不起文人;一般人又看不起工商业的人,工商业的人也瞧不起文人和武人,于是文武对立,精神文明和物质文明对立,如果长此下去,中国不会工业化,也不会有一个强有力的国防军,决难成为一个现代化国家。

现在从正面意义来解释这三点:

(一)文化:所谓文化,乃是人文化,即是人类精神的活动所影响、所支配、所产生的。又可说文化即是理性化,就是以理性来处理任何事,从理性中产生的,即谓之文化。文化包括三大概念:第一是"真",第二是"美",第三是"善",文化要以真理来感化、来影响,就名词上的意义来说,文化是真理所产生,所以文化是真理化,但真理是从学术上研究而得的,例如哲学科学等等都是构成文化的因素,也可说是学术化;所谓"美",就是艺术化,使欣赏的人有美感,受陶冶;所谓"善",即是道德化。总起来说,真美善即是真理化、艺术化、道德化,而由于系高尚的情感、坚强的意志和正确的理智所产生,可以说即是精神化——精神文明。而文化的特征乃是征服人类的精神,使人精神心悦诚服。

(二)武化:武化即是武力,以武力来影响支配人。武力的最基本要素有三点:第一是强壮的身体;第二是勇气;第三是侠义。要有强壮的身体,才能够有所作为;勇气就是有胆量,有胆量才敢于有所作为;侠义就是正义感,有了正义感才会判别应当做的就做,不应当做的就不做,古人用关公作为义气的代表,因为关公最重义气,富于武德,置生死利害于度外。

(三)工商化:我今天没有讲"农"就把农也包括在工商化里面,工人的意义表示劳动。双手万能,而且有技巧;另外又有勤勉的意义,因为他们是不断地工作下去;并且包含有生产和创造两种意义,就是说生产之外还能创造新的东西,这些可说是工业化的美德。此外工业上有一种"交货"的规章,譬如我们去定货,工厂必定会按照议定的时间交货给我们,而且按照我们所需要的条件丝毫不会"偷工减料"的交货给我们。这真是一个最美的道德行为,对于社会有一种良好的影响。因为工业有这些优点,所以征服自然,要靠工业。至于商呢?我们也不能拿坏意来看商人。商人的特点是有利益的观念,并且讲利同时讲用,所谓生财有道,使任何事都可以增长利益;并且还要计算利益,选择有利益的事来干,而舍弃没有利益的事;其次就是通有无,即是各地的货物互相流通,这也靠商业;再次,就是信用公平,这两项美德也是商业上具备的;还有兑现也是商业上的美德,譬如银行发出钞票或支票,必定能够兑现的,这种观念也应用到日常生活和处世接物上面来,譬如我们说话做事都能兑现,那岂不是我们的一种美德!

由这样看来,可以晓得文人、武人、工人、商人各有美德,希望各个加以发挥,构成一个最优良的文化总体。我们要除掉旧的不健康的思想,我们要使文化促进武化,也助工商化,使它们互相帮助,互相救短。譬如军人与文人接触后要合作、要互助。工商业家和文人,或军人与工商业家都要互相帮助,那么学术可助军事的发展,又可助工商业发展;工商业也可助军事建设,军事又可保护文化和工商业的安全。

我们现在再来谈谈武化与工商化如何接受文化。

先说工业化。现代工业是数学、物理、化学等等的结晶,那就是说工业非学理化不可,由此可见工业必须有文化的帮助。我们知道工程师就是一个有学问的人。无学问的人是干不成的,举一个例子,我有一个朋友,以前是学哲学的,学识非常丰富,后来从事军事工业。工作干得很好。我会他的时候,他自称是一个铁匠。我们可以断定这个铁匠是一个学识丰富的铁匠。又有一个留学的朋友,他是学农的,他自称农夫,可是,这个农夫是有丰富的学识作基础的。再说工业也是美化。例如,工程师设计建筑一座房子,他必定考虑如何使它富丽堂皇,如果设计一部汽车,他必定考虑如何才能使它美雅玲珑。这都是可以启蒙人的美感的。工业化更有道德的意义,例如交货就是一个最好的例子。

再说商业,如果离开学术也是站不住脚的。如现在大学里面有商学系,研究会计学、统计学、银行学、贸易学等等高深的学识。而一个求发展的大商人更要具备丰富的国际政治和法律的知识以及地理历史的知识和丰富的常识。而信用、公平和兑现等观念又造成商业道德化。

说到武化,我们都知道,军事学是需要天文、地理、物理、化学、数学、心理学等等作基础的。而历史上更有不少的军人对于文学和政治都有深刻研究。由此可知军事学非学术化不可;而军人的精神,重勇敢,能牺牲,守纪律,负责任等等观念,更是道德化;打仗的方法对进退、虚实、冒险、两方人数多寡,都是按照一定的规则去做,而且是随机变化的,所以军事也包含艺术化。

所以军事、商业和工业都必须学术化、艺术化、道德化,并且必须受精神文明的帮助。

武化和工商化接受文化的情形说过了。文人学者们如何接受武化和工商化呢?一个学者要爬山远足去找标本,必须身体好;而冒险作科学上的试验或冒险到危险地方去作科学材料的搜集,这又需要勇气;这就是武化的条件。学者的演讲,写文章就是工作。从事这种工作,也需要勤;也要有"产品";并且要有创造的精神,才会有新的发现。例如学校,在某种意义下好像工厂,学生就好像是"产品";所以学术、教育都含有工的成分,而文化也具有工化。又说学术教育等如何商化,我们说什么事业商化,或什么学术商化,这并不是骂人,而是讲究如何获得效益,如何可以获得最高的效果。从前人总是教人自己吃亏。我们现在改变了,我们不能吃亏,而且还要讲究获得利益,不过我们并不单单顾全自己的利益,我们还要顾到国家、社会、同事、朋友的利益。我们也要计算利益。我们也要交换学术。信用在学术上也是要保持的。交货也可应用在学术上,例如讲演作论文都是要定期交货的,而战时美国政府限定科学家在某时期内要造出原子弹交货,而美国科学家就依照限期交货。任何学者都要取薪水,但是必须有材料,有贡献,而且是货真价实的交出来,这就是具有商业上的意义。

简而言之,工商人有事业心,文化人也必须具有事业心。过去我国文人喜欢摆架子,无论什么事情,只肯用口讲讲,或者用笔写写,如果要他们亲身去观察,去研究,去搬弄,他们认为是有损身份,所以事业办不好，而受文弱甚至病夫的讥讽，这是要急急改正的。

文化而兼武化和工商化，在西洋已经办到，所以他们的文人都有事业心，而工商业和军事也已学术化、道德化、艺术化，三者互相帮助、互相充实、互相联系。这在西洋是已成事实，我今天不过对于这种事实加以理论的说明罢了。

我们的孔子是中国第一个文化人，然而他能射，能御，并且常佩剑，可见他是兼有武化的精神，他的弟子中有子路，子路非常勇敢而强壮，是典型的军人；有子贡，子贡善于做生意，可说是典型的商人；孔子博学而无所不知，可说是文化的总体象征。我现在说文化、武化、工商化三者要合一，这也可说是孔子精神的新发挥。

中国社会上，一般的家庭或商店，特别是美国唐人街的华侨商店，都供着文昌帝君、关圣帝君和财神三个神像。文昌帝君可代表文化，关圣帝君可代表武化，财神可代表工商化；由这点看来，无形中表现中国社会传统的信仰也是合乎这三个原则的。不过希望这三位神不要对立，而要互助，可以说关圣帝君和财神要合作而向文昌帝君致敬，文昌帝君也要对他们两位随时帮助。

最后，我们拿政治来印证一下：要搞政治，必须先有基础；以历史来看，政治的基础最初是武力，后来是财力；原始时代政治都建立在武力上，近代建立在工商业上；武力的政治常产生霸道，工商业的政治常产生资本家。以后必须加上一个"文化"。先要有文化作为政治的基础，即是以学术教育来做武力和工商业的基础。中国儒家和希腊哲学家柏拉图即是这样主张过，于是政治必须以这三者的联系和互助，然后政治基础才可以稳固。

（写于 1946 年）

王安石的哲学思想

中国儒家的人所尊崇的政治家，大约不外两型；一为伊周型，一为萧曹型。前一类的政治家，同时即是圣贤，道德文章兼备，言行均可为世法则，治平之业，好像只是他们学问道德文章的副产。三代以下这一类型的政治家甚为没落，惟有那"伯仲之间见伊吕"被宋儒称为"有儒者气象"的诸葛孔明，比较接近此一类型。后一类型的政治家，大都有才能，建事功，平叛乱，维治安。他们似乎是政治本位、事功本位的政治家，以政治上建立功业为唯一目的。他们虽可称为贤臣贤相，然而究不能说是道德、学问、文章兼备的圣贤。汉唐的盛治，都是这一类型的政治家的表现。汉的萧、曹、霍光，唐之房、杜、姚、宋，都是这一类型的代表。伊周类型的政治家当然要行王道，实现大同之治。萧、曹类型的政治家，当然免不了掺杂些霸道和申韩之术，只能达到小康之治。如果用现代话来说，前者代表政治上的理想主义，后者代表政治上的现实主义，传统儒家的政治思想一贯地憧憬大同的理想。

宋朝以尊重儒者、不杀文臣定为祖宗家法，初期胡瑗、孙复之讲学亦开造成伊周型的政治家的先河。而后来理学家程朱的历史观，亦一致地贬斥汉唐，推尊三代理想政治。宋朝的政治家如范仲淹、韩琦、司马光等都是以道德、学问、文章著称，接近伊周型的政治家。即欧阳修、苏轼虽偏以文章见长，其最后理想亦在于为三者兼备的政治家。在历代培养文治的传统下,在杰出之士皆以达到道德、学问、文章兼备为政治家的理想的风气下,王安石不过是最杰出、最完美的代表而已。安石的诗文皆卓然自成为大家。他的人格,陆象山称其"洁白之操,寒于冰霜"。他的生平志事,陆象山称其"道术必为孔孟,勋绩必为伊周"。所以他实在具备了种种条件,使他成为三代以下,伊周型的政治家中最伟大的虽说是一个失败的代表。据说,当他初见神宗时,神宗问他,"唐太宗如何?"他答道:"陛下当法尧舜,何以太宗为哉?"又说:"陛下诚能为尧舜,则必有皋夔稷契,彼魏征诸葛亮者何足道哉?"许多人都认为安石这番话未免大言欺人,狂妄无忌惮。殊不知这确是表现他多年来所怀抱的根本主张。神宗原来憧憬着汉唐的现实政治,他要把神宗转变为趋向三代伊周式的理想政治。神宗当时接受了他的根本主张,称他为"责难于君",并嘉勉他"悉意辅辟,同济此道"。于是他才秉难进易退之节,得君行道。

以上是就理想政治与现实政治在历史上的消长来看,以指出王安石在政治史上的地位。再就哲学与政治的关系,以明示王安石的哲学思想在哲学史上的地位。

大凡一个政治家必有其哲学见解,必有其所服膺的哲学家。如王安石的哲学倾向,最接近孟子的心性之学,而他所最推尊的哲学家除孔子外,为孟子及扬雄。他所最反对的哲学家为荀子。这也有其政治思想的背景的。因孟子是理想主义者,他的政治思想,在儒家中是提倡大同的。而荀子则是政治上倾向小康的现实主义者。同时一个哲学家,亦必有其政治主张,有其所拥护的政治家。如孔子之尊周公,老庄之尊黄帝,墨子之尊大禹。在宋儒朱陆两派中,显然程朱比较拥护司马光,而象山则拥护温公的政敌王安石。

象山是哲学家中第一个替王安石说公道话的人。王安石的新法被司马光推翻，他的政治理想迄未得真正实现。而陆象山的心学被程朱派压倒直至明之王阳明方始发扬光大。而政治家中也只有张居正才比较服膺陆王之学。总之，讲陆王之学的人多比较尊崇王安石、张居正式的有大气魄的政治家。同时王安石、张居正一流的政治家亦多比较喜欢陆王一路的思想。这也许是出于偶然，但亦多少可表明政治家与哲学家亦有其性情的投契，政治主张与哲学思想亦有其密切的关联。同时我也约略暗示了王安石的哲学思想，以得自孟子、扬雄为最多，而与陆王的思想最为接近。

要讲安石的哲学思想，我们不能不概括地先讲一下程朱陆王的区别。程朱陆王都同是要讲身心性命格物穷理之学，所不同者只是程朱主张先格物穷理，而后明心见性，先今日格一物，明日格一物，而后豁然贯通，吾心之全体大用无不明。陆王主张先发明本心，先立乎大者，先体认良知，然后致吾心之良知于事事物物。所以程朱比较注重客观的物理，陆王比较注重主观的心性。一由用回到体，一由体发展到用。而陆王的心学正代表了西洋欲了解宇宙，须了解自我，欲建立宇宙先建立自我的唯心哲学。

王安石生平最服膺孟子，最反对荀子，而孟子是主张尽心尽性，发挥良知良能，具有先立乎其大，万物皆备于我，方今天下舍我其谁的胸襟与气魄的人。除孟子外，他最推崇扬雄，认"扬雄者，自孟轲以来未有能及之者"。然而他推崇扬雄的理由，乃因为"扬雄亦用心于内，不求于外，不修廉隅，以徼名当世"。如果你问安石，救国救民从何处救起，他一定说先从救自己做起。治国平天下，亦先从治自己做起。他是讲为己之学的人。对于杨墨的评价，他虽说指斥两人各偏于一面，然而他比较赞成杨朱。他认："杨子为己，为己,学者之本;墨子为人,为人,学者之末",是以学者必先为己。为己有余,则自可不期为人而自能为人。如果"始学之时,道未足以为己,而志已在于为人",便是"谬用其心。"这样志虽在于为人,其实绝不能为人。他很觉奇怪,为什么"杨子知为己之为务,而不能达于大禹之道"。换言之,安石认为为己是本,本立自能发出为人的效用。他是要以杨子之为己为出发点,而达到墨子之兼爱的归宿点,庶几合乎本末兼赅,体用合一的儒家正道。

我们可以称安石哲学思想的出发点为"建立自我"。建立自我是他所作的立本、立大、务内的功夫。他的个性倔强,卓越不拔,有创造力,有革命精神,都可说是出自他建立自我的功夫。我这里用"建立自我"四字以表示他的根本出发点,因为建立二字,比较有哲学意味,建立自我为建立宇宙之本,提出建立自我,知的方面以自我意识为认识外物的根本,行的方面即利人济物、修齐治平的事业,不过是自己性分内事,是自我的实现罢了。兹试逐步陈述他建立自我的努力。

第一,建立自我,消极方面必须使自我不为物欲名利所拖累、所束缚。所以必须用一番摆脱物欲名利的功夫,使自我可以抬起头来,不致沉溺于物欲名利而不能自拔。在答曾子固书中王安石曾经说道:

"方今乱俗不在于佛,乃在于学士大夫,沉没利欲,以言相尚,不知自治而已"。"沉没利欲",即失掉自己,"以言相尚",即务名而不务实,鹜外而不务内。宋人议论(即以言相尚)未毕而金人渡江的后患,可以说他已有了先见。他这里所谓"自治"意义甚深。必定要像扬雄那样用心于内,才算得自治。自治就是我这里所谓自我建立。他于《进戒疏》中说,"不淫耳目于声色玩好之物,然后能精于用志。能精于用志,然后能明于见理。"这已经把他生平的学问修养,全盘托出了。这也就是他"洁白之操,寒于冰霜"的所自来了。必定要摒绝嗜欲,然后才能保持自我的纯真的天机,才能用志不纷,集中精力,以格物穷理。我们须得明白,建立自我,乃是拯拔自我,保持自我,以求体察真理。并不是刚愎任性,放任主观意见。

第二,建立自我就是使自我以道或以理为依归,而不随俗浮沉,与世俯仰。不以众人的意见为意见,而为真理守节操。《送孙正之序》中有一段,最足以表现他"举世非之力行而不惑"(韩愈语)及"不但一时之毁誉不关于虑,即万世之是非亦所弗计"(张居正语)的精神:"时然而然,众人也。己然而然,君子也。己然而然非私己也,圣人之道在焉耳。夫君子有穷苦颠跌不肯诎己以从时者,不以时胜道也。故其得志于君则变时而之道,若反手然,彼其术素修而志素定也"。己然而然,不时然而然,表示他重自我的主观精神。然而他所谓己或自我乃是有普遍性永久性的道、理想和主义的寄托,不诎己以从时,并不是乖僻傲慢,而乃是不随世俗趋时代而牺牲自己所代表的道、主义或理想。不仅不以时胜道,有了机会还将进而以自己平素所服膺的道、主义、理想,去改变时代、转移世俗。所以后来他力排众议,不量敌之众寡,以校正"人习于苟且非一日,士大夫多以不恤国事,同俗自媚于众为善"(《答司马谏议书》)的风气,而毅然实行新法,实基于这种素养和素志的发挥,并非偶然。

第三,有了自我建立,则读书的时候,心中自有主宰,自能致良知以读书,不仅六经皆我注脚,而且诸子百家亦皆我注脚。所以他不为狭义的正统观念所束缚,胆敢无书不读,然而能自己受用随意驱遣,而不陷于支离。他与曾子固书说得最好:"某自百家诸子之书,至于《难经》、《素问》、《百草》诸小说,无所不读。农夫女工,无所不问。然后于经为能知其大体而无疑。……扬雄虽为不好非圣人之书,然于墨晏邹庄申韩,亦何所不读。彼致其知而后读,以有所去取,故异学不能乱也,惟其不能乱,故能有所去取者,所以明吾道而已"。其博极群书有似朱子,其去取百家之书以明吾道,致吾知,较象山六经皆我注脚的精神似尤为阔大。

能建立自我,不单是读书可以主动,不受书本束缚,即视听言动,亦有自我作主宰,不随外物转移。他讲知识(视听)和行为(言动)中的自我主宰性或先天成分,尤为精颖。他说:"非礼勿听,非谓掩耳而避之,天下之物不足以乱吾之聪也。非礼勿视,非谓闭目不见,天下之物不足以乱吾之明也。非礼勿言,非谓止口而无言也,天下之物不足以易吾之辞也。非礼勿动,非谓止其躬而不动,天下之物不足以干吾之气也。天下之物,岂特形骸自为哉?其所由来盖微矣。不听之时,有先听焉。不视之时,有先明焉。不言之时,有先言焉。不动之时,有先动焉"(见《礼乐论》)。非礼勿视、听、言、动,若不善加解释,而加以权威化,简直会束缚得人不敢动弹。无怪会引起人认"礼教吃人"、"以理杀人"的反抗。今安石对于消极的有使人逃避外物趋势的非礼勿视、听、言、动的教训,加以积极的解释,而鼓舞人征服外物,改变外物,以自己为范型去陶铸外物。已经包含有阳明释格物为正物,去物之不正以就己心之正的精神了。因为照他这样解释起来,非礼勿视,并非消极地不看外物,而是看尽天下之物,不能乱吾心之明。非礼勿听,不是消极地不听外物,而是听尽天下之声,不能乱吾心之聪。非礼勿言,不是消极地不说话,而是我自己所说的话,非外物所能推翻驳倒。非礼勿动,不是消极地无有行动,而是自己的行为坚定,非外物所可转移。换言之，他认为非礼勿视、听、言、动，不是束缚自己，而是依理以视、听、言、动，因而实现自己。不是消极地逃避外物，而是积极地借外物以考验吾耳之聪、目之明，言之有理，动之坚定，因为他根本认为外物之所以为外物，并非"形骸自为"，并非独立不依，由于外形如此便如此，而有其隐微的来源，这来源就是先天的自我，或未发的心性。他所谓不视、不听、不言、不动之时的先明、先聪、先言、先动，即指自动的有主宰的理性之我而言，亦即近似象山所谓本心，阳明所谓良知。他所解释的非礼勿视、听、言、动，实即应积极地依本心凭良知而视、听、言、动，或借视、听、言、动，以格物（正物），以复本心，以自致良知之意。有了先天自我的立法性和灵明性，则视、听、言、动自有准则（即有礼），而视、听、言、动所接触之外物自有条理，自受规范，因外物并非形骸自为，而乃为自我所建立，受自我之陶铸而成者。所以他接着说："是故非耳以为聪，而不知所以为聪者，不足以尽天下之听，非目以为明，而不知所以为明者，不足以尽天下之视。聪明者，耳目之所能为，而所以聪明者非耳目之所能为也"。这段话甚深，推究起来，实包含有康德知识论的精意。耳目只是能听、能见的感官，而所以使耳目能听能见者，不是感官，而是自我的理性。没有理性的理解，没有心中的灵明，耳不能有真听，目不能有真视。这显然是超出了单凭耳目的感觉主义，进入注重理性的理性主义，而以理性为感觉的根本。如果用王阳明的话来解释，便应说：聪明者耳目之所能为，而所以聪明者乃良知之所能为。不致良知，则耳失其所以为聪，而无真听，目失其所以为明，而无真视。能致良知，则耳目得其所以聪明之理，而视听言动皆尽其用，合于理（礼），知致而物格（正）矣。

同样的意思，在《书洪范传后》一文中，他复有简要的述说："古之学者,虽问以口,而其传以心。虽听以耳,而其受以意"。口耳不过是传达心意的媒介。如不能心领神会,以心传心,以意受意,单凭口耳,便会沉没于外物,而失掉自己。这固足以表现他在知识方面注重传心的心学,亦即足以表示他处处注重自我的建立,那无自我、无个性,不能借口以传心、借耳而受意的人,根本算不得知识的主体,也就无法得到真知识。

以上讲安石提出主动的自我或致自己的良知为读书求知、视听言动的根本,以其涉及知识论,为国人所甚少注意,且以其意思特精颖,有开陆王的先河的地方,故说得较多。至于他富于心学意味的见解,此外,尤不胜枚举。兹再举其较显著的话以资印证:"仁义礼信,天下之达道,而王霸之所同也,夫王之与霸,其所以用者则同,而其所以名者则异。何也?盖其心异而已矣,其心异,则其事异,其事异则其功异,其功异则其名不得不异也。王者之道,其心非有求于天下也。所以为仁义礼信者,以为吾所当为而已矣。以仁义礼信修其身,而移之政,则天下莫不化之也……霸者之道则不然,其心未尝仁也。而患天下恶其不仁,于是示之以仁。其心未尝义也,而患天下恶其不义,于是示之以义。其于礼信,亦若是而已矣。是故霸者之心为利,而假王者之道以示其所欲。故曰,其心异也"。依他的看法,王霸之辨,在于王者之心为义,动机纯洁,以仁义礼信为目的。而霸者之心为利,动机不纯洁,以仁义礼信为手段,为欺人的幌子。且心异则结果之事功亦随之异,是心为本,而事功为用。凡此种种注重动机的思想,都一贯是心学的看法。于《虔州学记》中有一段话,更能深切著明地道出心学的义蕴:"周道微,不幸有秦,君臣莫知以为学,而乐于自用,其所建立悖矣,而恶夫非之者,乃烧诗书、杀学士,扫除天下之庠序,然后非之者愈多,而终于不胜,何哉?先王之道德,出于性命之理,而性命之理出于人心。诗书能循而达之,非能夺其所有,而予之以其所无也。经虽亡,出于人心者犹在,则亦安能使人舍己之昭昭而从我于聋昏哉"。这段话分析起来,包含有几层意思:第一,包含有象山人同此心、心同此理的意思。第二,诗书,广义言之,道德文化,只是顺人心中的性命之理而表达发挥之,并非外铸,更非斫伤夺掉其固有之本心本性。因此亦包含有性善之旨。第三,即使传统文化,诗书典籍一时遭受毁坏,而人心中自有其义理,自有其良知,因此道德文化亦不会沦亡。第四,人心中固有之义理或良知,活泼昭明,非专制权威所能压迫,非烧诗书、杀儒士、废学校,所能蔽塞消灭(承上文论秦之压迫言论统制思想言)。这简直与象山"斯人千古不磨心",同一口吻。同时也就不啻提出内心的良知以作反对专制权威的最后武器了。

第四,由建立自我,以自我之内心所是随机应变为准则,而反对权威,反对泥古,注重随时,权变革新,以作自由解放及变法维新的根本。他说:"古之人以是为礼,而吾今必由之,是未必合于古之礼也。古之人以是为义,而吾今必由之,是未必合于古之义也。夫天下之事其为变岂一乎哉?固有迹同而实异者矣。今之人思思求合于其迹,而不知权时之变。是则所同者古人之迹,而所异者其实也。事同于古人之迹而异于其实,则其为天下之害莫大矣。此圣人之所以贵乎权时之变者也"(见《非礼之礼》一文)。他这里所谓古人之实应作古人之心或古人之真意解。把握住圣贤制礼法之心意、之实质,而随时权变,不拘泥于形迹之异同。这种说法岂不予改革维新、自由创造大开方便之门吗?故他所谓法尧舜伊周,并不是守旧复古,可以断言。同样的意思,下面一段话,发挥得尤为透彻精要："圣贤之言行有所同，而有所不必同，不可以一端求也。同者道也，不同者迹也。知所同而不知所不同，非君子也。夫君子岂固欲为此不同哉？盖时不同则言行不得无不同。唯其不同，是以同也。如时不同而固欲为之同，则是所同者迹也，所不同者道也。迹同于圣人而道不同，则其为小人也孰御哉？"上段以迹与实对举，此段以迹与道对举。足参证道指实言，实指道言（认道、理、名、共相为真实，乃柏拉图式的实在论亦即唯心论的共同看法。）"唯其迹与圣人不同，是以同也"一语，指出不同的言行事迹正所以实现同一的道，不唯洞见一与多的真正关系，而且对泥古拘迹者揭示其弊害，加以有力的排斥，并提供变法革新以一种坚实的理论基础。这是他由建立自我、求心同不求迹同的心学，而发挥出自由革新的精神的地方，也是中国思想史上少见的卓识，而为陆王思想中所特有的色彩。

上面我们已约略叙述了王安石开陆王先河的心学，以下将进而讨论他承继孔孟，调解孟扬，反对荀子的性论。他以性情合一论为出发点，以性善恶混之说为过渡思想，而归结到性善论。

在《性情》一文中，他首先提出性情合一之旨道："性情一也。世有论者曰，性善情恶，是徒识性情之名而不知性情之实也。喜怒哀乐好恶欲，未发于外而存于心，性也。喜怒哀乐发于外而见于行，情也。性者情之本．情者性之用。故吾曰，性情一也。"这足见他显然以体用内外合一的原则，来说明性情之一而不可分的关系。他提出性情合一说，有两个作用：一欲借以反对性善情恶说，认吾人不可离情而言性，含有重视情感，反对那枯寂冷酷，抹煞情感的禁欲主义。所以他说："如其废情，则性虽善，何以自明哉？诚如今论者之说，则是若木石者尚矣"（同上）。一由性情之合一，而认由情之善,知性亦善,由情之恶知性亦恶,而赞助扬雄的性善恶混之说。所以他说:"盖君子养性之善,故情亦善;小人养性之恶,故情亦恶。故君子之所以为君子,小人之所以为小人,莫非情也。"又说:"然则性有恶乎?曰,孟子曰养其大体为大人,养其小体为小人。扬子曰,人之性,善恶混。是知性可以为恶也"(同上)。这是明显地由性情合一说而过渡到性善恶混的思想,且他认为孟子亦有类似善恶混的说法,思借以调解孟、扬的性论。然而这里显见他牵强曲解孟子。盖孟子所谓养大体或可以释作养性或养善性,而孟子所谓养小体,显然只是指养私欲肉欲而言,而非所谓性。孟子绝不会认情欲为性,亦从没有认受蒙蔽刺激而起的恶的情欲为性的说法。孟子只是认恶的情欲为起于外界之引诱刺激,本心之被蒙蔽,为违反本性,而非人之内在的本性。

在《原性》一篇中,一方面有不少的精意,一方面似亦免不了矛盾。第一,他似乎有认情有善恶,而性无善恶之可言的意思:

"孟子言人之性善,荀子言人之性恶。夫太极生五行,然后利害生焉。而太极不可以善恶言也。性生乎情(按依上下文义,性生乎情乃性产生情之意,非性自情生之意),有情然后善恶形焉,而性不可以善恶言也。此吾所以异于二子。"

照这段话的意思,他与孟、荀不同的地方,乃二人各偏执善恶,而他认性为太极(上文有"性者五常之太极也"的话),是超出善恶(善恶是后天用以判别情之中节与否的名言),而不可以善恶言的。他这里以有善恶的已发言情,以超善恶的未发言性,意亦甚精。但这与他由性情合一而推出的性与情皆有善有恶之说似又矛盾。接着第二段说:

"孟子以恻隐之心,人皆有之,因以谓人之性无不仁。就所谓性者如其说,必也怨毒忿戾之心,人皆无之,然后可以言人之性无不善。而人果皆无之乎?孟子以恻隐之心言性者以其在内也。夫恻隐之心与怨毒忿戾之心,其有感于外而后出乎中者,有不同乎?荀子曰,'其为善者伪也。'就所谓性者如其说,必也恻隐之心人皆无之,然后可以言善者伪也。而人果皆无之乎?荀子曰,'陶人化土而为埴,埴岂土之性也哉?'夫陶人不以木为埴者,惟土有埴之性焉。乌在其为伪也?"

这段话驳荀子善者伪也之说甚精。其意盖谓善乃基于本性,乃本性之自然实现,而非由于矫揉造作的伪。但他同时复反驳孟子,认人皆有怨毒忿戾之心,而怨毒忿戾之心,其伏于中被感而发于外,与恻隐之心,亦并无不同,足见人心之中,亦有恶性。其反驳孟子性无有不善之说,而替扬子性善恶混之说辩护,似亦颇持中而合于常识。不过这说显然与他自己上段认性为太极无有善恶之说不合。且他似有误解孟子处。孟子言"恻隐之心,仁之端也",意谓同情心,恻隐之心(情),为仁的一种表现或端绪,并非混合性情,以恻隐之心言性。孟子虽亦有"恻隐之心,仁也"的明文,其意不过谓仁性即显现于恻隐之心之内,即情见性,不可离恻隐之心(情)而言仁性。虽亦含有安石"性情一也"之旨,但却自有体用之分别。孟子以恻隐之心言仁,非仅以恻隐之心为心理上的内心情绪,乃以恻隐之心之足以表示人之本性,代表真我,发展人格。而怨毒忿戾之心,虽仍系心理上的情绪,但足以戕贼本性,有损人格,不能代表真我,乃本性(仁)之蒙蔽、之丧失,因而只能说是有善有恶之情,不能说是纯善无恶之性。换言之,由情之善以证性之善可。因善的情足以表现本性、发挥本性故。由情之恶以证性之恶则不可。因恶情乃习染之污,本性之蔽,不足以代表本性故。犹如由室中之光明以证太阳之光明可,由室中之黑暗以证太阳之黑暗则不可。因室中之黑暗乃由太阳之被遮蔽,阳光之未能透入,非太阳本身黑暗。安石知性为太极(太极犹心性中之太阳),知情善故性善,而不知情恶而性不恶的道理,自陷于矛盾,盖为扬子性善恶混之说所误引了。

然而我已说过,安石性有善恶之说,只是他受扬雄的影响,欲调和孟、扬思想的初步的折衷说法,而非他最后极至之见。所以他接着便有进一层的看法:"且诸子(指孟、荀、扬、韩)之所言,皆吾所谓情也,习也,非性也。扬子之言为似矣,犹未出乎以习而言性也"。换言之,他认为他们偏执性善、性恶、性善恶混之性三品,皆是以情以习、以已发于外者去言性,而未能以理、以太极、以未发之中而言性。如果以理、以太极、以未发之中而言性,则性将为超善恶的真纯之本,而无善恶之可言了。于是他便超出心理方面情习方面的性论,而升入从形而上学的观点以言性。使我们不能不钦佩他超迈独到的识见。但性既是理、太极或未发之中,虽不可用比较的相对的善去言性(因性是超出相对的善恶之上的),却亦自有其本身内在之善。所以在某种意义下,可以说性超善恶,在另一较高意义下,亦可说性是善的。因此他最后复归到孟子的性善论,而与扬子的性善恶混说,再作一新的调解。他这种认性为超出心理上的善恶,而归结到人的本心、本性仍是善的根本思想,与王阳明晚年天泉证道的四句话:"无善无恶心之体,有善有恶意之动,……"真是同条共贯,可以互相发明。

安石提出正性(代表真我的天命之性),与不正之性(指情习而言)的区别。正性纯善无恶,而不正之性,亦可名为俗谛之性,则有善有恶。请看他在《扬孟篇》中调和两家的言论:"孟子言性曰性善,扬子之言性曰善恶混。……孟扬之道,未尝不同,二子之说,非有异也。此孔子所谓言岂一端而已,各有所当者也。孟子之所谓性者,正性也。扬子之所谓性者,兼性之不正者言之也。……夫人之生莫不有羞恶之性。有人于此,羞善行之不修,恶善名之不立,尽力乎善以充其羞恶之性,则其为贤也孰御哉?此得乎性之正者。而孟子之所谓性也。有人于此,羞利之不厚,恶利之不多,尽力乎利,以充其羞恶之性,则其为不肖也孰御哉?此得乎性之不正,而扬子之兼所谓性者也。……今夫羞利之不厚,恶利之不多,尽力乎利而至乎不肖。则扬子岂以谓人之性,而不以罪其人哉?亦必恶其失性之正也。"

依他这样分别来说,孟、扬之说,实可并行不悖。他这种说法,已包含有程伊川分别义理之性与气质之性的说法了。正性就是伊川所谓义理之性,亦即孟子性善说所指的性。不正之性就是伊川所谓气质之性,"君子不谓之性也"的性,亦即扬子善恶混说所指之性。然而不正之性,乃正性的陷溺、丧失,所以在理论上,我们只应讲正性。因此他最后不能不归到孟子的性善说或正性本善之说了。

后来在《文集拾遗》中,我们发现他另有一篇《性论》,便纯粹发挥孟子性善之说,无丝毫违异。其醇正无疵,不亚于程朱。兹特详引于下:

"古之善言性者,莫如仲尼,仲尼圣之粹者也。仲尼而下,莫如子思,子思学仲尼者也。其次莫如孟轲,孟轲学子思者也。……然而世之学者,见一圣二贤性善之说,终不能一而信之者何也?岂非惑于论语所谓'上智下愚'之说与?噫,以一圣二贤之心而求之,则性归于善而已矣。其所谓智愚不移者,才也非性也。性者五常之谓也。才者愚智昏明之品也。欲明其才品,则孔子所谓'上智下愚不移'之说是也。欲明其性,则孔子所谓'性相近,习相远';《中庸》所谓'率性之谓道';孟轲所谓'人无有不善'之说是也。"

"夫有性有才之分何也?曰性者,生之质也。五常是也。虽上智与下愚,均有之矣。盖上智得之之全,而下愚得之之微也。夫人生之有五常也,犹水之趋乎下,而木之渐乎上也。谓上智者有之,而下愚者无之,惑矣。……夫性犹水也,江河之与畎浍,小大虽异,而其趋于下同也。性犹木也,梗楠樗栎,长短虽异,而其渐于上同也。智而至于极上,愚而至于极下,其昏明虽异,然其于恻隐羞恶是非辞逊之端,则同矣。故曰,仲尼、子思、孟轲之言,有才性之异,而荀卿乱之。扬雄、韩愈惑乎上智与下愚之说,混才与性而言之。"

这里他灼然见到仲尼思孟的贯通处,以仁义礼智信之五常言性。认人性之善,如水之趋下,如木之渐上。醇正发明孟子本旨,排斥荀卿。且指出扬雄、韩愈只是混才与性而言之,不复去作调解孟、扬的无谓工作,真是洞达性体的至论。依我看来,他的性论,若不为前面未定的善恶混之说所误,将可与程朱的性论争光媲美。他复于《荀卿论》上一文中,力贬荀卿而尊孟子,认为荀卿之名,不宜与孟子相配比。他指斥荀卿性恶说为祸仁义道:

"昔告子以为'性犹杞柳也,义犹桮棬也'。孟子曰,'率天下之人而祸仁义者,必子之言夫。'夫杞柳之为桮棬,是戕其性而后可以为也。盖孟子以谓人之为仁义,非戕其性而后可为,故以告子之言为祸仁义矣。荀卿以为人之性恶,则岂非所谓祸仁义哉?顾孟子之生不在荀卿之后焉耳。使孟子出其后,则辞而辟之矣。"

由此可见安石纯全持性善说,而以孟子的功臣自居,俨以代孟子辟荀子为己任。此外他答孙长倩书说:"语曰,涂之人皆可以为禹,盖人人有善性,而未必善自充也。"更纯正地本孟子之说以立言。所以我敢断定,安石是程朱以前对于人性论最有贡献,对孟子的性善说最有发挥的人。

有了性善论作根本立脚点,于是他便进而持充性说、复性说、顺性说、养性说,认为礼乐教化皆所以实现本性。前面我们说安石由建立自我而注重实现自我;由提挈本心而注重回复本心,自致良知;此处我们又可见得他如何由主张性善说而注重尽性了。尽性总括充性、顺性、复性、养性而言。

在《原过》一文中,他明白指出改过迁善为复性之道:

"天有过乎?有之,陵历斗蚀是也。地有过乎?有之,崩弛竭塞是也。天地举有过,卒不累覆且载者何?善复常也。人介乎天地之间,则固不能无过,卒不害圣且贤者何?亦善复常也。……天播五行于万灵,人固备而有之。有而不思则失,思而不行则废。一日咎前之非,沛然思而行之,是失而复得,废而复举也。"

"天播五行于万灵,人备而有之,"故人性善。不思不行,则失其本性。"思"指反省己性之善或自觉己性之善言。"行"指力行以扩充实现己性之善言。能思能行,能改过迁善,则可以得到其放失之性而回复其本性之常。这纯全代表孟子"求放心","思则得之,不思则不得也"的思想。

除注重改过迁善以复本性之善外,他并进而指出礼乐有顺性、养性的功能:

"先王体天下之性而为之礼,和天下之性而为之乐。礼者天下之中经;乐者天下之中和。礼乐者先王所以养人之神,正人之气而归正性也。……衣食所以养人之形气,礼乐所以养人之性也"(见《礼乐论》)。

这段话一方面说明礼有体性(体即体贴,体性亦顺性之意)、和性、养性,使人归返其正性的功能和价值,一方面也假定了人之性善,故只须顺之、和之、养之、归之。足见礼乐的设施并不是要桎梏人,使人化性起伪,而只是顺适长养其固有之善性罢了。因此他反对荀子的性恶论及化性起伪的礼论。他著有《礼论》一篇专驳斥荀子道:

"呜呼!荀卿之不知礼也。其言曰,'圣人化性而起伪',吾是以知其不知礼也。……礼始于天而成于人。知天而不知人则野,知人而不知天则伪。圣人恶其野而疾其伪,以是礼兴焉。今荀卿以谓圣人之化性为起伪,则是不知天之过也。……今人生而有严父爱母之心,圣人因其欲而为之制焉。故其制虽有以强人,而乃以顺其性之欲也。圣人苟不为之礼,则天下将有慢其父而疾其母者矣。此亦可谓失其性也。得性者以为伪,则失其性者乃可以为真乎?……夫狙猿之形非不若人也。欲绳之以尊卑,而节之以揖让,则彼有趋于深山大泽而走耳。虽畏之以威,而驯之以化,其可服耶?以谓天性无是,而可以化之使伪耶?则狙猿亦可使为礼矣。故曰,礼始于天而成于人,天则无是而人欲为之者,举天下之物,吾盖未之见也。"

他这里所谓天,是指人之自然的天性或本性。他指出礼并非违逆人性的矫揉造作(伪),而乃顺性之欲,使人得其本性,并不是使人失掉他的本性。譬如狙猿不是理性动物,天性中便没有礼,无论如何用化性起伪的功夫,也无法使他知尊卑揖让的礼节。礼固然须有后天的教导、学习的努力方能完成,但其来源是先天的,人为的学习只是顺从天性、实现本性罢了。

荀子言礼,知人为而不知天性,可以说是知用而不知体。故他虽盛称礼之"法度节奏之美",但亦不能为礼建立坚实深厚的理论基础。而老子的弱点,据王安石看来,便恰与荀子相反,是知天而不知人,亦可以说是知体而不知用。故只是注重天,而蔑弃礼乐刑政。遂至放弃人的造作努力,而天亦失其所以为天了。他著有《老子》一篇,最足以表示出他所以要在人事上、在礼乐刑政方面去努力设施的根本原因。兹抄录如下:

"道有本有末,本者万物之所以生也。末者万物之所以成也。本者出之自然,故不假乎人之力,而万物以生也。末者涉乎形器,故待人力而后万物以成也。夫其不假人之力而万物以生,则是圣人可以无言也,无为也。至乎有待于人力而万物以成,则是圣人之所以不能无言也,无为也。故昔圣人之在上而以万物为己任者,必制四术焉。四术者礼乐刑政是也。所以成万物者也。故圣人唯务修其成万物者,不言其生万物者。盖生者尸之于自然,非人力之所得与矣。"

"老子者独不然,以为涉乎形器者皆不足言也,不足为也。故抵去礼乐刑政而唯道之称焉,是不察于理而务高之过矣。夫道之自然者又何预乎? 唯其涉于形器,是以必待于人之言也,人之为也。其书曰:'三十辐,共一毂,当其无,有车之用。'夫毂辐之用,固在于车之无用。然工之琢削,未尝及于无者,盖无出于自然之力,可以无与也。今之治车者,知治其毂辐,而未尝及于无也。然而车以成者,盖毂辐具则无必为用矣。如其知无为用,而不治毂辐,则为车之术固已疏矣。今知无之为车用,无之为天下用,然不知所以为用也。故无之所以为车用者以有毂辐也。无之所以为天下用者,以有礼乐刑政也。如其废毂辐于车,废礼乐刑政于天下,而坐求其无之为用也,则亦近于愚矣。"

这篇文字可以说是安石代表儒家左派,提倡积极的有为政治,以反对老庄无为政治的理论宣言。他这里所谓"道",所谓"无",相当于人之自然的天性,是万物之本。礼乐刑政是人努力以尽此道此无之妙用的具体设施,也可以说是实现人的本性的工具或形器。不从事于有即不能得无之妙用。不从事于礼乐刑政的设施,即不能尽性道之妙用。原则上不放弃老子性、道、无的高明境界,然而方法上、人生态度上,一反老庄放任自然、无为而治的清静无为之教。所以他于《答司马谏议》书中很剀切地说:"如君实责我以在位久,未能助上大有为以膏泽斯民,则某知罪矣。如曰今日当一切不事事,守前所为而已,则非某之所敢知"。足见他不仅不轻视礼乐刑政,认之为粗迹,反而认为只有力行苦干,有所事事,对于礼乐刑政有所兴革设施,方足以收顺性尽道之妙用。固然他对于性道与形器的体用合一之有机关系,说得仍稍欠透彻得当。然而许多批评他的人如陈了翁谓"安石之学独有得于刑名度数,而道德性命则有所不足。"朱子谓"安石以佛老之言为妙道,而谓礼法事变为粗迹,此正其深蔽。"(见清顾栋高辑王安石遗事中所引。载在大东书局本《王安石全集》中)。这不啻反以安石批评老子的话来批评安石,似对于安石致力于礼乐刑政以求尽性尽道的地方,缺乏认识,亦即对于安石直接孔孟的性善论之处,缺乏了解。反不如认安石为接近唯心论的说法较合事实。

后　　记

我早就隐约觉得王安石的思想接近陆象山,而为讲陆王哲学的人所不应忽视。后因美国前副总统华莱士来华,盛称道王安石,我乃一时高兴,取出安石全集来细读。这篇文章就是研读后的小小收获。这篇文字仍是未完成之作,写起后搁置了一年多,亦没有机缘完成。梁任公作《王荆公传》曾特别注重安石的知命之学。而我仅叙述他的心学及性论，对于安石的"命论"，未遑阐述，这是深感憾歉的一点。安石晚年超脱尘世学佛学禅，境界甚高。我对于他晚年的佛学思想毫未提及，亦殊觉遗憾。这里我愿意附带介绍安石的一首最富于哲理与识度的诗："风吹瓦堕屋，正打破我头。瓦亦自破碎，岂但我血流。我终不嗔渠，此瓦不自由。众生造众恶，亦有一机抽。渠不知此机，故自认愆尤。此但可哀怜，劝令真正修。岂可自迷闷，与渠作冤仇。"这诗充分表现出斯宾诺莎式的决定论。同时也颇能代表他晚年静观宇宙人生，胸怀洒脱，超脱恩怨、友仇、成败、悲欢、荣辱的高远境界，和他学佛后宽恕一切、悲悯一切的菩萨心肠。

（麟附识于1947年1月）

编后附释：安石在相位，非议者众，安石作诗表示自负自恃、天下非之而不惑的主观坚持精神。另一首《古松》，表示安石不重"粪壤栽培"的物质力量，而自欣于得到"乾坤造化心"的宇宙精神的唯心观点：

（一）众人纷纷何足竞，是非吾喜非吾病。颂声交作莽岂贤，四国流言旦犹圣。唯圣人能轻重人，不能铢两为千钧。乃知轻重不在彼，要之善恶由吾身。（见钱大昕著：《十驾斋养新录》上，卷七。）

（二）森森直干百余寻，高入青冥不附林。万壑风生成夜响，千山月照挂秋阴。岂因粪壤栽培力，自得乾坤造化心。廊庙乏材应见取，世无良匠勿相侵（《王安石全集》下，诗集二十三，上海大东书局本）。

（本文是由关于王安石的两篇论文组合而成，一篇是《王安石的心学》，1941年1月发表于《思想与时代》第41期，一篇是《王安石的性论》，1941年3月发表于《思想与时代》第43期。）

认识西洋文化的新努力

目下,无论在政治方面、社会方面,以及个人生活方面,都使人感觉到有一种危机,从而烦闷、不安。其间原因固然很多,但客观地仔细推究起来,较根本的可说是由于文化失调。自中西文化接触以来,始终还没有得到好好的调整。中国的文化未曾复兴,对西洋的文化亦还没有正确的认识;而对西洋文化认识不清楚,对我们自己的文化亦无法得到正确的了解与评价。西洋文化的传入,少则数十年,多则可推至明末西洋教士利玛窦等之来华,已有几百年的历史。但我们对于西洋文化却始终没有真正清楚的认识,没有以正确的态度加以接受:即在西洋原甚健康无弊且有价值的事物,一传入中国,就往往变了质,以致流弊丛生。即如恋爱、跳舞,甚至民主自由,都是人所熟知的事实。何以如此?细一探究,实缘我们从开始以来,认识西洋文化的方法就错了。我们认识西洋文化,一向只看其外表,从外去了解,而没有把握住西洋文化的核心。最初只看见了西洋的船坚炮利,所谓物质文明的发达,于是有"中学为体西学为用"之说,这第一步已经错了。其次,戊戌政变以后,慢慢地觉得我们不但没有西洋的坚船利炮,我们的政治法律亦不及人家,于是有大批留学生到欧美与日本,要去学他们的法律、政治等等社会科学。但是,西洋的政制立法,有其深厚的精神和文化的背景,生硬地搬到中国来,不惟行不通,不能解决中国的问题,反而增长纷乱和危机。于是到了五四运动,更进一步觉得要认识西洋的思想和精神,这比前两个时期诚然是进步多了,但当时所注重的西洋思想,还只是实用主义;虽提倡民主与科学,但却认为不需要较高深较根本的纯正的古典的哲学、艺术,特别是道德和宗教。总之,即自五四运动以来,亦还是只从用方面着手,没了解西洋文化的体,还是从外去了解,而没有进入西洋文化的堂奥。直到最近十年来,才渐渐的有一种觉悟,觉得西洋文明,不仅是物质文明,而在物质文明的背后,有很深的精神文明的基础,我们不但物质文明不及人家,我们的精神文明亦还是不及人家,须得向人家学习。而在这精神文明里面,尤其是那支配人思想、意志、情感、生活的宗教,更值得我们注意。我以前曾写过一篇论《西洋文化的体与用》的文章,其中反对从量方面言全盘西化,而竭力主张在质、在体、在内容方面要彻底西化。就是说,要研究介绍西洋文化,必须有体有用的整个研究,整个介绍过来,单重其用而忽略其体,是必无良好效果的。特别在宗教方面,我曾说:"宗教为道德之体,道德为宗教之用。"又曾说,西洋近代文明中的一切特点,在基督教中均应有尽有,正如中国旧有文化中的一切特点,在儒家中均应有尽有。该文发表以后,主张全盘西化的陈序经先生就认为我的认识西洋文化,较一般人深刻,并且还说我的主张亦就是他所主张的全盘西化。但我其实并不赞成从量方面去讲全盘西化,而主张各部门从质方面讲应该彻底西化、深刻西化。

其次,闻一多先生,他后来是众所周知为民主奋斗而牺牲的烈士,在五、六年前,在一篇《中西风格比较》文内,他认为基督教的精神,就是根据信仰而奋斗,不认输,甚至不承认死,勇往直前,奋斗到底的精神。他指出基督教徒所崇奉的上帝,是与自己相似,而又远超出自己的人格的神。他认为崇拜这样的一个神,实在有它的优点,远胜过中国人的崇拜祖先,或中国道家崇尚自然的泛神论。因为祖先与我们自己是一样的人,与自己太相像,我们所有的一切缺点,我们祖先也都有,因此其实很难成为我们崇拜的对象,不如上帝之远超出我们自己,可使我们因高不可企而生崇敬之感。至于道或自然,又与我们太不相像,我们无法以之作为理想的奋斗目标,而基督教的上帝则为一种理想人格,我们可以之为模范而增进奋斗的精神。他又说到,西洋人对于恋爱、求真,以及事业各方面,都是这同一种基督教精神的表现,故各有崇高伟大的成就,而中国人则多平庸、重子孙繁衍,又喜欢卖弄小聪明,这些都正好与宗教精神相违悖。

又雷海宗先生,亦在同样讨论《中西风格比较》一文内,大致谓中国人最缺乏自省工夫,所以在宗教方面,就有祈祷与认罪。西洋人的祈祷,虽说是与神交通,实际只是浓厚深切的反省。而中国人的烧香念佛,只是与鬼神讲生意经,并无自省的成分。他又说,西洋人的生活是神灵与物质,或精神与物质二元的,而中国人的生活则是一元的,就是物质生活。中国人的精神生活是辅助物质生活的,而西洋人的心灵生活是独立的,以精神生活为主,物质生活为宾,非但基督教为然,其他方面亦是如此。西洋的物质文明,是其丰富的精神生活的自然表现,并非悬空独立的魔术。精神若指自省工夫与人格警觉言,则西洋文明才是真正的精神文明,中国的反是毫无精神可言的贫血的文明。中国的精神文明,只可解释为"物质缺乏的文明"云云。

这两位先生最足代表认识西洋文化的新努力,都能明白指出宗教在生活中的价值和意义。我特别介绍他们的意见,因为他们指出了西洋实在有基础深厚的精神文明,即基督教,特别值得我们注意。盖西洋文化的传统,一向有两大来源,一面是希腊的哲学、科学、艺术等;一面就是希伯来的宗教。这两方面实相反相成,缺一不可。我现在就提高关于其宗教方面的几点意见,试加讨论。

有人认为,中国根本没有宗教,而中国人有了儒家思想,亦根本无宗教的需要。现在就试来看看,中国究竟有没有宗教?中国人究竟有没有对宗教的需要呢?要讨论这问题,姑且让我们对宗教先下一个定义。我们说,如果认为有一神圣的有价值的东西,值得我们去追求,这就是宗教。或者从内心说,人有一种崇拜的情绪,或追求价值的愿望,就是宗教。那么,在这定义之下,中国是否亦有宗教,中国人是否亦有宗教的需要呢?就普通事实来说,无论在乡村,或在城市里,凡是最伟大、庄严、持久的建筑物,多半是庙宇,或其他有宗教性的建筑。即以北平来说,天坛、孔庙、雍和宫之类,都是伟大的建筑,而都是宗教性的。古代的政治方面的建筑,如帝王的宫殿,或古代教育方面的建筑,如许多有名的书院,现在都几乎已荡然无存了,可是南北朝时代建的庙宇佛塔,还很多依旧留存到现在。固然新兴的都市如上海,高大巍峨的洋楼多半是银行,大公司或政府机关之类,但那是变态,而南京最伟大的建筑如中山陵,就又带有宗教意味了。曾有一外国教授抵平,亟赏天坛之美,问何不恢复祭天?我答以我们现在的政府官员已不祭天而代之以谒中山陵了。但仔细想来,中山陵究以政治意味为重,与天坛又自不同。总之,从各地最伟大持久的建筑物均为宗教性的这一事实看来,亦可证明中国一般人对宗教亦极重视。再看社会上的人,凡在政治上军事上要有所作为者,亦大半必信宗教。旧式军阀官僚,常信神道如关圣帝君之类,或信佛教。现在政治上的人物也多有信基督教者。而一些军人，常信算命看相之类，这虽然是不健全的迷信，但亦可看出其内心实有一种宗教要求。因为一般中国人文化水准甚低，所以他们的宗教生活亦甚低。总之，只要稍一细心观察，就可明白中国亦有宗教，中国人亦有宗教的需要，与西洋人没有两样。而只有其宗教是否能适应时代，有高下之分而已。

其次，就让我对以前所说"西洋近代文明的一切特点，基督教中均应有尽有"一点，试略加申述。

首先，让我们看看基督教与科学的关系。一般都认为基督教是反科学的，要提倡科学就得反宗教。可是我们试客观地加以观察分析，基督教对科学毋宁是有保护促进之功。先从历史事实看，中古欧洲因蛮族入侵，古代文化科学均遭破坏，而独赖修道院中的教士保存了希腊哲学科学各部门的典籍，使以后科学的发展，得有所凭借。其次，基督教常利用科学，采取科学上的理论，以为其本身辩护。故教士本身亦常有相当的科学知识。诚然亦有一时期基督教反对科学甚力，在近代科学初兴的时期，并常有压迫并杀戮科学家的事实。但正因其反科学，科学反更变成神圣。科学家因受教会的压迫，而愈觉得真理之可宝贵，其本身使命之伟大，从而更锲而不舍，作科学的高深探求。科学因与宗教对立竞争而愈昌明，科学家因受教会压迫而反成为最有牺牲的宗教精神者。如此亦何不可谓宗教反科学而反促进科学呢？反观我们中国，则一向认为作那种科学研究的人是玩物丧志，对科学虽不如西洋基督教会的压迫，但却是采不加理会的漠然态度，而由于这种不加理会，科学才真的被忽略而少有成就了。又凡实验室中作高深研究的科学家，其生活正与修道士一样的纯洁高尚，其追求真理、不计利害、勇往直前的精神，正如基督徒之追求上帝，因此才可发现真正崇高的真理,这里面正是一种基督教精神的表现。且科学家一面固然追求纯理智的真理,一面在情感上亦仍旧须求得宗教的安慰,两者可并行不悖,并无不相容之处。尤其有许多西洋伟大的科学家,他们常自认他们之从事科学研究,其目的并不是实用的或功利的,而乃以知天或认识上帝为其目的。其超功利的宗教襟怀,大值得敬佩。故基督教实有助于科学的发展,而不是反科学。

其次,可谈一谈基督教与民主的问题。我们可以说,基督教中实充满了民主的精神。中古时期,一面是君主专制,一面是教皇干政,政府与教会固然都是反民主的,但自宗教改革、教皇专政推翻以来,基督教固有的民主精神就更得发展。宗教是没有国界的,亦不受旧家庭或家族观念的束缚,而主张一切的人都是兄弟。更打破了贵族的观念,在上帝面前,大家一律平等。无论何人,都可入教受洗,得上帝的恩惠拯救。这种打破家庭观念、贵族观念的精神,于扫除我们中国人的封建思想亦大有帮助。还有,基督教富于平民精神,主张到民间去,办学校、开医院,为平民服务,与平民接触,这可以说是真正的民主精神的一种表现。基督教对民主政治的实施上,还可有一点帮助,即其爱仇敌的观念,要有这种宽容对方的伟大胸襟,才能有公平竞争的民主政治家的风度。故要彻底了解西洋的民主政治,实在亦必须了解基督教的精神。如果只把宗教信仰自由理解为政治上的权宜策略,是算不得认真彻底解决宗教信仰问题的。

再次,要谈谈基督教与工业化的关系。表面看来,基督教是精神方面的,工业化是物质方面的,基督教重精神而不重物质,故对工业化必有妨碍。但按之实际,亦属不然。姑且先讲点个人的经验。我以前在美国,一次在一小城内登一座小山,发现两个特别触目的东西,一个是工厂的烟囱,一个就是教堂的塔尖,两者都高耸入云,挺立不移。这就给了我一个印象,觉得这两者之间,总必然有一种关系。而一个城市中如只有烟囱而没有教堂,总觉得是像缺了一面,是变态。烟囱是工业化的象征,教堂的塔尖是精神文明的象征,两者都高耸入云,代表着同一种向上的希天的精神的两方面。事实上,在一个工业发达的繁盛都市里面,因生活的繁嚣紧张,又或常遭受失业疾病等等的威胁,在这种环境里面生活着的人,如果没有宗教的情感上的安慰,则简直很容易流于疯狂,故愈工业发达的区域,实愈需要宗教。在历史上,基督教似乎一向反对工业化,反对发财,例如圣经上说有钱的人要上天堂,比骆驼穿过针孔还难。但十七世纪以来的清教徒,指出只有工作的人才能有面包;又凡由勤劳得来的钱,是上帝所嘉许的这种看法,则对于资本主义社会的发生,对于工业化,就又有很大的帮助。德哲韦巴曾谓宗教改革后基督教中的道德观念,实最适宜于资本主义工业化的社会如勤劳、忠实、信用等等,都有助于工商业的发展、亦可谓基督教的道德观念,实与工商业社会的生活有联系。又如基督教会,往往喜欢办职业学校,这亦可为基督教有助于工业化的事实证明。因此,基督教不是反工业化,而是最适宜于工商业社会,并有助于工业化的。至少比较佛教、道教为更适宜于工业化的社会。

由以上所述,实可看出西洋文化,实有其精神文明的一面,为其物质文明之体。从另一面,亦可以说西洋文化的一切特点,在基督教中均应有尽有。故欲了解西洋文化,如果只从外去了解其用,而不进入其堂奥去了解其体,或只片断地灌输西洋的科学、民主、或工业化,而忽略了基督教,恐怕是不可能的。西洋人之欲了解中国,一开头就研究我们的儒家道家等,从根本方面着手,而我们之了解西洋，却忽略了基督教，实在是一种无识。而且就宗教本身言，我们中国本来亦有宗教，亦需要宗教，这在以上亦已经谈到，可是我们原来的宗教，受印度文化的影响，有点陷于消极空寂。以后要中国能赶上西洋，亦要提倡科学、民主、工业化，则当亦必同时采取西洋基督教的精神，以作科学、民主、工业化的精神基础，而补救我们原来宗教的消极空寂之弊。我以前在美国，曾访问过一位教梵文、巴利文的穆尔教授(P. E. More)，他是一个人文主义者，他本是对东方思想很有研究的学者，他曾说西洋人"天意"(providence of God)的观念，对东方人可有帮助。基督教可以其宗教思想帮助儒家，儒家亦可以其道德思想帮助基督教。又说基督教原为东方的产物，东方人或可成为比西方人更好的基督徒云云。他的话，我认为颇值得我们深思。

我个人过去在学生时代，因受五四风气的影响，对基督教亦甚反对，并曾见诸行动而有过相当的效果。其后在美国，与若干有道德有宗教思想的人士多多接触，思想才有了改变。不过我本人并不是基督教徒，故我绝不是站在宗教的立场传道，而纯粹是站在哲学和文化的立场，觉得要了解西洋文化不可不知基督教，而基督教的精神确有许多优点，值得我们注意和采取。

(1947年2月刊登于《读书通讯》第126期)

西洋近代人生哲学的趋势

所谓人生,普通地说,就是人的生活、生存或生命。人的生活有多方面,有社会的生活和个人的生活,有衣食住行等物质生活,有宗教、艺术、道德、学术等等精神生活。就心理方面说,复有情感生活、理智生活、意志信仰生活等方面。人生哲学就是将这各方面错综复杂的生活,加以一番反省和考察,从经验中求得一合理的看法,以作生活的指导。简言之,就是格人生之物,穷人生之理,批评错误的人生态度而建立健全合理的人生观。本文目的在对西洋近代人生哲学的趋势,略加概括的叙述,以资借鉴。

第一点要讲的,就是西洋近代人生哲学的趋势在于注重人生哲学的研究,注重人生观的建立。苏格拉底曾言,未经考察的生活,是不值得生活的。这思想在近代的每一个人生哲学家,几乎都有重复的阐明。生活无人生观为指针,如无舵之舟,不但于自己有飘荡沉沦的危险,亦容易与他人相撞击,相冲突。这样,一个人无安身立命之所,盲目地生活着,必不能达到人生的目的。所以一个人必需要建立自己的人生观。而建立自己的人生观固然重要,了解他人的人生观亦同样重要,英哲撒斯脱顿(Chesterton)曾经说:"我们打仗固然要了解对方统帅的战略,尤其要了解对方统帅的人生观。我们租房子固然要注意房租的多少,但尤其要明白房东的哲学"。这话实有至理。我们大概都有经验,租房子的人如果丝毫不知道房东的性行、为人,结果一定是难得相安。当然不止战争和租房子是如此,一切处世交友,对人接物莫不如此。你要交朋友,你总得认识你朋友的人生观;你要做事,你亦得知道你上司、下属或同僚的人生观,然后你才能措置得宜。希腊的传统一向认为思想指导行为,"理论是行为的秘诀"(Theory is the secret of action),这是希腊精神之所在。而尤其近代西洋人则认为对于人生的观点思想,不但只是个人脑中空幻的想象,实在是一种极真切可靠、极有力量的事实。例如一个青年抱悲观的思想,这不只是他个人主观的空想,而乃是一个客观的事实,由此事实就会发为行为,而产生一种可以影响社会的力量。譬如这青年悲观之极,这就发为颓唐放浪或自杀的行为,而这种行为对于社会的风俗秩序都是有影响的。盖凡真切的观念,都一定会自行实现,而发生出力量。因此近代西洋思想界尤注意人生观的研究。

第二,关于如何建立一良好健全的人生观,在近代西洋亦有一种新的趋势,即超出狭义的人生,而讲求更广大的、整全的、和谐的人生哲学。所谓狭义的人生,就是只单单限于"人"的范围,就是所谓"人本"的思想。而关于那更广大整全和谐的对人生的看法,则可以用下面三句话来表示。

一是说:"欲知人不可以不知物。"这物就其广义言,就是自然。自然是人的一面镜子,观察自然,可以反映出自己,了解自然,亦就是帮助了解自己。一切水流花放,日移月运,都莫不可以帮助我们对于人生的了解。席勒曾有一句话说:"人生反而被人生所遮掩住了"。他的意思是说我们成年累月地处在人的社会中,忙于人世的应酬扰攘,使得我们的头脑都因此糊涂,而看不清人生的真正面目了。而一旦我们多到野外去登临游览,多欣赏自然的美景,总之,多和自然相接触，我们就会骤然觉得神清气爽，生意盎然，从而对于人生的真意义，似乎多了一种了解。非但如此，了解自然就可以利用自然，进而征服自然。自然本可以为人生的工具。利用自然，征服自然就是充实我们的工具，因此可使我们的生活更扩展，更丰富，更有意义。而且人是自然的一部分，我们只了解人而不了解自然，就是只了解部分而不能了解全体，这当然是片面而不完全的。因此我们要真正了解人生，不但要了解人和人的关系，还要了解自然，了解人和自然的关系。

宇宙可分为神、人、物三界。中国人历来对于物的研究不大注意，已经缺了一面，而中国又向来缺乏真正的宗教，对于神亦不大理会，因此又缺了一面。西洋则基督教盛行，而基督教有一要义，就是说"欲知人不可以不知天"。此语借自《中庸》。但柏拉图亦曾说过与此类似的话。认为对于神、圣的对象若没有知识，则对于人事方面亦无法了解。"天"是人的根本，是无限、无对的，而人则属有限、有对，"天"或"神"是永恒的，人则是暂时的。人与人的关系是平行的横的关系，人与天的关系则是上下的纵的关系。我们要真正了解人，了解人的地位，人的意义，只知道人与人的横的关系是不够的，要了解人对天、人对神，或永恒之理的纵的关系，才能完全。

要知"人"，是除了"人"本身之外，还要知"物"，知"天"；而要知"生"，单单知道狭义的"生活""生存"亦不够，还要扩展到"生"的另一面："死"。孔子说："未知生，焉知死？"这话固然不错；但富于宗教和玄思的人亦何尝不可问"未知死，焉知生？"所以对于更广大整全和谐的人生的看法，第三句话可以说是"欲知生不可以不知死"，亦可以说是整全的"人生观"即须包含有"人死观"在内。当然一个人若对死的问题想得太多，甚至专想到死而不想到生，就不免沉溺于天堂、地狱、来生种种妄诞的幻想,而忽视现世。这样就会如西洋的中古时代,易陷于一种不健全的出世思想。但若专注意到生而对死没有一个正确的看法,则亦属偏而不全。西洋从前亦有许多哲学家是专注重生而不注重死的。例如伊壁鸠鲁,就认为生和死是永远不会碰头的,我们既然还活着,我们就没有死,何必去想死?所以他认为死的问题是不必想的。又如斯宾诺莎曾说哲学是对于生的思考(Meditation of life),不是对于死的思考。这些都可以说是专注意生而不注意死的哲学家的代表。而近代的哲学家则多认为生和死是互相交织着,决不能截然分开的。或认为死是生的另一阶段或另一面,而对于生的看法,处处都与对于死的看法有密切的关系,不能分开。一个人对于死的看法,往往就整个支配着影响着他生的态度。例如两个军人,因为对于死的看法不同,一个怕死,一个不怕死,他们在战争中所表现的,就必然一个勇敢,一个怯懦。又如有人认为死后能与神为侣,他的表现就显然不同。例如苏格拉底,就自以为他死后他的灵魂一定能到一个极乐的神灵的世界,认为有些人那样糊涂地生活着实在是苦恼,是值得怜悯的,因此他就能从容赴死。再如一个人确信死后有知,或者无知,都对他的行为和生活态度有莫大的影响。所以要建立一个健全的人生观,对于死要有一个正确的看法,实在是非常重要。

第三,是要说说在人生哲学范围内几个问题发展的趋势。

首先要提出的是悲观和乐观的问题。西洋近代对此问题的趋势是从悲观趋向乐观。如在宗教方面,十七世纪后半叶至十八世纪前半叶,欧美人的宗教观念,是趋向悲观的。即如当时的美国,一般人都认为人没有什么办法,人生是罪恶重重的,个人是渺小无意义的,一切只有求助于上帝。有人认为初期美国人的思想,就专是虔诚信天,"敬仰上帝"(Glorification of God)。但到后来,思想慢慢改变,到最后乃是"凡事必胜"的观念。他们勤勉敬畏的努力,他们的革命建国,他们的开垦拓荒,都得到成功。渐次感觉到现世即为乐土,一切事业皆可借人的努力以达到成功。因此美国人大都视人生为一大冒险事业,而以"胜利"或"成功"作为人生奋斗的基本信念。因此从对人生的悲观而转变为乐观。而其乐观却亦充满了天真的、朝气蓬勃的、积极的、爱人类、服务人类的热忱。这乐观主义是基于"爱"。记得有一美国的乐观派诗人,在他的一首有名的诗中,他描写用感官去观察人生,就看见离乱、荒淫、私欲一面,而用"仁爱"去同情了解人生,便可见到人类高尚光明的一面,从而养成欣赏人生、扶助人类的乐观态度。"仁爱"就好像是光明,光明所至之地,黑暗阴湿均将绝迹。这实在可说是代表美国人的乐观主义最美好的看法。而在哲学家方面,康德的思想就比较偏于悲观。他对人很冷淡,对人生的看法亦可以说很冷酷。他读斯威福特(Swift)的讽刺小说,常使他看到人生很坏的和可厌恶的一方面。他曾经为文论人性之彻底的恶,认为人简直是怙恶不悛,毫无希望,惟有上帝的力量或者还可拯救人类。如叔本华,更是有名的悲观论者。认为整个宇宙人生均受盲目意志的支配。这支配一切的力量,本身就是盲目的!人生就是一个苦海,快乐都可以说非真实的。痛苦多,快乐少;痛苦是持久的,快乐则只是暂时的;痛苦是深沉的,快乐都很浮浅。人生简直永远是痛苦!连自杀亦无法解脱盲目意志的束缚。叔本华和尼采又都对女人存着偏见。尼采曾说,要去见女人,切莫忘了带鞭子!又说女人或者是暴君,或者就是奴隶。女人永远不能保持理性。人类中一半是女人,至少在他们看来,这一半已经没有一个好人了。这使得他们独身不婚,两性失掉调剂，更易使心情乖癖悲观。这种悲观思想，固然是个人的性情环境时代有以使然，但亦可以说是前一时期的一种过分的乐观主义之反动。前此之乐观思想，可以莱布尼兹为代表。他认为宇宙间一切都是好的，这世界是一切可能世界中之最好者。连坏的亦是好的，因为坏的事物亦有"玉汝于成"的功用。因对此种乐观主义的反动而产生悲观思想，但慢慢地又超过这种悲观——而产生高一层的乐观主义，这可以黑格尔为代表。他有一种悲喜剧的看法，认为苦中之乐、苦后之乐才是真乐，征服恶魔后的道德才是真道德。歌德在浮士德著名剧本中曾说，"天天居心作恶，但却在无意中创造了善"，这就是恶魔的命运，亦就是恶魔的定义。又如威廉·詹姆士亦说，我们须得承认世间有恶魔，但我们总是把它踏在脚下。不否认世界上有恶，但恶可以转化为善，可帮助创造善，这就是近代普遍的乐观的看法。

其次要说理智和情感的问题，近代的趋势是由偏重理智或偏重情感而发展到理智与情感的交融。偏重理智为理智主义，偏重情感为浪漫主义。而近代西洋人每每则一面偏重理智对人生极尽科学研究，理智分析计算之能事，而同时复一面偏重情感，放任性情，趋于浪漫。如一科学家，在实验室中，是在作纯粹理智的活动，而一离开实验室，他尤须求情感的安慰、欲望的满足，以充实其情意的生活。这可以笛卡尔为例，他本是极重理智的科学家哲学家，他发明解析几何，自是纯理智的产物，他的哲学亦全是理智的分析。但他在实际生活方面，却异常感情用事。他应瑞典女王之邀，去瑞典讲学。瑞典地处北欧，气候寒冷，笛卡尔是法国人，受不了瑞典那样寒冷的天气，他本来可以延至次年夏天去的，但可以说是为感情热忱所鼓舞，竟在冬天就到瑞典去了。结果是气候不适，他因此得了重伤风,瑞典女王派一个德国医生去为他诊病。这德国医生说,须替他放血,方可医活,他却大怒道:"你德国人休想抽我法国人的血!"终于不让他放血,他竟因此而死在瑞典。十七、十八世纪在哲学上是理智主义的时代,如斯宾诺莎、洛克、休谟、康德等均极重理智,但同时在文学艺术方面,则重情感的浪漫主义亦正极盛。康德本来是最重理智的,他相信人性恶,对一般人态度冷淡。他说别人虽坏,我也须尽自己道德义务,只是原则上如此。他特重理智,对于缺乏知识的人,他以为是不可救药的。但晚年读卢梭的作品,觉得愚夫愚妇的天真纯朴,亦有其可爱处,乃亦看到人性善的一面,稍稍注重情感。至十九世纪,理智与情感似乎便得到交融,而有所谓"心情的逻辑"(Logic of Heart)之说。巴斯卡尔(Pascal)甚至谓"心情的逻辑重于理智的逻辑"。且认"感情本身有其理性,而为抽象的理性所不自知"。又如辩证法之一正一反一合,实可谓代表情感发展的逻辑节奏。情感不是盲目的,其中实包含有理性。爱情中即包含有知识,因爱情的力量尤可使知识发达;知识中亦包含更深的爱情,因智识亦可引起爱情。真情就是真理,真理亦就是真情。无情就是无理,无理亦必无情。黑格尔谓哲学若无情感,不是真哲学,信仰若无理智亦不是真信仰。若不知哲学中有情感,是不了解哲学,不知信仰中有理智,亦不能了解宗教。情感理智是合一的,唯以理智为其主导。从心理学上的事实看,亦是"凡人所爱,必其所知","知之深故爱之切"。故渐次发现情理调合是心理的事实,也是近代人生哲学所达到的理想。

再次,西洋近代在人生哲学的问题方面,还有一种趋势,就是由十七、十八世纪的个人主义趋向到十九世纪的广义的社会主义。借用中国哲学史上的话,可说是以"杨朱为我"为出发点,而以"墨翟兼爱"为归宿点。初时很重个人尊严,反家庭、反教会、反专制君主、反传统意见和信仰。而个人自觉其为一新世界中的新人,所追求者为快乐、为权力、为知识。一切都可以放弃,而个人的自由、权利、信仰、意见则不能牺牲。这趋势可说是代表近代的利己主义或个人主义。霍布斯就认为一切人都是自私的,但人实有自私的权利,我们应该调整每个人自私的权利,不应予以剥夺。政治的目的就是要一个大君主,叫做利维坦的君主。他有绝大的平衡调整每个公民的自私自利的权利,根据契约人人都得服从他的调配。罗素说,青年人自私,老年人亦自私,不过青年人自私得坦白些,我们对于这种坦白的自私,亦没有责备的理由。但到了十九世纪以后,广义的社会主义却大大发达起来。如边沁、穆勒所提倡的功利主义,又名普遍快乐主义,其口号就是要求最大多数人的最大快乐。而以增加社会上他人的快乐,为增加自己快乐的手段。他们增进社会福利的具体的方法大概有二:一是改善一般人衣食住行等实际生活,增进他们物质方面、肉体方面的享受;一是求教育文化的普及,提高平民的知识水准。举凡各种救济事业、社会服务、平民运动,均莫不竭力提倡,而甚有功效。又如孔德、圣西门等所创立的人道教,托尔斯泰所提倡的人道主义,都是以利他而非利己为目的。在哲学上,黑格尔尤力求个人与社会的融合一致。他曾经说,社会是个人的根本,离群索居的个人无法完成人的目的,个人是和社会不可分的,没有了社会,个人亦就无所寄托。个人一定只有在社会中才能实现其道德、人性,即人之所以为人之道。社会、国家、民族的地位提高了,便使人忘怀了小己的个人。

最后,要讲到西洋科学对人生哲学的影响,我们所特别注意的是生物学中进化论的思想,自达尔文提出进化论后,对思想界影响极大。大家认为不但生物的发生演变是进化的,人类一切道德、社会等等亦都是进化的,我们的生活日新不已,亦就是天天在进化。不过进化不是沿直线而是沿曲线进行,前面遇到阻碍,轻则克服,重则趋避,迂回曲折,仍复前进不已。这样的观念,在西洋已甚普遍,而在中国则尚甚缺乏。在中国,一般人总认为最好的黄金时代是在上古,以后则一代不如一代。"世风日下,人心不古,"道德是退化的;"魏碑不如汉碑,唐碑又不如魏碑;"文学艺术是退化的,三代不如唐虞,两汉不如三代,唐宋又不如两汉;政治亦是退化的。推而至于其他一切,莫不受此退化观之支配。白居易诗(亦见黄山谷诗集)云:"老色日上面,欢惊日去心。今既不如昔,后当不如今。"更明白地说出对自己个人的一种退化观。而我们若试去问人对某些事物的看法,凡年老的人大抵都抱此退化观。而他实在是非退出人生舞台不可。因为凡持这样的退化观的人,其态度必悲观消极,非退出他所认为在退化的那一项活动不可。其实说起来,退化观是中古时代的观念,进化观是近代的观念,我们大多数人都还抱持着这种退化观,实在是表示我们的思想观念还没有现代化。或问,你抱进化观固然是好,但其奈事实确属退化何?试看中国历朝的君主,哪一朝不是由贤明的开国的君主,逐渐退化,直至亡国为止。我说,事实总是那样的事实,而我们以不同的眼光、不同的标准去看它,着眼于不同之点,我们得出的结论就会不同的。我们试任意举一个历史上的例,大家都认为宋徽宗是亡国之君,宋太祖是开国之主,所以宋徽宗不及宋太祖。诚然,在某些方面,宋徽宗确是不及宋太祖,但我们若从另外的方面看,我们知道宋徽宗的字就比宋太祖写得好,宋徽宗的画亦比宋太祖的好,宋徽宗时所刻的书,较宋太祖时的板本好。而且宋徽宗时的经济情形亦比宋太祖时富裕。这样从艺术或经济的观点看,我们不是仍可有进化的痕迹可寻吗?而尤其重要的,是事实往往受观念的支配而不自觉,正因为我们一向抱退化的观念,于是无意间总是以为后辈不如前人,无进步希望,亦就自暴自弃,不求进步,而因此就确实有了退化的事实。安知我们把观念改变之后,不会因此觉得一切都是进化的,所以就努力求进步,而事实亦就日新不已,欣欣然有进步的气象呢?即如我们这一次的抗战,这种观念的影响亦就很大。抗战初起时,我们受失败主义退化观点的影响,大都以上海失守为第一期,南京失守为第二期,广州武汉失守为第三期,……照这样的观念演变下去,那么一定是西安失守为第四期,昆明重庆失守为第五期,整个亡国为第六期了,人们心中就许会暗暗地期待着让事实这样发展下去,以为这是必然的,亦不想办法去挽救。但自武汉失守以后,统帅部忽然颁发一道命令说从这时起是我们抗战第一期结束,第二期开始。我们的抗战就只有两期,第一期是诱敌深入,使他泥脚愈陷愈深。从此以后是我们反攻的时期了。因为这个观念的作用,使全国同胞始终没有失去胜利的信心,终于能支持八年之久而得到胜利,这其中的消息,未尝不值得人三思体味。因胡适之先生等的提倡,在文学史上大体已采取了进化的观点,而其余的历史和人生各方面,我们希望亦都能把旧日退化的观念改过来,采取一种新的进化的看法。因为进化观是现代的观点,我们要国家社会的现代化,还须从使每个人的人生观之现代化做起。

(写于 1947 年)

反动之分析

对于"反动"二字的意义及用法,我很早就感兴趣。记得在四、五年以前,有一次和一位精研国学不问时事的学者谈天。我们谈到某某朋友思想左倾,某某朋友赞成国民党。后来谈到他自己在政治上应属于哪一党派时,他想来想去,忽然大笑道:"我是一个反动派"。接着,他又用一个法文字补一句说,"我是一个 reactionaire"。"反动派"不论是什么意义,大概一般人总认为是个坏名词,而这位可尊敬的学者,乃竟以反动派自居,一方面足见他颇有自己嘲笑自己的幽默感,一方面他似乎也觉得"反动"二字多少可以表示他的一些真实态度。因为他研究国学,尽力欣赏并发扬中国固有文化中有永久价值的宝藏,表面上似乎有些复古守旧,意态上也不免厌恶时下流行的主义,轻视时髦翻新的花样。因为我素来敬佩他,所以,"反动"二字从他口里说出来,在我心中便留下一个比较好的印象。

在政府的报纸和政治宣传品中,常常看见骂共产党为反动的话。同时在共产党的报纸和宣传品中,又常常看见骂政府为反动,骂国民党人为反动分子的文字。这种互骂对方为反动的情形,使我感到:(一)"反动"是被滥用来骂人的坏名词,不足重视。(二)反动二字似欠缺确切含意。(三)究竟谁是反动,是非不明。这使我感到困惑,有时甚至于令我隐约觉得,也许双方都有一些反动分子。

自从美国马歇尔特使和司徒雷登大使批评中国政局常常使用"反动分子"一名词后,使我对于"反动"二字有了更深刻的印象。他们似乎把"反动分子"、"顽固分子"或"极端分子"等字认作同义而互用,指责这些分子为阻碍中国进步、妨碍中国和平的主要人物。他们说得那样恳切明白而直爽,几乎使人对于所谓反动分子呼之欲出,可以指认。马歇尔批评中国政局的言论,我这里没有保存着材料,不能确切引证。司徒大使于杜鲁门总统向国会提出援华声明后,曾发表致全中国人民书,里面有这样一段:"问题重点在增进一般平民福利,且使其不受极端反动自私分子与极端激烈分子横暴革命手段之威胁。此二集团均有严密组织,且两者均认为党派与个人利益,远高于贫苦民众之利益"。这里所谓反动分子与激烈分子所指的是谁,自属不言而喻。

试从司徒大使所说的话分析起来,便可看出,极端反动与极端激烈相对立,换言之,亦即极端守旧,不求进步,不求改革的反动分子与极端左倾,用横暴激烈手段以推翻现状的激烈分子相对立。但在这对立的两者之间却存在着共同之点,即(一)两者皆有严密组织;(二)两者皆认为党派与个人利益远高于贫苦民众的利益。反动分子与激烈分子虽遭到并列的指斥,但谁也都知道"反动分子"是一较坏的名词,甚至于比起"激烈分子"来,尤令人难堪的坏名词,动辄以这种坏名词加在爱讲面子的中国政府人士头上,无怪乎政府发言人,于记者招待会上,要公开否认中国政府中有反动分子,并指陈:美国报纸在评论中国时,常以反动一词指称中国政府,乃系"滥用名词"、"荒谬背理"和"赤化宣传"。不过依我们看来,以外交大员指责友邦政府中有反动分子,从外交辞令和惯例礼貌来说,是否妥当,虽成问题,但一个虚怀进步而不过文饰非的政府,总应有自己的反省、接受外国友人衷心诚挚的忠告的雅量。有则改之,无则加勉。

本文的目的不在于批评政府是否反动,而在于想弄明白反动一词的确切含意。以上这番讨论只不过是初步的引言,引起我们下列几点看法:第一,我总觉得反动与守旧或右倾有别,譬如西洋民主国家的国会里,永远有保守派、右倾分子,这些保守派有时得势,有时失势,但不能谓为反动。又如英国人习于保守,但英国人一般讲来却并不反动。英国保守党为一大政党,人数众多,但没有人说英国的保守党为反动党,保守党员为反动分子。尤其在文化方面,有"怀古之幽情",赞赏古典文明,保持优良传统的人很多,这种人也不能说是反动分子。在国会里,右倾分子、左倾分子、自由分子,互为消长,互有得失,绝不能专指右倾分子为反动。第二,反动虽多少含有趋于极端的意思,但反动分子绝不同于极端分子,我们虽可以说右倾不反动,但极端右倾便是反动。同样,极端左倾,也可以说是反动。不过,极端的自由主义者,极端爱好和平,极端爱国爱民的人,我们也无法说他们是反动分子。甚至那些始终一贯、数十年如一日的保守分子或革命分子,我们也不能说他们是反动分子。为对于"反动"一词的意义求得正确了解,我还想进一步把政治意义的反动,归还为心理学意义的反动。由讨论政治上所谓反动分子或反动的人,进一步讨论心理学上所谓反动的行为,或反动的态度。同时也就把含有贬斥的坏义的反动,而从心理事实去客观分析其中立的、自然的、无所谓好坏的性质。

就心理事实来说,凡一刺激之来必引起反应或反感。如对外来刺激不起反应或反感,那就是麻木不仁,失其有机体正常的情态。但同一刺激对不同的个人,则可引起多种不同的反应或反感,大约可以分为三种：第一为自然的反应，如恶恶臭，如好好色，一般对外物所起的喜怒哀乐的反应，只要不矫揉造作，出于自然或人之常情，都可叫做自然的反应。第二为合理的顺应。即出于个人理性自主自动自由，予以适当的处理。宋儒所谓"物来而顺应，裁诸吾心而安，揆诸天理而顺"，即是合理顺应的行为。第三为意气的反动。反动既非麻木，亦非自然的反应。它也不合于理性，而乃是基于主观偏激的意气或感情的冲动。自然的反应，每每当下直接，不知有我，亦不自觉其自私。理性的顺应，当然无私心而合义理。惟有意气的反动具有高度的自我意识和个人私利的感觉。所以反动的行为具有主观、自私、偏激、意气用事或感情冲动、不自然、不合理性等诸种特性。因此，就字面说，反动含有凭借感情冲动而倒行逆施的意思，倒是反，行是动，逆是反，施是动。

　　反动的行为有两方面，一是对内的反动，二是对外来刺激而起的反动。对内的反动或对内在刺激而起的反动，指自己对自己反动，或自己对自己过去的言行取反动态度。反动，顾名思义，是指与刺激相反对的方向行动。譬如，自己过去在极端旧式礼教严肃的道德教训之下陶熔出来，而现在自己情意方面反而极端厌恶礼教、厌恶道德，对于情欲采取极端放任自流的态度。又如一个年轻时极端喜欢哲学的人，而到了某一阶段，他忽变成极端反对哲学，厌恶抽象思想。再如有人由极端右倾因受刺激而变成极端左倾，或由极端左倾因受某种刺激而变成极端右倾，都是我这里所谓对内的反动。自己前后的行为向着极端相反的方向走，自己向着与自己的过去相反的方向行动，就是我这里所谓内在反动，或自我反动。举实际例子来说，康有为早年变法维新，极端激烈，而他晚年复辟复古，又极端顽固守旧，则他晚年的行为便可叫做反动。又假如一个人由极右的法西斯主义信徒转变成极左的共产主义信徒，亦可叫做反动。反之亦然，凡是一个人由此一极端转向另一极端的行为，就叫做反动的行为。但那始终如一，信仰一根本主义，坚持于一极端，而没有中途凭感情意气向另一极端转变，便不能叫做反动。

以上略述我所了解的内在刺激的反动，现请进而讨论外来刺激的反动，亦即自己对他人或对方的行为采取反动的态度。这是指加倍地向着与刺激极端相反的方向发展的行为而言。譬如，就朋友的关系说，由极端的友好变成极端的仇恨，就是反动。而在由友好变仇恨的过程中，起初由于甲做了一件事对不住乙，而乙则怀加倍的怨怒以报复甲，这是乙的反动。而甲复以加倍的怨恨去报复乙，彼此如此不断地激荡，由极端友好而变成极端仇恨，于是两人的行为，都陷于反动。类似这种反动的行为，尤为夫妻反目的主因。譬如，夫在外有了新欢，妻子心怀嫉妒不安的情绪，可说是自然的反应。妻对夫提抗议，或对夫加以劝说，总之用和平合理的方法，使夫放弃新欢，便可说是合理的顺应。假如为妻子者对夫之有新欢不采取合理的顺应之态度，却感情冲动，大哭大闹，引起反感，便是反动。同时为夫者见妻大哭大闹，乃温言相劝，表示歉悔，以求恢复和好，便是合理的顺应。假如夫因妻之哭闹而激怒，对妻加以无理的打骂，这便是反动。假如妻因夫之打骂，或因朋友邻居之劝解而调和，或依法律途径办理离婚手续，这便是合理的顺应。反之，假如妻因夫之打骂而服毒自杀，或杀夫泄忿，亦可说是反动。总之，根据此种事实分析起来，凡由恩到仇，由新到旧，由自由到专制，即凡由此一极端过渡到相反的另一极端，大概都是由于一连串相激相荡的反动行为所构成。反动行为乃双方相激相荡而成，决非单方面所引起,因此每每双方都有不是之处。

再如政府由爱护青年演变为摧残逼害青年,青年由拥护政府转变为反对或反叛政府,亦即我所谓反动。譬如,政府措施有不当处,青年学生用语言文字表示赤忱的反对,是很自然也很合理的反应。政府不因青年之反对,而自我反省,加以晓喻,力求改革,倒反而派特务逮捕学生,殴打学生,施以逼害,这是政府的反动。而青年学生以极少数学生被逮捕被殴打,不采取合理合法的步骤去营救,去保释,去控诉,而乃纠合群众,罢课游行,甚至有打倒政府、推翻政府的秘密企图和越轨行为,这便是由此一方面的反动,激荡起另一方面的反动。学潮之起因,政府之逼害青年,青年之反对政府,大概都是这种反动的行为形成的。

再就国民党与共产党之结成不解的仇恨而演成战乱,其相激相荡,彼此反动的过程,亦不难察出。本来孙中山先生早就说过,"民生主义就是共产主义,又名社会主义。"意在调解国共的斗争,以民生主义去吸收共产主义和社会主义,可以说是顺应经济平等的世界潮流最好的指针,但国民党不认真抗日,又采取迫害抗日爱国青年的措施,则对实行民族主义及民权主义都没有什么贡献,而对民生主义又殊无表现。国民党愈不实行民生主义,共产党愈偏激地要实行共产主义。国民党对于十目所视、十手所指的大地主、官僚资本、豪门资本,始终无意清算,且力加培养保护。而共产党则趋于另一极端,对于农村中的地主、小商人也毫不容情地加以斗争清算。国共关系如此,我们相信,美苏关系之愈趋恶化,亦是此种相激相荡的反动措施政策所促成。

根据上面对于反动的意义的分析,我们似乎最好不要概括地说某人反动或某政府反动。而最好是采取客观而较有分辨的态度说,某人某一行为近于反动,某政府某一措施有些反动。如是或较能促人反省自觉、迁善改过。

惟反省可以制止反动,惟理性的顺应可以代替意气的反动或情感的冲动。反动乃是受刺激而起,乃是被激被荡而起,因而仍只能认作被动。当人有反动行动时,一方面固是反对对方,一方面又在模仿对方。惟基于理性的自由自主自动的行为可以代替被动的反动行为。假如双方互相刺激互相反动下去,必至于同归于尽而后已。假如有一方能先自反省而不反动,自动而不被动,依理想而主动,依理性而顺应,不意气用事感情冲动而反动,则此方便是最后的成功者。

(写于 1947 年)

革命先烈纪念日感言

今日是三十五年前七十二烈士殉难于广州黄花冈的纪念日。这次革命运动的领导人是黄克强，约集有各省革命党员数百人，得华侨经济的援助，经多日的策划，方有辛亥年3月29日的壮举。因当时水师提督李准，及两广总督张鸣岐，事先有了准备，致使此役未能成功，而七十二烈士遂遭了他们的毒手。中山先生在他的自传中说："是役也，集各省革命党之精英，与彼虏为最后之一搏。事虽不成，而黄花冈七十二烈士轰轰烈烈之概，已震动全球，而国内革命之时势，实以之造成矣。此为吾党第十次之失败也。"此后不过半年，武昌起义，满清遂被推翻，民国因以成立。足见此次运动实助产了中华民国的诞生，为民国成立前之最大亦最后的一次流血革命。这足令我们感到革命运动最惨烈的失败和牺牲，也许正是促进革命成功最大的勋绩。

我们认为这次运动实足以代表典型的戏剧式的流血革命运动。这些先烈们的为国家，为民族，为主义，表现专一，动机单纯，大无畏的牺牲精神和革命勇气，实在是刹那千秋争光日月，唤醒了中华民族的国魂，永远足以作革命青年的示范。大概对现状表示不满，精神感到烦闷的青年，不是走入颓废消沉自暴自弃之途，即是寻刺激，找兴奋，徒求顷刻的痛快满足，而置个人利害生死于度外。这两种青年都有忘掉自我，不知小己私利的特点。而对于后一类的青年,黄花冈的七十二烈士尤其有兴感和示范的作用,足以使我们油然生向往追踪之念。

我们试想一想,当时的青年们为什么不好好地安心读书?为什么不结婚生子在家庭享乐?为什么不奔走权门,谋取富贵?而一定要牺牲一切,与清室和满清的官吏流血拼命?这岂不是由于他们鉴于清室政治的腐败,专制的压迫,和对外的丧权辱国,使他们对于民族的危机有了先觉式的敏感,他们纯洁的热情,清明的良知,不容许他们不挺身而起,攘臂以从吗?因为丧权辱国违反民族主义;专制政体,压制人民的自由,违反民权主义;政治腐败,官吏贪污无能,违反民生主义。所以他们真正是为打倒三民主义的仇敌而革命,为实现三民主义的理想而流血。当然,他们单纯的目标,唯一的对象,只是推翻满清,打倒异族统制,主要的只是民族主义的革命。然而直接对于民族主义有了真实的贡献,也就间接扫除了民权和民生的障碍,促进了民权和民生。因此,我们一面感念到革命先烈缔造三民主义的中华民国实属不易,我们要深加珍惜,信守主义,才对得起这些革命先烈。一面令人警惕,无论任何政府,只要政治腐败贪污,摧残民生;执政者专制压迫,使人透不过气,并且残杀革命青年,抹煞民权;又复对外丧权辱国,损害民族的利益,自会成为革命的对象,而不能立脚。如何使实行主义刷新政治的真诚和绩业能为七十二烈士在天的英灵所嘉许呵护,而不致遭他们怒目指责,还望承继这些先烈的政党和政府,深自警惕和奋勉。

不过,话又说回来,于崇拜讴歌革命先烈的伟绩之时,我们还须注意一个极富深意而又最易为人所忽视的真理,就是:"为主义而死难,为主义而生更难。"因为根据主义,牺牲性命,以破坏一个腐朽的旧机构,固然甚难。而信守主义,数十年如一日,终生努力,鞠躬尽瘁,以建设一个现代化的新中国,自属更为困难。受了恶势力的刺激,因一时的义愤,得同志群众的鼓舞,奋不顾身,遽尔作成仁的烈士,固非有血性的青年豪杰之士,不克臻此,自甚难能可贵。但究属出于一时的情感作用和良心的驱使,较之需要长期的坚定的努力和深厚的理智的学术修养,方可完成的积极建树,似又有难易的差别。先烈们凭热情,凭良心,凭义愤,已经作了千古不朽轰轰烈烈的牺牲,为主义而死了,后死的同志们的责任,贵在凭理智,凭学养,凭坚贞,积年累月,持久不懈,一点一滴,平实无华地为主义而生。换言之,有了热情义愤的革命在先,还需要辅以基于理智与学养的建设于后。有了一时壮烈的拼命在先,还需要辅以长期的奋斗于后。有了"为主义而死"的难得的革命先烈在先,还需要继起的同志担负起"为主义而生"的更难的工作于后。我们这种说法,并不是妄敢苛求先烈们,说他们尚有不足之处。因为他们已经完成了他们的志节,履行了他们的义务,尽了他们应尽的使命,绝无丝毫遗憾。我们所感得痛心,且亦表示严厉指斥的,就是有许多玷污了三民主义的官僚政客们,他们不惟说不上"为主义而生",更说不上"为主义而死"。他们不惟不能为主义而牺牲性命,且亦不能为主义而牺牲个人的既得利益。缅怀缔造党国的革命先烈之高洁忠勇,更令人痛恨危害党国的官僚政客之卑劣无耻,真该愧死。

(写于 1947 年 3 月)

向青年学习

朱佩弦先生在去世前所参加的一次座谈会上,曾说了一句多人传诵的不朽的名言:"要许多知识分子每人都丢开既得利益不是容易的事,现在我们过群众的生活还过不来。这也不是理性上不愿意接受;理性上是知道该接受的,是习惯上变不过来。所以我对学生说,要教育我们得慢慢地来。"这段话,特别最末一句话表示出他虚怀前进,向青年学习,老而弥笃的精神,同时也表示他近年来虽说积极前进,对于时局有时也不免"动肝火",然而他认识到生活方式或思想方式的改革"得慢慢地来",不可过于操切,趋于极端。我愿意补充并发挥朱先生这句箴言,借以表示我对他的悼念。

首先值得一问的,就是知识分子是不是有什么既得利益?特别是如朱先生这样清苦到无钱医病因而拖延致死的大学教授,在经济上是否尚有什么既得利益须得丢开,才能过群众的生活?我国现下的大学教授其待遇的微薄,世无前例,远不如共产主义国家如苏联对于学者专家教授待遇的优厚,已说不上有什么既得利益之可丢开。最多我们可以说,教授们因为年龄地位的关系,有他们的"穷架子",有他们爱好书本和实验室的旧习惯,不易过群众的生活,倒是事实。

再则如果知识分子是指过去"士农工商"居于四民之首的"士",或治人而不治于人的"士",那确是一种较高的特殊的仕宦阶级。但现在的学者教授们早已失去了过去四民之首的优越地位,因而也就更失去他们的既得利益了。所以现在有人把"劳文"与"劳工""劳农"合并来说,称为"三劳",似乎不无道理。但从另一方面说,现在的豪门显宦、官僚政客、富商巨贾、银行经理,也全可说是知识分子,也可以说有许多新兴的、受过高等教育的农工商人士或军士,这些知识分子却与"劳文"式的知识分子大有分别。所以一般人多不一定把"知识分子"四字加在这些人头上。

还有一点须得辨明的,就是过群众生活和与青年学生过一样的生活颇有不同:因为,第一,学生亦是知识分子。第二,有些学生可能是既得利益阶级的子弟,其中不辨菽粟、不知民间疾苦的青年公子、少爷着实异常之多。第三,有许多国立学校的学生,可以不缴纳学费、宿费而读书,并且享有国家的公费,在某意义下,也可说是特权阶级,而与一般平民群众或老百姓的利益未必一致。证以大学毕业生大多数不愿下乡或到边远地区工作,而多愿意在大都市找职业,即可见出青年学生与平民百姓的生活之间有了距离。教授参加学生的联欢会、座谈会、朗诵会、扭秧歌,甚至参加学生的游行示威大会,与到民间去和老百姓接触亦有相当的距离,虽然我们不否认愿意和青年学生接近的人,大都愿意与贫苦民众接近的事实。如果要进一步去表现民主精神或平民精神,我们不妨说,中年人和老年人应向青年学习,而青年学生应向平民群众学习。换言之,青年学生亦易为校园的特殊环境所囿,尚须力求与人民群众接近。

无论如何,"向青年学习"确是加速进步、促进民主、救治老朽的一个伟大启示。以一个处于青年导师地位的学者教授,在那里不断地倡导向青年学习,其虚怀求益、日新不已的精神真可震撼一切老朽顽固的分子。我们也可以说,惟其能向青年学习,所以堪作青年导师。照教学相长、取人为善、与人为善的原则,你能够教导学生,你必能从教导学生的经历里,自己得到进益。你能够教人为善,你也必能从别人处得到教训,增进你自己的善行。惟其能学习,所以能教导。

我尝说一个学者如果拒绝与青年接近,他的思想一定不容易进步;因为他的学问与青年的要求和愿望脱了节,则他的思想恐难免不僵化落伍。当一个学者不愿接见青年,不愿与学生接谈时,一方面表示他放弃了指导青年、教育英才的义务,所受损失尚小;另一方面表示他放弃了向青年学习、受青年鼓舞的机会,他所受的损失真是不可补偿。

记得当抗战初期有一些办"战国策"的朋友,如林同济、陈铨诸先生,在那里热烈讨论英雄崇拜一问题,大家多指斥赞成英雄崇拜无异于赞成武力独裁。我当时即撰文指出英雄崇拜有四方面:一为生者崇拜死者,如孔子崇拜周公,孟子崇拜孔子,子孙崇拜祖先。一为在下者崇拜在上者,如下属崇拜上司,后生崇拜前辈,学生崇拜老师。一为平辈朋友互相崇拜,如鲍叔牙之崇拜管仲。一为上崇拜下,如刘备之崇拜诸葛亮,如左光斗之崇拜史可法。生者崇拜死者为尚友千古、抗志希古的"古道",下崇拜上为"忠道",平辈崇拜为"友道"。我尤其特别提出上崇拜下,即为师者、居上位者对于青年学生,对于僚属后辈有一种虚怀敬畏的态度。我特别指出上崇拜下是"师道"或"领袖之道"。因为真正的老师是敬畏青年,能向青年学习,能拔识青年、奖掖青年的人,同时真正的领袖并不是全知全能的超人,乃是虚怀若谷,敬重贤豪,宏奖人才,向民众学习的人。

又记得抗战期间在重庆一次公开的讨论会里,讨论到孙中山先生论知者与行者的关系时,有人曾提出一个批评说:中山先生认知者、理论家为先知先觉,认宣传家为后知后觉,认行者或实行家为不知不觉,好像认为大多数民众都须受少数先知先觉的指导,而少数先知先觉可以独裁一切似的。殊不知大多数民众并不是顽冥不灵的阿斗,他们有他们的意志愿望和爱憎,先知先觉不仅不应以独裁方式支配民众,而且应该向民众学习,接受民众的指导,认取民情,尊重民意,力求满足人民的愿望。换言之,一般人只知道不知不觉者须向先知先觉者学习。而这位先生独能指出先知先觉者也须向不知不觉的民众学习。这似乎对民主政治的真精神,又有进一步的新认识。

奉劝教师们,不要板起面孔,崖岸自高,拒青年学生于千里之外,而做尊师重道的迷梦。接近青年,向青年学习,认取后生可畏的真义,你的学问和师道才有前途。奉劝政治家们,不要逼害学生,钳制青年思想,脱离民众,以求巩固统治地位。向青年学习,向民众学习,才是真诚实现民主的大道。国民党的政权本是由得到青年的拥护而起家的。现在已进入民主宪政的大道,然而政府的大小官员,只知向上去揣摩而不知道向下去学习,竟会使得整个政府里面,要想找几个人格学问站得住脚,能够向青年学生说话的人都很难得,岂不令人叹惜!

末了,我还要告诫青年学生几句话:我站在中年人虚怀求进益的地位,我劝老年人、中年人向青年学习,在上者向在下者学习。站在青年人的立场,替青年自身设想,我们更愿劝导青年人虚心向前辈学习。必须中年人、老年人向青年人学习,社会文化才会有进步,必须青年人向中年人、老年人学习,历史学术才会有继续性。

中年人、老年人不向青年学习便叫做顽固。青年人不向中年人、老年人学习便叫做狂妄嚣张。顽固不进步，会引起激烈的急进的革命和反叛。狂妄嚣张会破坏秩序纪纲，引起武力的压迫和专制，假"吾爱吾师，吾尤爱真理"的美名，以否认教授的权威，假自由民主的真名，以否认学校的纪律和政府与法令的权威，不用讳言地，近年来的学风，相当嚣张。所谓"顽固"与"腐败"不同，腐败者已无自立之道，而顽固者确有所恃。或恃资望而顽固，或恃勋绩而顽固，或恃财富而顽固，或恃学历与专长而顽固。凡顽固的人必恃其特殊的成就才能、地位，及过去经历而专断，不接受他人意见，更不愿向人学习以求进步。凡以学问骄人，以功勋骄人，以才能骄人，以财富骄人者皆易陷于顽固。一有骄气，便不愿虚心学习，不能前进。一个社会里，年长的人顽固，年轻的人嚣张，安得不乱！前辈向青年学习，可医治顽固。青年向长辈学习，可医治嚣张。青年嚣张的风气易转变，老年顽固的习气难破除。青年向长辈学习易，老辈向青年学习难。所以"向青年学习"的虚怀前进的美德，更值得人们的赞赏。

贺麟先生学术年表*

1902—1908 年（光绪二十八年至三十四年）

贺麟，又名光瑞，字自昭，清光绪二十八年八月十九日（1902年9月20日）出生于四川省金堂县（位于成都市东北部）五凤溪（今五凤镇）杨柳沟村一个乡绅家庭。

1909 年（宣统元年）

本年，按规矩进入私塾读书，不久随姑太到镇上读小学。虽然所学仍不外乎《四书》、《五经》，且重在记诵而轻乎理解，但幼年贺麟却凭其聪慧，亦稍能领悟儒家思想之奥义而深受其熏陶，尤其是对宋明理学，虽只是一知半解、浅知粗义，但却特别感兴趣，这为他后来研习国学打下了基础。贺麟后来回忆说，"我从小深受儒家熏陶，特别感兴趣的是宋明理学，我认为治哲学应以义理之学为本，词章经济之学为用，哲学应当与文化陶养、生活经验结合"①。

---

* 本年表由四川大学国际儒学研究院、古籍整理研究所彭华教授撰写，初稿题名《贺麟年谱简编》（《思想家》第一辑，巴蜀书社2005年，第110—124页）；增订稿题名《贺麟年谱新编》（《淮阴师范学院学报》，2006年第1期，第78—91页；并收入《现当代学人年谱与著述编年》，三联书店2007年，第303—332页）；本年表按商务印书馆《中华现代学术名著丛书要求》新做了修订、增删。

① 贺麟：《康德黑格尔哲学东渐记》，《中国哲学》第二辑，三联书店，1980年，第376页。贺麟：《五十年来的中国哲学》，辽宁教育出版社，1989年，第117页。

1914—1916 年

13岁小学毕业,但因身材矮小、身体瘦弱,父母不放心他独自到外地读书,遂命贺麟仍在小学进修。书籍为贺麟打开了一扇超越时空的窗口,他暗暗立下志愿,"我要读世界上最好的书,以古人为友,领会最好的思想。"

1917—1918 年

本年,考入省立成(都)属联中——石室中学,主学宋明理学。贺麟的普通科目成绩平平,但国文课却锋芒大露,是"全校能把文章写通的两个人之一"(国文老师语)[①]。

1919 年

本年秋,以优秀成绩考入北京清华学校(原名"清华学堂",清华大学的前身),属中等科二年级,开始接受长达七年的正规高等教育。初入清华的贺麟对洋化的环境很不适应,这使他常常感到孤寂,有时甚至有被人欺侮之感。不过,一些受人欺负的小同学也因此愿意与他同住一室。贺麟后来还曾经被选为班长,四年级时一度被选为级长。

清华期间,在思想上受到梁启超(1873—1929)、梁漱溟(1893—1988)、吴宓(1894—1978)等人的影响。

9月,所撰《新同学新校风》刊于《清华周刊》第24卷第2期,文章提倡忠孝、仁爱、信义、和平等"中国固有之美德"和孔孟"忠恕之道"。

1920 年

校内服务性的《平民周刊》选编辑,贺麟被选中。

---

① 张祥龙:《贺麟传略》,《晋阳学刊》,1985年第6期,第52页。

暑假，随学校组织的消夏团到北京西山卧佛寺开展集体活动。

1921—1922 年

仍在清华学校学习。

本年，德国哲学家杜里舒（Hans Driesch,1867—1941）继杜威（John Dewey,1859—1952）、罗素（Bertrand Russell,1872—1970）之后来中国讲学。"他到中国后，在张东荪和张君劢的支持下，大量贩卖柏格森以来的进化论和生机论学说"①。

1923 年

先后听梁启超所开几门关于中国学术思想史的课程，对学术研究产生浓厚兴趣。有一天，贺麟拿着一张书单冒昧造访梁启超，请他指导。梁启超建议贺麟读清人戴震（字东原，1723—1777）的书，并将焦循（字理堂，1763—1820）的《雕菰楼文集》借给贺麟。（贺麟在清华毕业时，还请梁启超写了一副对联赠给父亲。贺麟又引证孔子讲仁勇的话，专门写成一个横幅以为座右铭。）

在梁启超指导下，写成《戴东原研究指南》一文，发表于《晨报》副刊（1923 年 12 月 8—12 日），又在《清华周刊》发表《博大精深的焦理堂》。

本年，张颐（1887—1969）回国主持北京大学哲学系，讲授康德和黑格尔哲学，是为西方古典哲学进入近代中国大学之始。

1924 年

仍在清华学校学习。某年，梁漱溟应邀来清华短期讲学，贺麟抓住这一良机，拜访梁漱溟几次。梁漱溟推崇王阳明（1472—1528），他对贺麟说，"只有王阳明的《传习录》与王心斋的书可读，

---

① 贺麟:《五十年来的中国哲学》，辽宁教育出版社,1989 年，第 87 页。

别的都可不念"①。

1925 年

任《清华周刊》总编辑。

吴宓在担任清华国学研究院主任期间,没有为研究院学生开课,仅为旧制留美预备部高年级学生开设选修课"翻译"(外文翻译),讲授翻译的原理和技巧,并辅之以翻译练习。当时仅有贺麟、张荫麟(1905—1942)、陈铨(1905—1969)、杨昌龄几个学生选修此课,而贺麟、张荫麟、陈铨最为认真,三人后被称为"吴门三杰"。

在吴宓的悉心指导下,贺麟的翻译水平迅速提高,开始翻译英文诗歌和散文,阅读严复的译作。后撰成《严复的翻译》一文,发表于《东方杂志》第 22 卷第 21 期(1925 年 11 月)。该文从选择翻译对象、厘定翻译标准、产生翻译的副产品三方面讨论了严复的贡献以及值得借鉴的地方。自从严复(1854—1921)去世后,这是系统讨论其翻译的第一篇研究论文。它在很大程度上体现了贺麟的学术理想,"预示了他今后也象吴宓介绍西方古典文学那样走介绍西方古典哲学的道路"②。

在吴宓的影响下,贺麟打算"步吴宓先生介绍西方古典文学的后尘,以介绍和传播西方古典哲学为自己终身的'志业'"③。

本年,基督教大同盟在北平举行会议。贺麟代表《清华周刊》,在本刊第 365 期发表《论研究宗教是反对外来宗教传播的正当方

---

① 张祥平、张祥龙:《从唯心论"大师"到信奉唯物主义的革命者——记翻译家、哲人贺麟》,《贺麟先生百年诞辰纪念文集》,中国社会科学出版社,2009 年,第 193 页。
② 张祥龙:《贺麟传略》,《晋阳学刊》,1985 年第 6 期,第 53 页。
③ 贺麟:《康德黑格尔哲学东渐记》,《中国哲学》第二辑,三联书店,1980 年,第 376 页。贺麟:《五十年来的中国哲学》,辽宁教育出版社,1989 年,第 117 页。

法》,表明他对外来宗教所持有的理性的同情态度。他认为,"反对外来宗教传播最公平、最公正、最有效的根本办法厥为研究基督教",强调"对于外国的学说、主义、宗教,亦须用科学眼光重新估定价值,精研而慎择之",主张"重新估定耶教在中国的价值"。

1926 年

夏(7月),毕业于清华学校。多年的求学生涯使他深刻地认识到,"一个没有学问的民族,也是要被别的民族轻视的"①。为此,他决定远涉重洋,赴美求学。

8月,乘一艘美国客轮离开祖国,踏上了"西天取经"之路。

9月,插班进入俄亥俄州的奥柏林大学(Oberlin College)哲学系三年级学习,希望学得西方古典哲学这个西方文化的正宗,并把它介绍到中国,借以帮助解决中国的根本问题。

在奥柏林大学期间,学习了拉丁文、心理学、哲学史、宗教哲学、伦理学以及圣经等课程,并听过英国著名哲学家罗素的两次演讲;先后撰写了《神话的本质和理论》、《魔术》、《村社制度研究》、《结婚、离婚的历史和伦理》、《论述吉伍勒的伦理思想》等论文,诸文后皆收入《哲学与哲学史论文集》。

1927 年

为纪念斯宾诺莎(Baruch de Spinoza,1632—1677)逝世250周年,耶顿夫人(Mrs. Yeaton)在家组办课外读书会,贺麟是该读书会的七位成员之一。耶顿夫人教授伦理学,但在课外还给贺麟等几位同学讲黑格尔的《精神现象学》和斯宾诺莎哲学,"由于她的启

---

① 齐家莹编撰、孙敦恒审校:《清华人文学科年谱》,清华大学出版社,1999年,第37页。

发,奠定了我后来研究黑格尔和斯宾诺莎哲学的方向和基础,所以她是我永生难忘、终身受益的老师"[①]。

暑假,加入设于芝加哥的东方学生会——泰勒沙龙(Taylor Hall)。

北伐胜利挺进的消息传至美国,贺麟极其兴奋,在"东方学生会"举办的学术会议上宣读论文《中国革命的哲学基础》。所谓"中国革命",指的是广东革命军挥师北伐。该文后发表于《清华周刊》英文版。

10月,在《东方杂志》第24卷第19期发表《西洋机械人生观最近之论战》,该文后收入《近代唯心论简释》。

1928年

2月,修满学分,以优异成绩从奥柏林大学毕业(提前半年),获文学学士学位。学士论文是《斯宾诺莎哲学的宗教方面》。

3月,转入芝加哥大学专攻哲学。在芝加哥大学,选习了米德(J. H. Mead)教授讲授的"黑格尔精神现象学"、"柏格森生命哲学"课程,斯密士(T. V. Smith)教授的"格林、布拉德雷、西吉微克、摩尔的伦理学"课程以及塔尔兹的"政治伦理"课程。贺麟十分推崇格林(T. H. Green, 1836—1882)哲学,并开始接受新黑格尔主义思想,写成《托玛斯·希尔·格林》一文。另外,在《芝加哥道德论坛》上发表《中国革命胜利的主导思想》。

1929年

9月,因"不满于芝加哥大学偶尔碰见的那种在课上空谈经验的实用主义者",遂于1929年下半年(9月)转入哈佛大学,"目的

[①] 贺麟:《哲学与哲学史论文集·序言》,商务印书馆,1990年,第2页。

在进一步学习古典哲学家的哲学"①。哈佛大学极重西方古典哲学,这很合一向注重义理的贺麟的兴趣。贺麟在哈佛大学选听"康德哲学"、"黑格尔哲学"、"斯宾诺莎哲学"等课,以及哲学家怀特海(Alfred North Whitehead,1861—1947)教授的"自然哲学"课。有一次,贺麟、沈有鼎(1908—1989)、谢幼伟(1905—1976)三人曾和怀特海交谈中国哲学问题。贺麟在听霍金(W. E. Hocking)教授"形而上学"课后,写成论文《斯宾诺莎身心平行论的意义及其批评者》。霍金教授认为论文有创新思想,给以满分。随后,贺麟根据霍金教授的意见对论文又加以补充、修改。

本年,毕业于哈佛大学,获哲学硕士学位。完成两篇论文,即《道德价值与美学价值》、《自然的目的论》。

1930 年

担任东方学生会主席。

夏,为了真正掌握黑格尔哲学的精髓,谢绝了乌尔夫森教授要他继续攻读博士学位的挽留,离开美国赴德国柏林大学专攻德国古典哲学。在柏林大学,选修了迈尔的"哲学史"课、著名哲学家哈特曼教授的"历史哲学"课,研读了有关黑格尔生平及其学说的德文论著,如克朗纳的《从康德到黑格尔》、格罗克纳的《黑格尔》、哈特曼的《黑格尔》、狄尔泰的《青年黑格尔的历史》。其中,哈特曼对贺麟的影响最大,他使贺麟认识到辩证法在黑格尔哲学体系中的核心作用。

8 月,完成了其学说生涯中具有里程碑意义的论文《朱熹与黑格尔太极说之比较观》。贺麟试图把儒家传统哲学同西方哲学融

---

① 贺麟:《现代西方哲学讲演集》,上海人民出版社,1984 年,第 161 页。

合起来，以推进儒家哲学的现代化，这是他开始从事中西哲学比较的标志。该文后刊于《大公报·文学副刊》第149期（1930年11月6日），后又作为附录收入《黑格尔学述》一书（1936年）。贺麟说，"我是想从对勘比较朱熹的太极和黑格尔的绝对理念的异同，来阐发两家的学说。这篇文章表现了我的一个研究方向或特点，就是要走中西哲学比较参证、融会贯通的道路"①。

1931年

结识著名的斯宾诺莎专家格希哈特（犹太人），被邀请到法兰克福附近的"金溪村舍"做客。由格希哈特介绍，加入国际斯宾诺莎学会。

7月，为纪念黑格尔逝世100周年，完成《黑格尔学述》译序，发表在《国风》半月刊第2卷第5、6号上。

8月，结束五年的欧美求学生涯，自柏林出发经欧亚铁路回到祖国。28日抵达北京。同路回国的有贺麟在清华上学时的老师吴宓教授。

9月，由杨振宁的父亲、数学家杨武之（1896—1973）教授推荐，受聘为北京大学哲学系讲师，主讲"哲学问题"、"西方现代哲学"、"伦理学"等课程。

在吴宓陪同下，拜访时任清华大学文学院院长兼哲学系主任的冯友兰（1895—1990）教授。冯友兰邀请贺麟在清华大学开课，讲授"西洋哲学史"、"斯宾诺莎哲学"两门课程，每周四小时。他讲课的最大特点是"情理交融"。他的讲课深入浅出，语言生动，如行云流水，引人入胜，深受学生的欢迎。

---

① 贺麟：《五十年来的中国哲学》，辽宁教育出版社，1989年，第119页。

"九·一八"事变后,接受吴宓(时为《大公报·文学副刊》编辑)的邀请,作长篇论文《德国三大伟人处国难时之态度》,分 7 期连载于《大公报》,宣传爱国主义,鼓舞抗战士气。

1932 年

被北京大学聘为副教授,兼任清华大学讲师。

应北京燕京大学学生会代表许宝騄(1909—2001)的邀请,作题为《论意志自由》的演讲,此乃贺麟回国后初次讲演。在座者有张君劢(1887—1969)等。讲词后以《我之意志自由观》为名,刊于《大公报·现代思潮》第 36、38 期,1932 年 5 月 28 日、1932 年 6 月 1 日。

夏,路过南京,与柳诒徵(1880—1956)、郭斌龢(1900—1987)、范存忠(1903—1987)、景昌极(1903—1982)、缪培林诸人餐饮。次日,贺麟由景昌极陪同,至支那内学院拜见欧阳竟无(1871—1943),"受到亲切的接见,并愉快地谈了约两个小时"①。

11 月,发表《大哲学家斯宾诺莎诞辰三百年纪念》,《大公报·文学副刊》第 254、255 期,1932 年 11 月 14 日、11 月 21 日。

1933 年

春,《华北日报》主编邀请贺麟担任该报"哲学副刊"编者,贺麟为其撰《〈华北日报〉哲学副刊发刊词》。发刊词说:"哲学是一种学养。哲学的探究是一种以学术培养品格,以真理指导行为的努力。哲学之真与艺术之美、道德之善同是一种文化,一种价值,一种精神活动,一种使人生高洁而有意义所不可缺的要素。"②

---

① 贺麟:《唐君毅先生早期哲学思想》,《哲学与哲学史论文集》,商务印书馆,1990 年,第 201 页。

② 贺麟:《〈华北日报〉哲学副刊发刊词》,《哲学与哲学史论文集》,商务印书馆,1990 年,第 120 页。

1月,发表《斯宾诺莎的生平及其学说概要》,《大公报·文学副刊》第264期,1933年1月23日。该文后曾作为1943年商务印书馆初版《致知篇》一书的译者导言,又收入《近代唯心论简释》。

3月,发表《黑格尔之为人及其学说概要》,《大陆》第1卷第4期。

7月,翻译鲁一士(J. Royce,1855—1916)所著《黑格尔的精神现象学》,译文刊于《哲学评论》第5卷第1期。

12月,发表《道德进化问题》,《清华学报》第9卷第1期。

1934年

2月,译《黑格尔印象记》,刊于《清华周刊》第41卷第5期。

3月,《近代唯心论简释》发表于《大公报·现代思潮》周刊。《近代唯心论简释》是贺麟"哲学思想的宣言","此后的许多文章,都是此文所阐述的基本思想的扩充与引申"[1]。《近代唯心论简释》的发表,标志着贺麟草创"新心学"的开端。

10月,贺麟、金岳霖(1895—1984)、冯友兰、黄子通(1887—1979)受同行委托,筹备召开哲学年会。

11月,发表《从叔本华到尼采——评赵懋华著〈叔本华学派的伦理学〉》,《大公报·文学副刊》第305期,1934年11月6日。

1935年

4月,汤用彤(1893—1964)、冯友兰、金岳霖等哲学界同仁发起成立"中国哲学会",并在北京大学举行第一届哲学年会(4月13—14日)。在第一届年会上,贺麟当选为理事兼秘书。

---

[1] 《贺麟选集·前言》,吉林人民出版社,2005年,第4页。《前言》未署名,而《贺麟选集》的编者是张学智,据此推测《前言》的作者当为张学智。

翻译亨利希·迈尔《五十年来的德国哲学》,并加附释。1月,文章刊于《新民月刊》第1卷第1期。该文后被编入冯至编校的《五十年来的德国学术》(商务印书馆)一书中,又作为附录收入他的《西方现代哲学讲演集》。

本年,撰写《经济与道德》,该文后于1938年发表于《国闻周报》(收入《文化与人生》)。

1936年

本年,升任北京大学教授。

1月,发表《康德名词的解释和学说的概要》,《东方杂志》第33卷第4期。

2月,发表《宋儒的思想方法》,分别刊于《哲学评论》第7卷第1期和《东方杂志》第33卷第2期。评论说,"《宋儒的思想方法》是贺麟讨论哲学方法最深入的一篇文章"①。

3月,所译开尔德(E. Caird,1835—1908)《黑格尔》由上海商务印书馆出版,系"汉译世界名著"丛书(王云五主编)之一。其后,有1943年渝1版,1945年渝再版。

4月,参加第二届哲学年会。同月,中国哲学会成立,当选为学会理事。

7月,《评康宁汉〈哲学问题〉》作为温公颐编译《哲学概论》一书的序言发表。

11月8日,作《彭基相著〈谈真〉序》,该文后收入《哲学与哲学史论文集》。

12月,发表《文化的类型》,《哲学评论》第7卷第2期。

---

① 《贺麟选集·前言》,吉林人民出版社,2005年,第5页。

有人评价说,"从1931年回国后到1937年抗日战争爆发前,是贺麟学术思想的勃发期",而"八年抗战,是贺麟生命最为昂扬,思想最为活跃,因而也收获最为丰厚的时期"①。

1937年

1月24日,中国哲学会第三届年会在南京开幕,27日选举第二届理事会。贺麟参加中国哲学会第三届年会,当选为学会常务理事(共五人),与另外两位常务理事金岳霖、冯友兰共同主持学会日常工作。另外,贺麟还兼任中国哲学会西洋哲学名著翻译委员会主任。

3月,金岳霖与贺麟等人发起组织逻辑学研究会。

7月7日,"卢沟桥事变"发生,抗日战争全面爆发。北京大学、清华大学、南开大学迁往长沙,组成"国立长沙临时大学"。10月26日,长沙临时大学举行开学典礼。11月1日,开始上课。文学院设在南岳衡山脚下的圣经书院。

双十节过后,贺麟、汤用彤、钱穆(1895—1990)三人同行,在天津小住数日,后取海道至香港。小港住近旬,又北上广州,晤谢幼伟。11月底,抵达长沙,宿三宵。因北京大学文学院已迁至南岳(在南岳山腰圣经书院旧址),遂又南下②。

1938年

2月,临时大学继续南迁,4月到达昆明,改名为"西南联合大学"。5月4日正式开学。贺麟随文学院迁至离昆明三百多公里的蒙自县,执教于哲学心理系,与汤用彤(系主任)、冯友兰、金岳霖、沈有鼎、郑昕、陈康等哲学家共事。与汤用彤、吴宓、浦江清合住一

---

① 《贺麟选集·前言》,吉林人民出版社,2005年,第4页。
② 钱穆:《八十忆双亲·师友杂忆》,三联书店,1998年,第208页。此处之行程,参阅自该书。

室。同年10月,到国民党中央政治大学任教。一年后仍回西南联合大学。

5月,发表《新道德的动向》,《新动向》第1卷第1期。本月,在《云南日报》发表《抗战建国与学术建国》。

贺麟与张荫麟通信辩论宋儒太极说之转变,后以《与张荫麟兄辩宋儒太极说之转变》为题,发表于《新动向》第1卷第4期,1938年8月。

7月9日,贺麟于日记云:"我读《重光杂志》中唐君毅的文章,觉得唐君毅的文字明晰,见解弘通,于中西哲学皆有一定的研究。其治学态度、述学方法、所研究之问题,均与余相近似,是基于'人同此心,心同此理'的原则。"①

12月,代表贺麟知行观的重要文章《知行合一新论》完稿于昆明。该文后作为"国立北京大学四十周年纪念文集"之一,于1940年1月在昆明出版单行本(抽印本)。

1939年

回西南联合大学执教。

1940年

8月31日,中国哲学会第四届年会举行,贺麟当选为学会常务理事。年会通过议案:设立西洋哲学名著翻译委员会,由贺麟任主任委员;设立中国哲学研究委员会,由冯友兰任主任委员。

经北京大学校长蒋梦麟(1886—1964)同意,贺麟借调到中央政治学校讲学半年。

---

① 贺麟:《唐君毅先生早期哲学思想》,《哲学与哲学史论文集》,商务印书馆,1990年,第202页。

1月,发表《物质建设现代化与思想道德现代化》,《今日评论》第3卷第1期。

3月,《德国三大哲人处国难时之态度》(根据张荫麟的建议,将"三大伟人"改为"三大哲人")由重庆独立出版社出版,1943年再版。作者认为歌德、黑格尔、费希特的性格分别为"诗的"、"散文的"、"戏剧的",并分析他们在国家危难时的不同态度。书中附参考书目及《抗战建国的精神基础》、《抗战建国与学术建国》、《法治的类型》、《新道德的动向》、《经济与道德》、《物质建设现代化与思想道德现代化》6篇论文。书前有作者引言,书末附作者的后语。

5月1日,发表《五伦观念的新检讨》(《战国策》第3期),开始提出"新心学"的基本思想。该文后以《五伦新解》为名收入《时代之波——战国策论文集》,重庆:在创出版社,1944年6月。

7月20日,发表《英雄崇拜与人格教育》,《战国策》第17期(同名收入《时代之波》)。

11月30日,发表《时空与超时空》,《哲学评论》第7卷第4期。

本年,发表《论翻译》,《今日评论》第4卷第9期。《论翻译》之节录本,后收入罗新璋、陈应年编:《翻译论集》(修订本),商务印书馆,2009年第2版。

1941年

中国哲学会西洋哲学名著翻译委员会在昆明成立,被推选为主任委员。

从本年春天开始,着手翻译黑格尔的重要著作《小逻辑》。

8月1日,代表贺麟"新儒学"思想的重要文章《儒家思想的新开展》,发表于《思想与时代》第1期。该文后收入《文化与人生》,

被誉为"现代新儒家的宣言书"。贺麟在文中说:"在我们看来,只要能对儒家思想加以善意同情的理解,得其真精神与真意义所在,许多现代生活上、政治上、文化上的重要问题,均不难得到合理、合情、合时的解答。"①

9月1日,发表《爱智的意义》,《思想与时代》第2期。

10月,发表《论知难行易》,《新认识》第3卷第5期。

12月,发表《自然与人生——"回到自然去"》,《思想与时代》第5期。

本年发表的文章,还有《乐观与悲观》等。

1942年

2月1日,发表《宣传与教育》,《思想与时代》第7期。

6月,《近代唯心论简释》由重庆独立出版社出版(初版)。《近代唯心论简释》收论文15篇。这是贺麟的第一本论文集,也是反映他"新心学"思想的代表作之一。

6月,《人文科学学报》创刊,由中国人文科学社出版。该社为纯学术团体,由西南联合大学、云南大学教授同一些研究所研究员组成,成员有雷海宗、贺麟等。该学报每年出版2期②。

11月,发表《现代思潮批判》,《文化先锋》第1卷第11期。

---

① 贺麟:《儒家思想的新开展》(1941年),《文化与人生》,商务印书馆,1988年,第17页。于此之分析与阐释,可参看彭华:《"同情的理解"略说——以陈寅恪、贺麟为考察中心》,初稿载《"中国传统学术的近代转型"国际学术研讨会论文集》,中国·上海,2009年10月,第436—446页。修订稿载《儒藏论坛》第五辑,四川文艺出版社,2010年12月,第32—58页;《中国传统学术的近代转型》,上海人民出版社,2011年2月,第333—346页。压缩稿载《善道》创刊号,四川·成都,2010年7月,第15—20页。

② 齐家莹编撰、孙敦恒审校:《清华人文学科年谱》,清华大学出版社,1999年,第267页。

1943 年

在西南联合大学讲授"黑格尔理则学"。所谓"理则学",通常译作"逻辑学",贺麟采用的是孙中山的译法。

5月1日,发表《学术通讯》,《思想与时代》第22期。

1942年9月21日,胡绳发表《一个唯心论者的文化观——评贺麟先生著"近代唯心论简释"》①,针对《近代唯心论简释》一书若干观点提出批评意见。1943年,徐梵澄发表《〈近代唯心论简释〉述评》②,谢幼伟发表《何谓唯心论——兼评贺麟著〈近代唯心论简释〉》③。4月14日,贺麟作《答谢幼伟兄批评三点》(《思想与时代》第23期,1943年6月1日),对谢幼伟提出的三个问题做了回答。

7月1日,发表《德国文学与哲学的交互影响》,《思想与时代》第24期。

7月,重庆独立出版社发行《近代唯心论简释》第二版。汇集论文仍为15篇,但书末附录了《最近五十年来的西洋哲学》。

秋,在重庆小温泉给全体新生讲课,讲稿为《读书方法与思想方法》。

10月1日,在《思想与时代》第27期发表《论翻译的性质和意义》。

11月,发表《费希特哲学简述》,《哲学评论》第8卷第4期。

12月1日,发表《基督教与政治》,《思想与时代》第29期。

12月,《知难行易说与知行合一说》由重庆青年书店出版,对孙中山知难行易学说与蒋介石的知行合一学说进行考察。

---

① 该文初刊于重庆《新华日报》(1942年9月21日),后收入《理性与自由——文化思想批评论文集》(胡绳著,华夏书店,1946年6月,第10—16页)。
② 《图书馆月刊》1943年某期,重庆中央图书馆编印。
③ 《思想与时代》第11期,1943年。

1944 年

3 月,发表《谢林哲学简述》,《哲学评论》第 8 卷第 6 期。

5 月 1 日,发表《宋儒的新评价》,《思想与时代》第 34 期。

6 月 1 日,发表《论时空(答石峻书)》,《思想与时代》第 35 期。

11 月 1 日,发表《功利主义的新评价》,《思想与时代》第 37 期。

12 月,发表《杨墨的新评价》,《建国导报》第 1 卷第 14 期。

抗战时期(四十年代初),唐君毅(1909—1978)在重庆中央大学任教,贺麟与唐君毅多次会晤。

1945 年

西南联合大学"三民主义教学委员会"主席、北京大学训导长陈雪屏(1901—1999)离校,贺麟代理其职务。

4 月,发表《陆王之学的新开展——介绍熊十力及马一浮二先生的思想》,《建国导报》第 1 卷第 17 期。

8 月 30 日,在昆明为《当代中国哲学》作序。

9 月 21 日,贺麟致函胡适(1891—1962)。信中表示盼复早归,以主持北京大学复员工作,并在信末发表自己对时局的看法[①]。

本年,在《五十年来的中国哲学》一文的基础上,写成《当代中国哲学》一书,将《五十年来的中国哲学》作为第一章,题目改为《中国哲学的调整与发扬》。

翻译斯宾诺莎的《致知篇》并为之作序,该书于本年由重庆商务印书馆出版。

本年,撰写《陆象山与王安石》。贺麟撰写此文之机缘,可以上

---

① 中国社会科学院近代史研究所民国史组编:《胡适来往书信选》(中),中华书局,1979 年,第 39—41 页。

溯至华莱士的一席话。1944年夏,美国副总统华莱士访问中国,"发表了不少有深远意义的宏论","最有兴味的一点是他特别赞扬我国宋代厉行新法的大政治家王安石"①。

1946 年

1月,发表《〈当代中国哲学〉序言》,《三民主义半月刊》第8卷第1期。

6月,西南联合大学哲学心理学系主任汤用彤因公离校,贺麟暂行代理其职务。

西南联合大学战时的使命完成,北大、清华、南开三校决定迁回原址。成立三校联合迁移委员会,贺麟被推选为该会委员。9月2日,离开昆明北上。10月,随北大返回北平。

9月2日,在昆明作《文化与人生·序言》。

10月,发表《王船山的历史哲学》,《哲学评论》第10卷第1期。贺麟素来尊崇王夫之(1619—1692),上文约二万字,主要依据王夫之的《读通鉴论》和《宋论》二书。

11月,反映战国策派思想的论文集《时代之波》由大东书局出版,该集收入了贺麟的《五伦新解》、《英雄崇拜与人格教育》两篇文章。

本年度发表的论文,还有《文化、武化与工商化》等。

1947 年

1月1日,发表《王安石的心学》,《思想与时代》第41期。3月1日,发表《王安石的性论》,《思想与时代》第43期。贺麟后将二文合并为《王安石的哲学思想》,收入《文化与人生》。但所注月份

---

① 贺麟:《陆象山与王安石》,《文化与人生》,商务印书馆,1988年,第229页。

是1941年而不是1947年,误。

1月,发表《民治论》,《三民主义半月刊》第9卷第1期。

1月,发表《纳粹毁灭与德国文化》,《远东》创刊号。

2月,发表《认识西洋文化的新努力》,《读书通讯》第126期。

3月,发表《儒家的性善论》(贺麟讲、杜万荣记),《五华》第3期。

7月,发表《西洋近代人生哲学之趋势》,《读书通讯》第126期。

10月1日,发表《对黑格尔哲学的看法》,《思想与时代》第48期。

本年,贺麟出版了两本关于"新心学"哲学思想的重要著作:一本是《当代中国哲学》(胜利出版公司,1947年1月),一本是《文化与人生》(商务印书馆,1947年11月)。

1948年

1月16日,发表《天下一家与两个世界》,《周论》创刊号。

2月,发表《论党派退出学校》,《周论》第1卷第7期。

3月,发表《此时行宪应有的根本认识和重点所在》,《周论》第1卷第12期。

6月,发表《论反动》,《周论》第2卷第1期;发表《自由主义与学术》,《周论》第2卷第4期。

12月,发表《论哲学纷无定论》,《周论》第2卷第18期。

12月25日,北京大学举行50周年校庆。学生特送锦旗一面给贺麟,上绣"我们的保姆"字样,以表示对他的感谢与爱戴。

本年,重庆正中书局出版《儒家思想新论》,该论文集收入贺麟的《儒家思想的新开展》一文。

从1947年下半年开始,为学生讲授"现代西方哲学"课程,课程于1948年上半年结束。肖辉楷认真聆听了贺麟的这门课程,并做了详细的笔记,他将记录稿整理好后交给贺麟,贺麟将其保存于匣笥中30余年。1978年召开全国西方哲学史会议,上海人民出版社编辑与贺麟约定刊印此稿。贺麟对记录稿重新审阅并做修改,于1984年作为《现代西方哲学讲演集》的上篇由上海人民出版社出版。

1943年,为学生讲授"黑格尔理则学"课程。本年,根据樊星南所做记录整理成单行本,书名定为《黑格尔理则学简述》,作为"国立北京大学五十周年纪念论文集"之一,由北京大学出版部出版。

1949年

从1941年春起,贺麟就开始翻译黑格尔的《小逻辑》,"但因外务纷扰、工作不集中"(《小逻辑·译者引言》),直至北平解放时止,仅译了全书的一半,约十一二万字;至1949年国庆时,才将全书翻译完毕,以此"作为对新中国的诞生的献礼"①。《小逻辑》中译本的问世,可以说是贺麟成为"新中国黑格尔哲学研究一代宗师的一个永放光芒的标志"。

1950年

在1949—1950学年内,在北京大学讲授"黑格尔哲学研究",上学期研读黑格尔的《小逻辑》,下学期研读列宁的《黑格尔〈逻辑学〉一书摘要》。班上同学有杨宪邦、张岂之、杨祖陶、陈世夫、梅德愚等,前来参加的还有王太庆、徐家昌②。

年底,随北京大学土改团到陕西省长安县参加土地改革工作一个月。

---

① 贺麟:《五十年来的中国哲学》,辽宁教育出版社,1989年,第126页。
② 贺麟:《小逻辑·译者引言》,商务印书馆,1980年第2版,第xi页。

本年 10 月,所译黑格尔的《小逻辑》由商务印书馆出版。

1951 年

1 月 4 日,在《光明日报》发表《讲授唯心主义课程的一些体会》。

1 月,发表《答复庄本生先生》,《新建设》第 3 卷第 4 期。

4 月 2 日,在《光明日报》发表《参加土改改变了我的思想——启发了我对辩证唯物论的新理解和对唯心论的批判》一文。

从本年 10 月至次年春,贺麟到江西省泰和县参加土改半年。

1952 年

春,仍在江西省泰和县参加土改。

1953 年

本年,加入中国民主同盟。贺麟曾任民盟北京市委员会委员,第一、二届民盟中央参议委员会常委,第四、五届民盟中央委员,第四、五、六届全国政协委员。

1954 年

2 月 8 日,撰毕《小逻辑·译者引言》。

7 月,所译黑格尔《小逻辑》由上海三联书店出版,贺麟专门为译本加了长序。

12 月 2 日,中国科学院院务委员会和作协主席团会议联合举行,决定召开批判胡适思想的讨论会。贺麟先后写出《两点批判,一点反省》、《批判胡适的思想方法》、《批判梁漱溟的直觉主义》。

本年,写成《我同意克列同志的说法的思想斗争过程》一文,未正式发表,后收入《哲学与哲学史论文集》。

本年,在北京大学讲授"黑格尔哲学"课程,后收入《黑格尔哲学讲演集》。

1955 年

本年,由北京大学调至中国科学院哲学社会科学部哲学研究所(今中国社会科学院哲学研究所),任西方哲学史组组长,研究室主任,一级研究员,直至去世。

1月29日,在《人民日报》第三版发表《两点批判,一点反省》。

3月,发表《批判胡适的思想方法》,《新建设》第3期。

7月,发表《"百家争鸣"和哲学》,《学习》第7期。

7月,发表《论反映——学习辩证唯物主义认识论的一些体会》,《新建设》第6期。这是贺麟学习列宁《反映论》以后所写的一篇体会。

8月,发表《批判梁漱溟的直觉主义》,《新建设》第8期。

11月,所译马克思《黑格尔辩证法和哲学一般的批判》一书,由人民出版社出版。其后,又撰《学习马克思的〈黑格尔辩证法和哲学一般的批判〉》一文(刊于《哲学与哲学史论文集》)。

本年,在中国科学院社会科学部举行的胡适思想批判讨论会上发言,发言稿题目为《读艾思奇同志〈批判胡适的实用主义〉的一些启发和意见》,发言稿后收入《现代西方哲学讲演集》。

本年,在中国人民大学做了五次关于"黑格尔的自然哲学"讲演,讲稿后收入《黑格尔哲学讲演集》,改名为《运动是空间和时间的相互过渡》。

1956 年

2月,发表《知识分子怎样循着自己专业的途径走向社会主义?》,《新建设》,1956年第2期。这也是贺麟学习列宁著作以后所写的心得体会。

2月,参加《文艺报》召开的小型座谈会,会后写成《朱光潜文艺思想的哲学根源》。稿子写成后,贺麟先后请外国文学研究所蔡仪、冯至提意见。稿子经修改,即送《文艺报》发表。稿子最后又经胡乔木提意见,首先发表于《人民日报》(1956年7月9、10日第七版);随后,又被收入《美学问题讨论集》(《文艺报》编辑部编,作家出版社,1957年5月)。

6月,发表《为什么要有宣传唯心主义的自由?——对"百家争鸣"政策的一些体会》(署名贺麟、陈修斋),《哲学研究》第3期。这是贺麟5月26日在怀仁堂听取当时中宣部部长陆定一代表党中央作关于"百花齐放,百家争鸣"报告后的一些体会。陈修斋回忆说,该文以他们二人的名义发表,虽是我执笔,但主要观点是贺先生的;即使在我执笔撰写时加了一些自己的想法,也是贺先生看后同意的[①]。

8月,发表《黑格尔著〈哲学史〉评介》,《哲学研究》第3期。

8月,发表《黑格尔关于辩证逻辑与形式逻辑的关系的理论》(署名贺麟、张世英),《新建设》第8期。

贺麟、张世英:《黑格尔关于辩证逻辑与形式逻辑的关系的理论》,上海人民出版社,1956年。

12月,发表《温德尔班著〈哲学史教本〉及罗素著〈西洋哲学史〉简评》,《新建设》第12期。

1956年秋到1957年春,贺麟在中国人民大学讲授黑格尔《小逻辑》。后收入《黑格尔哲学讲演集》一书的《黑格尔小逻辑讲演笔记》,就是根据当年学生的听课笔记整理而成。

[①] 宋祖良、范进编:《会通集:贺麟生平与学术》,三联书店,1993年,第302—303页。

1957 年

1月,根据在中国人民大学讲授黑格尔唯心主义哲学的教学实践,写成《讲授唯心主义课程的一些体会》,发表于1月4日的《光明日报》。

1月5日,致函吴宓,邀请吴宓翻译古希腊作家第欧根尼·拉尔修(Diogenes Laërtius)的《名哲言行录》。1月10日,吴宓复信,谓愿译此书[①]。

1月22日至26日,北京大学哲学系召开"中国哲学史座谈会",100多人与会。贺麟在会上作了题为《对于哲学史研究中两个争论问题的意见》的系统发言,发言记录稿《对于哲学史研究中两个争论问题的意见》刊于《人民日报》(1957年1月30日第七版)。其后,针对关锋的批评,贺麟又作了反批评,题为《关于对哲学史上唯心主义的评价问题》。7月,二文被收入《中国哲学史问题讨论专辑》,《中国哲学》编辑部编,科学出版社,1957年7月。

1月,发表《斯宾诺莎哲学简述》,《哲学研究》第1期,1957年1月。

2月,随中国哲学代表团访问苏联。团长是冯至(1905—1993),团员还有金岳霖、任继愈(1916—2009)、潘梓年(1893—1972)。

4月11日上午,毛泽东(1893—1976)在中南海丰泽园接见周谷城(1898—1996)、胡绳(1918—2000)、金岳霖、冯友兰、贺麟、郑昕(1905—1974)、费孝通(1910—2005)、黄顺基、王方名等十人,并共进午餐,饭后又谈到三点多钟。

[①] 吴宓著、吴学昭整理:《吴宓日记续编》第三册,三联书店,2006年,第6页。

4月,发表《必须集中反对教条主义》,《人民日报》,1957年4月24日第七版笔谈"百花齐放百家争鸣"栏目。5月10日至14日,中国科学院哲学研究所、北京大学中国哲学史研究室、中国人民大学哲学史教研室在北京大学临湖轩联合召开中国哲学史工作会议。会议就中国哲学史研究的方法论问题、中国哲学史目前进行研究的问题、中国哲学史资料问题展开讨论,贺麟在会上就唯物主义与唯心主义的关系发表了意见。

评论说,自"反右"开始,"贺麟的学术重点放在翻译和'客观介绍'上,学术锋芒逐渐消减"①。

1958年

9月,作《伦理学·译后记》。

9月,所译斯宾诺莎《伦理学》由商务印书馆出版(1981年4月重印)。

12月,中国科学院哲学研究所资料室编的《资产阶级学术思想批判参考资料》第四集由商务印书馆出版,该集收入贺麟的《近代唯心论简释》等。

该年,同中国科学院哲学研究所中国哲学史组、西方哲学史组和逻辑组同志一起到河南七里营劳动、学习。姜丕之说:"他在劳动中总是不甘落后,抢着干。我因病提前回北京住院治疗,他一直坚持到底,为期两三个月。"②

1959年

所译黑格尔《小逻辑》由商务印书馆出版,此乃1959年新1

---

① 《贺麟选集·前言》,吉林人民出版社,2005年,第13页。
② 姜丕之:《序》,《现代西方哲学讲演集》,上海人民出版社,1984年,第8页。

版。与王太庆合译黑格尔《哲学史讲演录》(第一卷)由商务印书馆出版,此乃 1959 年新 1 版。同年,《哲学史讲演录》(第三卷)亦由商务印书馆出版发行。

本年,《资产阶级学术思想批判参考资料》第五集出版,收入贺麟的《当代中国哲学》和论文 26 篇。

1960 年

1 月,发表《贯彻"厚今薄古"的方针是世界观的改造问题》,《科学通报》,1960 年第 1 期。

4—5 月,发表《批判黑格尔论思维与存在的统一》,《哲学研究》第 4、5 期,1960 年 4、5 月。

7 月,发表《新黑格尔主义批判》,《新建设》第 7 期,1960 年 7 月。

与王太庆合译黑格尔《哲学史讲演录》(第二卷)由商务印书馆出版,此乃 1960 年新 1 版。所译荷兰斯宾诺莎《知性改进论》(《致知篇》的新版)由商务印书馆出版(1986 年 6 月重印)。在准备重新出版时,贺麟对原译著作了很多修订。新版同样保留了《译者序言——斯宾诺莎的方法论和认识论评介》,并增加了《译后记》(作于 1959 年 9 月)。

1961 年

1 月,发表《论唯物主义和唯心主义的斗争和转化》,《哲学研究》第 1 期。

1 月,发表《加强对西方现代哲学的研究》,《新建设》第 1 期。

5 月 5 日,在《文汇报》发表《关于唯物主义与唯心主义斗争和转化的问题——答严北溟先生》。

11 月,所译马克思《博士论文(德谟克里特的自然哲学与伊壁鸠鲁的自然哲学的差别)》由人民出版社出版。该译作后收入《马克思恩格斯全集》。

本年,撰写《关于研究培根的几个问题》,该文收入《培根哲学思想——培根诞生四百周年纪念文集》,商务印书馆,1961年。

1962年

1月,发表《关于黑格尔的〈精神现象学〉》,《哲学研究》第1期。

在中国哲学学会北京分会于中国人民大学举行的大会上作题为《胡克反马克思主义的实用主义剖析》的演讲,后经整理收入《现代西方哲学讲演集》。

本年,黑格尔著、贺麟译《康德哲学论述》由商务印书馆出版。同年,黑格尔著、贺麟与王玖兴合译《精神现象学》由商务印书馆出版。

1963年

本年,在中国科学院哲学社会科学学部第三次学部委员扩大会议上作《关于黑格尔自然哲学的评价问题》的报告,后发表于《新建设》第5期。

1964年

本年,当选为政协第四届全国委员会委员,后又连续当选为第五、六届全国政协委员。

1966—1974年

1966年,"文化大革命"(1966—1976)开始。由于贺麟的特殊经历与特殊地位,他被戴上"反动学术权威"帽子,批斗多次,抄家数次,游街数次,房屋被占,财产丢失,被关进"牛棚"一年多,甚至被诬为"特务"而惨遭毒打。后来,还以"劳动锻炼"的名义被遣送到河南农村干校改造两年。研究工作全部中断。对于这一切,贺麟以一个哲人独具的冷静与超然态度默默地忍受着。

1973年,台湾地平线出版社印行了《文化与人生》的新版。

1975 年

国庆节前夕,尚未"解放"的贺麟接到周恩来(1898—1976)总理签署的国宴请柬,参加了国务院国庆招待会,心情十分激动。

1978 年

本年,在芜湖召开的"全国西方哲学史讨论会"上,作了《黑格尔哲学体系与方法的一些问题》的讲话,讲稿收入《黑格尔哲学讲演集》。

本年,贺麟、王太庆所译黑格尔《哲学史讲演录》(第四卷)由商务印书馆出版。

1979 年

5月,发表《费希特的爱国主义和民主思想》,《哲学研究》,1979年第5期。

6月,作为中国社会科学院访日代表团的一名成员去日本作学术访问,访问了关西大学、京都大学、东京大学、金泽大学。在西方哲学座谈会上,贺麟两次对斯宾诺莎身心平行论思想做了择要讲述,"日本友人颇感兴趣"。论文《斯宾诺莎身心平行论的意义及其批评者》后刊于《哲学与哲学史论文集》。在日本访问期间,与当年同在美国求学的同学竹内爱二重逢。

8月,作为中国代表团的团长,率团参加在南斯拉夫贝尔格莱德大学举行的国际黑格尔哲学第十三届年会,作了题为《黑格尔的同一、差别和矛盾诸逻辑范畴的辩证发展》的发言。发言稿后刊于《哲学研究》1979年第12期,并以英文载入《黑格尔年鉴》。

12月,发表《黑格尔的同一、差别和矛盾诸逻辑范畴的辩证发展》,《哲学研究》,1979年第5期。

本年,发表《黑格尔与歌德、席勒》,《哲学研究》,1978年增刊。

1980 年　79 岁

1 月,撰写《小逻辑·新版序言》。

3 月,发表《康德黑格尔哲学东渐记》,《中国哲学》第二辑,北京:三联书店,1980 年。文章标题中"东渐记"三字,"系来自美籍中国学者容闳(1828—1912)所著《西学东渐记》一书"①。该文后略加修订,作为附录收入《五十年来的中国哲学》一书。

6 月,发表《实用主义是导致折衷主义和诡辩论的思想根源》,《学术研究》第 3 期,1980 年。这是一篇批判胡适的文章。

本年,商务印书馆印行贺麟所译黑格尔《小逻辑》,此乃新 2 版。贺麟《小逻辑·新版序言》说:"这次修改《小逻辑》的旧译本虽从 1973 年就已开始,但当时为了要先修改出版黑格尔《哲学史讲演录》第 4 卷和《精神现象学》下卷,便将《小逻辑》放下了,直到 1979 年春才最后修改完毕。"

本年,《现代西方著名哲学家述评》(三联书店,1980 年)收入贺麟所撰《布兰德·布兰夏尔德》。

1981 年　80 岁

3 月,作《现代西方哲学讲演集·自序》。

6 月 4 日,中华全国外国哲学史学会正式成立并召开第一届第一次理事会议,贺麟被选为名誉会长。贺麟出席并讲话,讲话摘要《我对哲学的态度》(王树人整理)刊于《哲学与哲学史论文集》。

8 月 12 日,《黑格尔全集》编辑委员会成立,贺麟任名誉主任委员。

9 月,在北京召开纪念康德《纯粹理性批判》出版 200 周年、黑格尔逝世 150 周年学术讨论会。贺麟讲话稿《在纪念康德、黑格尔

---

①　贺麟:《五十年来的中国哲学》,辽宁教育出版社,1989 年,第 129 页。

学术讨论会开幕式上的讲话》刊于《哲学研究》1981年第10期(题名《贺麟教授在纪念康德、黑格尔学术讨论会开幕式上的讲话(摘要)》),后收入《哲学与哲学史论文集》。

10月,国务院学位委员会下达第一批博士、硕士学位授权学科专业名单,贺麟为中国社会科学院研究生院外国哲学史专业博士生导师。

10月,在杭州召开全国宋明理学讨论会。贺麟参加了讨论会并发了言。

11月,在杭州召开全国中外哲学史比较讨论会。贺麟参加了讨论会并发了言。

1982年

6月,发表《费希特的唯心主义和辩证法思想述评》,《学术月刊》,1982年第6期。

10月11日,贺麟在金岳霖从事教学和科研工作56周年大会上发言。乐逸鸥根据记录整理而成《金老的道德文章》(标题是整理者拟的)。

本年,贺麟、王玖兴合译的《精神现象学》(上下卷)荣获中国社会科学院优秀科研成果一等奖。

本年,发表《黑格尔的艺术哲学》,《中国社会科学院研究生院学报》第5期,1982年。

1983年

年初,发表《黑格尔的〈法哲学原理〉》,《福建论坛》第1期,1983年。

6月15日,作《现代西方哲学讲演集·作者后记》。

6月,发表《亨利·柏格森的哲学》,《中国社会科学院研究生院学报》,1983年第3期。

9月,发表《黑格尔的早期思想》,《哲学研究》第9期,1983年9月。

秋冬(10月至11月),贺麟应香港中文大学新亚书院之邀至港讲学一月。11月2日下午,主讲"我近来对于黑格尔哲学的新理解";11月7日下午,主讲"知行合一问题"①。讲稿发表于《求索》1985年第1期。在港讲学期间,唐君毅夫人谢廷光女士(1916—2000)邀请贺麟前去府上瞻仰唐君毅的遗物,并在九龙设宴款待,由唐君毅的入室弟子李杜、唐端正、陈特及霍韬晦等作陪。李杜等均以著作相赠,谢廷光并以唐君毅的主要著作《生命存在与心灵境界》一套相赠(后谢廷光又曾两度前往北京,贺麟和周辅成予以热情接待)②。回来后,贺麟撰写了《唐君毅先生早期哲学思想》一文(后收入《哲学与哲学史论文集》),谈论唐君毅的早期思想以及他们二人在思想上、精神上相契合之处,以为纪念。

本年,贺麟为马克思逝世百周年纪念而写《马克思的早期哲学思想》,这是民盟中央机关报《中央盟讯》的约稿。该文后经修改补充,收入《哲学与哲学史论文集》。

1984年

3月,被聘为《西方著名哲学家评传》学术顾问。所撰《黑格尔》被列入《西方著名哲学家评传》丛书第六卷。

8月,《现代西方哲学讲演集》由上海人民出版社出版,周谷城、姜丕之为之作序。全书分为上下篇,上篇收集新中国成立前在北京

---

① 《"龚氏访问学人"贺麟教授访问本院》,《新亚生活月刊》(香港)第十一卷第四期,1983年12月15日,第4页。

② 贺麟:《唐君毅先生早期哲学思想》,《哲学与哲学史论文集》,商务印书馆,1990年,第201页。

大学讲授"现代西方哲学"课程的讲演13篇,下篇收集新中国成立后文章15篇。该书上篇的底稿是1947年下半年至1948年上半年在北京大学开设的现代西方哲学课程的讲课笔记,记录者是班上的肖辉楷同学,后经贺麟重新审阅和修改而成。评论说,"这是迄今为止黑格尔研究方面最为深广、最为全面、最有影响的成果"①。

8月,参加在山西太原召开的傅山学术讨论会。所提交论文《傅山哲学思想的主要倾向及开展傅山研究的重要性》,后刊于《晋阳学刊》第6期,1984年12月。

9月,《黑格尔自然哲学的发展观》,《甘肃社会科学》,1984年第5期。

12月,出席在上海召开的全国东西方文化比较讨论会。

本年,为纪念费希特逝世180周年,完成《费希特的爱国主义和民主思想》,该文刊于《哲学与哲学史论文集》。

本年,所译黑格尔《法哲学原理》由台湾新竹市仰哲出版社出版。

1985年

1月,发表《关于知行合一问题——由朱熹、王阳明、王船山、孙中山到〈实践论〉》,《求索》,1985年第1期。

4月,回老家探亲期间,应邀至四川大学哲学系、西南师范学院、武汉大学哲学系讲学。

6月,发表《黑格尔〈自然哲学〉提纲——特别强调其中的辩证法》,《晋阳学刊》第3期,1985年6月。

11月,发表《斯宾诺莎身心平行论及其批评者》,《哲学研究》第11期,1985年11月。

---

① 《贺麟选集·前言》,吉林人民出版社,2005年,第11页。

本年,发表《黑格尔对"形而上学思想"的批评》、《黑格尔对"形而上学思想"的批评(续)》,《群言》第5、6期,1985年。
1986年
4月6日,写《〈马克思恩格斯论哲学史〉序言》;9月,刊于《人文杂志》第4期,1986年9月。

4月,被聘为《康德与黑格尔研究》顾问。

4月,发表《论自然的目的论》,《中国社会科学院研究生院学报》第2期,1986年4月。

4月,发表《斯宾诺莎主义的宗教方面》,《中国社会科学院研究生院学报》第2期,1986年4月。

7月,论文集《黑格尔哲学讲演集》由上海人民出版社出版。

10月9日至11日,为纪念贺麟从事教学、研究、翻译工作55周年,中国社会科学院哲学研究所、北京大学哲学系、民盟中央、中华全国外国哲学史学会联合在北京举行了"贺麟学术思想讨论会",国内外300余名专家、学者出席了开幕式。

1987年
3月12日,作《文化与人生》之"新版序言"。

7月15日,为马魁隆《论清初哲学之新潮》作序。该文后以《〈论清初哲学之新潮〉序》为题,刊于《哲学动态》1992年第1期。

12月,江苏省社会科学院、江苏省哲学史与科学史研究会等五家单位在南京市召开纪念《精神现象学》出版180周年学术讨论会,贺麟本拟赴会作专题讲演,后因身体等多种原因不能出席会议,但他专程派自己的两位博士生将《我学习〈精神现象学〉的经过》一文带至会上交流,并向大会寄去了贺信。《我学习〈精神现象学〉的经过》后刊于《甘肃社会科学》1989年第1期和《学海》1992

年第 5 期。

1987 年以来,贺麟为西方哲学史专业培养了 5 名硕士生、4 名博士生。

1988 年

1 月,发表《辩证法和哲学的理想性》,《社会科学战线》,1988 年第 1 期。

3 月,发表《对有关辩证法几个问题的新理解》,《中国社会科学》,1988 年第 2 期。

4 月,发表《哲学的理想性》,《哲学动态》,1988 年第 4 期。

7 月,《黑格尔全集》编译委员会在北京昌平"爱智"山庄召开《黑格尔全集》翻译出版讨论会。贺麟参加了讨论会并讲话,对《黑格尔全集》的翻译工作提出了许多宝贵意见。

8 月,《文化与人生》由商务印书馆出版。与旧版相比,新版在内容和文章题目上均有变动。

8 月,贺麟等著《马克思人类学笔记研究论文集》由商务印书馆出版。

12 月 21 日,西洋哲学名著研究编译会成立,贺麟任名誉会长。

12 月,发表《评吕世伦著〈黑格尔法律思想研究〉一书》,《法律学习与研究》,1988 年第 6 期。

12 月,译著《黑格尔早期神学著作》由商务印书馆出版。

1989 年

3 月,《五十年来的中国哲学》由辽宁教育出版社出版。此书系《当代中国哲学》之再版本,不但改换了书名,而且"在不影响原书的体系及主要论点的前提下,作了适当的修改和补充"(《新版序》)。该书获"光明杯"优秀哲学社会科学著作荣誉奖。

7月,《德国三大哲人歌德、黑格尔、费希特的爱国主义》(原名《德国三大哲人处国难时之态度》)由商务印书馆出版。这次新版附作者近作《黑格尔评传》。书中介绍了三大哲人的生平和思想,对他们的爱国主义思想和言论作了详细的叙述。

10月,《时代之波》作为"民国丛书"第一篇第四十四册,由上海书店出版。

1990年

1月,《哲学与哲学史论文集》由商务印书馆出版。

12月,发表《谈儒家精神——致朱熹诞辰860周年学术研讨会》,《哲学动态》,1990年第12期。

12月,《文化与人生》作为"民国丛书"第二编第四十三册,由上海书店出版。

本年,发表《谈谈翻译》,《中国社会科学院研究生院学报》,1990年第3期。

1991年

12月,《近代唯心论简释》、《当代中国哲学》作为"民国丛书"第三编第五册,由上海书店出版。

12月,发表《弘扬朱子思想的真精神》,《纪念朱熹诞辰860周年国际学术会议论文集》,上海三联书店,1991年12月。

1992年

9月22—24日,为纪念贺麟诞辰90周年,中国社会科学院哲学所、中华全国西方哲学史学会、民盟中央等单位在北京联合举行"贺麟学术思想讨论会"。与会专家、学者共200余人①。

---

① 范进、杨君游:《贺麟学术思想讨论会综述》,《哲学动态》,1992年第12期,第7—10页。

9月23日上午8时半,逝世于北京医院,享年90岁。10月6日,贺麟遗体告别仪式在八宝山革命公墓举行。《人民日报》专门报道了此事①。

本年12月,贺麟等著《儒家思想新论》作为"民国丛书"第四编第二册,由上海书店出版。

---

① 《贺麟同志逝世》,《人民日报》,1992年10月10日第四版。

理想主义信念中的儒家复兴和抗战建国

——贺麟先生的《文化与人生》简评

张祥龙[①]

著作的命运与它所维系的人群的命运内在相关。一部书,可能长久退出主流视野,但如果它毕竟有内在的生命,那么一旦历史的起伏循环再次带回了让人感受到这生命的处境,它就又会浮出水面,激扬起思想的浪花。贺麟先生的《文化与人生》就是这样一部与我们的命运息息相关、可应时而再现的生命之作。

一

《文化与人生》出版于1947年,是贺先生发表于抗战及稍后时期的文章结集。此书与《近代唯心论简释》(1942年)和《当代中国哲学》(1945年完成,1947年出版)一起,构成贺先生1949年前的主要著作群体。尤其是前两书,更是集中表达了著者本人看待世界人生本源的见地,是其一生中最重要思想作品的双子星座。如

---

① 张祥龙现为山东大学哲学与社会发展学院教授。

果我们套用《庄子》的内外篇结构,那么可说《近代唯心论简释》是贺先生作品的内篇,直接阐发作者的哲理中枢,即逻辑之心与本然性理在直觉法中动态合一的精神唯心论[①];而此《文化与人生》则是其外篇,承受中华民族卓绝奋起的抗战情境,创造性地发挥和再构造这种精神理想主义[②],使之表现出伟大历史时代的雄奇风骨,以生动活泼的语言透入文化与人生的搏动生机。

此书或它包含的文章曾经发挥重大的思想影响。比如当时的西南联大北大法学院院长、中央政校教务长周炳琳看到《抗战建国与学术建国》、《法治的类型》等后来收入此书的文章后,深为所动,几次邀贺先生到中央政校教书。也是由于这些文章见地的流布传扬,1940年底,蒋介石拍电报约见贺麟。为了抗战,贺麟先生从昆明飞往重庆,在陈布雷陪同下与蒋介石对谈良久,以思想的深度和忧国激情打动之。后来又有两次会谈。这些会面的一个具体成果,就是蒋介石委托贺先生创立并主持"外国哲学编译委员会",开后来商务印书馆"汉译世界学术名著丛书"之先河。

此书在学术界也引起长久反响,比如其中的《五伦观念的新检讨》一文,直到现在还常被海内外学人,特别是有伦理学和儒学关怀的思想者引用和讨论。台湾在20世纪70年代出了此书的新版。那里的知名学者韦政通先生于20世纪80年代中期讨论了此文的观点,很是推崇。他认为贺文"对五伦内涵的分析,不但态度客观,

---

[①] 参考本文作者为贺麟先生《近代唯心论简释》(商务印书馆《中华现代学术名著丛书》版,2011年)所写的评论:《逻辑之心和直觉方法——〈近代唯心论简释〉打通中西哲理的连环套》,第396—412页。

[②] "唯心论"(idealism)常被贺先生译作或表达为"理想主义",以区别于经验论一类的无理想的唯心论。

且确已把握到传统伦理的本质,尤其对等差之爱的补充,以及对三纲的精神,更是作了颇富创意的阐释",又写道:"文章写于抗战期间,距今大约已四十年左右,今天看起来,他所标示的主旨,无论是当作工作的目标,或是对方法的提示,仍然有新鲜之感,一点也不过时,现在我们仍在朝这个目标努力。"①韦先生这段评议,对于《文化与人生》这整本书,也是适用的。读者认真读其中的几篇,就会有同感,仿佛它们就在阐发今天的中国面临的问题。

二

此书1988年的大陆新版,序言之外,含有42篇文章。统而观之,可以大约分为这样几类。首先是由第一篇《儒家思想的新开展》引领的儒家文化自省图新和复原再兴类,可视为全书的主旨所在。它包括《五伦观念的新检讨》、《论假私济公》、《读书方法与思想方法》、《从看外国电影谈到文化异同》、《宋儒的新评价》、《陆象山与王安石》、《王船山的历史哲学》、《人心与风俗》、《王安石的哲学思想》等。

其次是由第二篇《抗战建国与学术建国》打头的抗战建国类,意在乘抗战风云之势而谋划建立一个不失自家传统的现代国家。属于这一类的有《经济与道德》、《物质建设与思想道德现代化》、《法治的类型》、《论英雄崇拜》、《基督教和中国的民族主义运动》、《战争与道德》、《功利主义的新评价》、《宣传与教育》、《学术与政治》、《革命先烈纪念日感言》等。

再次是以《信仰与生活》为核心的精神理想类,辨识人类信仰

---

① 引自贺麟《文化与人生》,北京:商务印书馆,1988年,第2—3页。

及宗教维度,并于现代儒家和华夏精神生活里找到它、引发它。这一类文章还包括《理想与现实》、《乐观与悲观》、《基督教与政治》、《认识西洋文化的新努力》等。

最后就是文化评论类,评析历史上和当代的文化流派、现象,并发表对于教育的主张,比如《纳粹毁灭与德国文化》、《诸葛亮与道家》、《杨墨的新评价》、《漫谈教学生活》、《树木与树人》、《文化、武化与工商化》、《西洋近代人生哲学的趋势》、《反动之分析》、《向青年学习》等。

这四类也只是个大略的区别,它们之间有各种各样的交叉勾连。比如第二类中的《法治的类型》,谈法家申韩式的法治、儒家诸葛亮式的法治和近代民主式的法制的区别和关系,主张儒家有自己的法治思想,它在现代如能"自上而下、教导民德、启迪民智",则必会发展到第三类也就是民主法治。可见此文与儒家的自省图新即第一类的要点也很有关系。又比如属第一类的《五伦观念的新检讨》,由五伦的事实上的相对关系讲到三纲的理想化的绝对关系,或由五伦的交互之爱、等差之爱超拔为三纲的绝对之爱、片面之爱,就与第三类关注的超越性信仰和精神追求有关了。第一类既是全书主旨所在,那它与其他三类当然有内在联系。而其他三类之间也有相互联系,比如《论英雄崇拜》、《基督教和中国的民族主义运动》与第三类就颇有相通处,属第四类的《树木与树人》、《文化、武化与工商化》与讲抗战建国的第二类亦有关,等等。

三

此书的主导思想,一言以蔽之,就是立足抗战的历史时势,充分汲取西方文化中健全的理想主义精神,激活乃至补足儒家的深层精神维度,达到建立文化上自觉自信的现代中国和复兴儒家主导的中华文化的目标。因此,《儒家思想的新开展》就很合理地处于全书首位。① 它一开头就标明"现代决不可与古代脱节","在儒家思想的新开展里,我们可以得到现代与古代的交融,最新与最旧的统一",显示出截然不同于新文化运动破旧立新的时间观和文化观,尽管作者从表面上似乎很认同新文化运动的辩证历史效果。于是,"中国近百年来的危机,根本上是一个文化的危机",因为现代与古代脱节了,而且这种脱节主要是由于"儒家思想的消沉、僵化、无生气,失掉孔孟的真精神和应付新文化需要的无能"。基于这个自身反省的看法,贺先生认为无论是反儒崇西的新文化运动,还是西洋文化学术的大规模输入,对于儒家和中国文化都不是坏事,因为它们扫除了儒家的僵化部分,给了儒家思想一个生死存亡的大考验,逼其通过把握、吸收、融会、转化西洋文化,来充实自身,以求当代和未来的生存。如其不然,则会消亡、沉沦而永不能翻身。而要吸收和转化西洋文化,别无他途,只有"真正彻底、原原本本地了解并把握西洋文化",因为"认识就是超越,理解就是征服",中国人一旦原原本本而不是实用肤浅地认识了西洋文化,就必能吸收转化之,也就是"儒化或华化西洋文化",从而"收复文化上的失地"。

那么如何才能原本地认识和吸收西方文化呢? 在贺先生看来,不可如新文化运动健将们的主张,让西方的科学来主宰、改造

---

① 上世纪九十年代在大陆出版的"现代新儒学辑要丛书"中,贺麟这一集的书名(《儒家思想的新开展——贺麟新儒学论著辑要》,宋志明编,北京:中国广播电视出版社,1995年8月),就采用此文的标题。

和顶替中国文化,也"不必采取时髦的办法去科学化儒家思想",而是要在保存儒家哲理(比如理学)、礼教和诗教三大特点的前提下,认识和汲取西方文化的内在精华,即西洋的正宗哲学、基督教的宗教精神和西洋的诗乐等艺术,使之与儒家交汇,由此而克服偏狭化、浅薄化、孤隘化儒家的弊病,让儒家原发的思想、情感、信念和艺术境界在现代生存方式中涌流出来。比如"仁"这个儒家思想的中心,在这种中西交融的视野里,就会从诗教的"思无邪"和男女纯真爱情中,再得其"天真纯朴之情,自然流露之情,一往情深、人我合一之情"。而从宗教的角度看,如果由基督教的"上帝即是爱"来理解,那么仁就不仅是待人接物的道德修养,还是"知天事天的宗教工夫",是"救世济物、民胞物与的宗教热诚"。而自中西比较的哲学角度来看,则仁为天地之心、万物之本,所以"仁为万物一体、生意一般的有机关系和神契境界",由此而与西方的正宗唯理论相对应。

贺先生还通过对"诚"、"儒者气象"、"政治问题"、"男女问题"的对比式新解来展示"儒家思想的新开展"的要义,都能在不失儒家之本的情况下,发前人之未发,"此所谓'言孔孟所未言,而默契孔孟所欲言之意;行孔孟所未行,而吻合孔孟必为之事'(明吕新吾《呻吟语》)"。比如讲政治问题,除了将儒家的法治与申韩的法治区分开来之外,还与西方柏拉图、黑格尔和现代民主政治主张的法治做比较,通过"得到西洋正宗哲学家法治思想的真意,而发挥出儒家思想的法治"。讲到民主,贺先生发现"儒家式的民主政治"与西方消极的民主政治,尤其它的个人主义版本相距较远,而与"有积极性、建设性的民主"比较契合。主张这种民主的人物是理性的理想主义者,他们认国家为一有机体而非仅仅一契约,人民在此有机体中各有其特殊的位分与职责,共同实现人民的公意或道德意志。比如美国罗斯福总统就是有儒者气象的政治家,而孙中山则"无疑是有儒者气象而又具耶稣式品格的先行者。……建立了符合儒家精神,足以为开国建国大法的民权主义"。

这些思路,在后边的文章中得到更深入、更丰富的展开。比如《从看外国电影谈到文化异同》一文通过分析外国电影中男女恋情的三个精神来源,来表现值得儒家汲取的西方艺术的既浪漫率真(自然)又崇高纯洁(宗教)的特点。有关基督教的文章则进一步开显西方宗教的神圣超越性和理想人格性,作为儒家或儒教更新自身的借鉴。抗战与法治的一组文章则一方面批判日本人模仿西洋文明的流弊与不消化,所以只知崇尚武力,在占领区搞"诡辩无耻的冒牌的假德治",另一方面则阐发儒家的政治观、经济观、物质心灵观、法治德治观、伦理观、历史观,为一个儒家式的民主政治谋划内外兼顾的建国纲领。

由此可见,贺麟先生虽然认同辛亥革命和"五四"新文化运动,但他不仅以自己的儒家思想与全盘西化派、科学主义思潮大大不同,而且与一般意义上的新儒家也很不同,因为他绝不像牟宗三那样否认儒家有自己的"学统"和"政统",反倒是要在与西方的交汇中以新的方式激活它们,在现代格局中再次实现出它们。

四

此书的一大特点就是高扬人的精神生命,以理想化的仁心、诚性、神圣、宗教来提升儒家、中国政治和中国人的生存境界。在贺先生的著作中,如此突出信仰和宗教对于人的根本性,是不多见的,而在整个新儒家的潮流中,他在这方面也是个先行者。与他思想有某种契合的唐君毅先生①,也要到移居香港后的20世纪五六十年代才重视宗教。② 而其他的新儒家思想者们有时从其儒学思想出发,旁及宗教问题的研究,这与贺先生的正面探讨宗教本性并联系到自己的思想核心,是不一样的。这个特点当然与贺先生表达于《近代唯心论简释》的精神唯心论有关。如果说心之明觉精察处是知,真切笃实处是行,那么其直觉虔诚处就是信。另外,它与贺先生在美国留学时与基督教人士和文化的较密切接触也不无关系。他老人家曾向本文作者回忆过这方面的一些逸事,而本书中《基督教和中国的民族主义运动》一文就是他应一位基督教朋友之邀所作。此外,他早就观察到现代政治及民族国家的建立与宗教也很有关系,比如政党特别是革命党就如同新的政治环境中的教会,而其崇奉某种主义之热诚亦不亚于宗教教徒。"所以认共产主义为一新宗教,认共产主义者为耶教精神的新承继者,的确不失为有历史眼光的看法。"(《基督教与政治》)最后,他深受国人于抗战中表现出的崇高气节和为国献身精神的鼓舞,希望将这种超越现实考虑的笃信至诚导入现代国家的构建之中。

《信仰与生活》一文首先将信仰与迷信区别开来。能迷信已经是人的特点,"唯有人才有迷信,"但"唯有能思想有理智的人才有信仰"。所以他肯定"信仰是知识的一个形态",只是它与由科学方

---

① 贺先生在《唐君毅先生早期哲学思想》一文(载《哲学与哲学史论文集》,北京:商务印书馆,1990年,第201—209页)中,述及他与唐先生的交往和思想关联。
② 参见《文化意识宇宙的探索——唐君毅新儒学论著辑要》,唐君毅著,张祥浩编,北京:中国广播电视出版社,1992年,"编序"第18页。

法得来的知识有所不同罢了。信仰之知识大都是无意间受熏陶感化或经验暗示而来,所以很早就植根于儿童心灵中,任何青年乃至任何人都必已有某种信仰而不自觉。可见完全的怀疑主义是不可能的,关键是使已有的潜伏信仰得到自觉,建立于精神理性之上,由此而形成明确、强大的信仰。信仰的另一个来源,也是比较高深的来源,就是"天才的直观和对于宇宙人生的识度"。大宗教家、大政治家,即所谓先知先觉者的信仰,大都以此为主要源头。它一方面建立在超卓的知识上,另一方面又如此直接明快,所以表现得异常具体、活泼,能极大极深地感动他人,影响时代和民族。此外,信仰中还必有想象力和理想,所以信仰的理想对象俨如即在目前,能够激动人的感情,引起人的牺牲精神。而我们现在知道,大科学家其实也有这些精神素质:富于直觉和想象,相信自己新发现的真理性而不屈不挠地坚持之。总之,真实的信仰与知识并不冲突,而是平行相依。"盲目的信仰依于愚昧的知识。……[反之,]知识系统,则信仰必集中;知识高尚,则信仰亦必随之高尚。"

信仰于人生和历史有极大功用。贺先生引一语:"决定人生和历史的真正因子,就是信仰。"詹姆士《信仰的意志》主张:"有许多真理之能否真,全靠你对它有无信仰;相信它则真,不相信它则不真。"所以像"抗战必胜,建国必成"这样的话,1941 年时是否能预言成真,"其关键全在我们有无坚定的信仰去造成之,去证实之。"而"中国自新文化运动以来,……注重理智的怀疑,反对任何信仰,……结果适所以摇动个人和民族的根本信仰",为褊狭迷信留下空间。

基于这些考虑,贺先生区分信仰为三类,即宗教的或道德的信仰、传统的信仰和实用的信仰,各有其精神之根和实事之验,相互在大事上扶持。他举大战中各国政治家"以顺从天意、保持传统信仰相号召"为例,还特别以"中国的抗战建国为例",呈现出这三种信仰的种种表现。又论述政治信仰的三个方面,即对于政治主义的信仰、对于政府或政党的政纲政策的信仰,及对于政治领袖人格的信仰。一位公民如果有三者之一,就算是有政治信仰。假设亚里士多德所言人是政治的动物不错,那么每个正常的人都不知不觉中具有某种政治信仰,而大政治家则是能将那潜伏于民的政治信仰揭示和实行出来的人。在这种理想主义的视野中,道德为政治的本质,而政治为道德的实现。"凡贪官污吏大都是唯利是视,根本没有政治信仰的人",而一个学者或青年学生,尽管可以有鲜明的政治信仰,但却可以不做官、不从政、不加入政党,而立于自己岗位,监督政府、表示民意,并以此种方式赞助政府。一个国家里这类人越多,则政治越可上轨道,民主政治越有保证。最后他还讨论个人的政治信仰与现政权相合或不相合的情况下,应该采取何种态度。

总之,信仰,包括广义的宗教信仰,乃人类不可避免的精神现象,又是人生和历史的最大动力之一。它基于人的精神理性、时间理性和实用理性,是原本之心的直接生命表达,于抗战建国、理想政治和文化复兴都有内在关联,所以是儒家能够获得新开展的要害之一。《五伦观念的新检讨》中的三纲新说,《论英雄崇拜》中的理想价值说,也要以它为思想支点。

五

《文化与人生》这本书充溢着阳刚乐观的思想风味,与气壮山河的抗战共命运,又对自己的民族文化特别是儒家文化满怀感情,爱之深,责之切,辩之明,"鸢飞戾天,鱼跃于渊",上下求索,为这文化寻觅复元开新的道路。其理想主义超迈豪放,其格物穷理博大缜密,其经世致用则触类旁通。所以此书实可比于费希特《告德意志人民》的爱国讲演录,在强敌入侵的形势下,奋发蹈厉,呼吁道德改造,发掘文化特性,使本民族精神在困境里激发,于哲理中深化,得信仰以高翔,叩历史而回响。无怪乎贺先生曾有"中国的费希特"之称。

由于作者的哲理思想深远开阔,于中西两边的"心即理"说有独得之密意、直觉之会通,所以当他在爱国激情高涨的年代阐发这些文化与人生的问题时,一方面是气吐虹霓,力倡中国当前的时代是一个民族复兴、儒家文化复兴的时代(《儒家思想的新开展》),因为世界史昭示人们,对外抗战正是一个被压迫民族打倒异族侵凌而发皇复兴的契机(《抗战建国与学术建国》);另一方面,则是纯理性和心性的中肯分析,既不偏激,亦不琐碎,而是立足极点,批卻导窾,层层开显,回旋不绝。加上直觉法的敏锐到底,致使其阐释亲切自然,如与青年朋友们谈心论学(《序言》);其语言明晓易懂,如自道所思所感于家人。而且,中西哲理和文化总是或显或隐地对比沟通,被一个个时下问题牵引,绝无概念化对比的牵强,而得"因缘起"、"依他起"之对开效应。非有自家思想的"自证"能力和读书、学识、阅历的托持与浸灌,不可能达到这种随题应机而皆有泛音流韵的文章境界。

所以,此书除了有贺先生自述的"有我"、"有渊源"和"吸收西洋思想"(《序言》)的特点外,还可称得上是"精"义入"时",从"心"所欲而鞭辟入"理"。四十二篇漫流处,处处有泉源,有潜流的交叉会连。诸君细读之,自可品尝至味于其中。